唤醒生命的课堂

教师心理素质提升 9 讲

聂振伟　著

北京师范大学出版集团
BEIJING NORMAL UNIVERSITY PUBLISHING GROUP
北京师范大学出版社

图书在版编目(CIP)数据

唤醒生命的课堂：教师心理素质提升 9 讲/聂振伟著. —北京：北京师范大学出版社，2021.1

ISBN 978-7-303-25320-3

Ⅰ. ①唤… Ⅱ. ①聂… Ⅲ. ①教师心理学－研究 Ⅳ. ①G443

中国版本图书馆 CIP 数据核字(2019)第 263093 号

营 销 中 心 电 话 010-58802135 58802786
北师大出版社教师教育分社微信公众号 京师教师教育

出版发行：北京师范大学出版社 www.bnupg.com
　　　　　北京市西城区新街口外大街 12-3 号
　　　　　邮政编码：100088
印　　刷：天津旭非印刷有限公司
经　　销：全国新华书店
开　　本：710 mm×1000 mm　1/16
印　　张：16
字　　数：315 千字
版　　次：2021 年 1 月第 1 版
印　　次：2021 年 1 月第 1 次印刷
定　　价：68.00 元

策划编辑：何　琳　　　　责任编辑：杨磊磊　葛子森
美术编辑：李向昕　　　　装帧设计：李向昕
责任校对：康　悦　　　　责任印制：马　洁

教师是用生命影响生命的人——序1

首先，诚挚祝贺聂振伟教授《唤醒生命的课堂——教师心理素质提升 9 讲》一书的出版问世。

有幸与聂振伟教授认识，是早在 20 世纪 80 年代初，聂振伟在北京师范大学教育系学习期间，她是班上的团支部书记，我是这个班的班主任。聂振伟曾是在特殊年代上山下乡的插队青年，后以优异成绩考入大学。她不仅学习勤奋努力，注重理论联系实际，同时积极组织集体活动，凝聚班级集体力量，与同学和教师们结下了深厚的同学情、师生情。毕业后，她以优秀毕业生的身份留校做青少年教育研究。

改革开放，学术上的春天带来理论发展的勃勃生机，以及学校心理咨询与心理健康教育事业的蓬勃兴起。聂振伟在教育改革的大潮中迎来教育实践对她的选择，实现了她学术研究方向的重要转型，即从探索教育学中德育领域里的品德结构，转向研究学生和教师的心理健康教育，并在该领域取得显著研究成果。早在 1989 年 2 月她参与了中国第一条中小学生心理帮助热线的创办；20 世纪 90 年代，她与同事一起，率先在全国中小学德育教材中增添心理健康教育相关内容，主编过中小学、高职、大学等教育阶段的相关教材。她主编的《人生五章——研究生心理自助指南》(人民出版社出版)一书成为北京师范大学研究生人手一册的生活宝典；她主编的《大学心理》(中国人民大学出版社出版)一书，突破了传统教材中以教材为中心、以教师为中心的定势，全书以学生现实生活中的心理现象为引导，协助学生在解惑中学习心理健康的知识，从而了解自我，学会自我决策，学会成长，引导学生步入教育的更高境界——自我教育；1994 年，当学校需要她组建为全校大学生心理健康服务的心理咨询中心时，她放弃教育研究相对时间宽松等优势条件，选择了在当时条件有限，没有更多经验可遵循的创业式发展之路——大学生心理健康教育与咨询服务，这同样是需要勇气的。将教育学与心理学相结合，关注学生和教师的心理素质发展，她开拓了一个新的研究领域。

　　该书的出版凝聚了聂振伟40年来辛勤耕耘后的思考。全书由9个专题组成。以教师心理素质提升为中心议题，全面论述了教师的身份、角色和责任，教师的学生观、教育观，教师的感知力、情感、智慧、课堂管理能力以及沟通表达能力。

　　该书的主要特点，一是立论高位。书中论者明确提出"教育的本质是用生命影响生命"这一重要命题，论者认为，实施教育的主体是教师，在教学手段越来越信息化、智能化的今天，教师的心理素质在教师整体素质中越来越凸显其重要性。因为学生不是计算机，你输入什么，对方就输出什么。教育是对人的智力、情感、行为等多方位素质的影响过程，模仿、内化进而升华的过程。因此，教师要有对学生的大爱和情怀，用不断提升自己生命活力的方式，成为引导学生成长的导师。

　　二是以教师心理素质为研究议题，重在对现代意义教师心理素质的反思与建构，这一论题研究视角独特，研究视野开阔。在多元多变的社会环境中，唯有教师对自我的角色予以接纳与肯定，才会有化消极为积极的态度与作为，进而不畏外来的冲击与挑战，愉快而有效地执行教育的任务，履行教师的职责。

　　三是研究基于课堂，落到实处，实践性和可操作性强。教师个人成长技能是一个有一定难度的话题，该书以丰富生动的案例展现课堂实训，同时提供了师范生和教师可借鉴的几十种自我心理训练的方式方法，关注教师的人文素养，较好地体现了教育改革健康发展的总趋势。

　　四是研究方法的启示。探索教师心理素质的提升，本身具有开放性，视对象和环境的多变性而不断创生新思路和新举措。例如，今日班长的教学设计，教师在每次课堂上，充分发挥学生个体或群体的作用，充分利用学生之间的影响力，从而促进学生自我探索、自信心、沟通表达与积极合作等心理素养的提升。又如坚持多年"我从_____看教师的心理素质"的课程结业论文，鼓励学生从小见大的务实研究精神，培训学生教育科研的创新视角与严谨的学习态度。

　　该书的成功出版，是聂振伟教授一生心血的积淀。她在多年的品德理论探索中，确认心理素质在人的品德中的基础地位和中介性作用；基于扎实深入的学生心理咨询一线服务教育实践，她提出没有心理健康的教师群体，就不可能有心理健康的学生群体的观点，并在北京师范大学率先开设"师范生心理素质训练"课程……

　　热爱是一种品格，体现在为人态度和小事上，唯有热爱才有坚守，聂振伟正是身体力行地实践着这种品格。她30年的坚守，经历了我国教育史上心理健康教育从无到有、从小到大的发展经历。聂振伟是一个勤奋努力、不事张扬的人，我是看着她成长的。她在学校心理咨询中心负责人的工作岗位上，每天接待众多的学生、教师、家长以及学生宿舍一线管理者，利用晚上为大学生开设心理健康课程及讲座。在 2008 年汶川地震发生后，聂振伟 4次到灾区进行志愿服务，并组织全北京的北川大学生志愿者"回家"援助计划，受到社会的关注。只有具有这种品格的人才能写出这样的好书。

我为学生的书籍作序，是希望有更多的教师和师范生能够在平凡的教师岗位上通过自己的言行示范教书育人，用生命影响生命。让天下的学生健康快乐地发展，活出自己的价值，成为幸福的人、快乐的人、对社会有用的人。

北京师范大学　裴娣娜

2020 年 1 月 3 日于求是书屋

恩师们的助推力——序2

当看到《唤醒生命的课堂——教师心理素质提升9讲》这样的标题时，我的内心颇为欣喜，因为能有人从这样一个角度论述教师的素质，是不多见的。过往关于教师的素质的探讨，大多从知识水平、道德品质、工作能力、心理素质等角度着眼，而对于教师心理素质提升的必要性、程度及训练等，从唤起生命的角度的论述确实是少之又少。

翻开书的目录，标题独具匠心，令人耳目一新，"泥土是种子的家""生命影响生命""播种教室里的春天""用情呼唤情的教育"等标题反映出作者对教师这个职业的生动形象的理解，作者将教师的心理品质与素养比喻为学生心理成长的土壤，只有肥沃的泥土才可能将种子孕育出健康的生命；把教育看成是生命对生命的影响、情对情的呼唤，这多么接地气啊！在这里作者阐述了教师独特的心理品质是什么和如何经过训练而形成。正如苏联卓越的革命家、教育家米哈伊尔·伊凡维诺奇·加里宁所指出的："教师是人类灵魂的工程师。"英国哲学家弗兰西斯·培根说道："教师是知识种子的传播者，文明之树的培育者，人类灵魂的设计者。"作者在这本书中将这些名言具体化，并在实践中进行探索。

对教师心理素质提升的论述，作者以人本主义理论为依据，以作者30多年青少年教育研究、心理健康教育与咨询、生命教育的实践经验为基础，引进了心理咨询的方法和技巧并加以运用，书里以活生生的典型案例，如今日班长的教学设计，让学生个体或群体协助教师组织相关训练内容，充分利用班上同学平行之间的影响力，促进学生自我探索、自信心、沟通表达与积极合作等心理素养的养成。以"播种阳光，收获成长——心理健康课程设计与教学实施"和"心理咨询技术"等内容为引子，引发读者对教育学、心理学理论的思索，并以实践探索——阅读思考与练习等为落脚点，启发读者寻找更适合自己的成长之路。在这里作者不囿于一己之见，吸纳百家之言，并激励读者自己探索，这是一种开放式的写作，并为教师心理素质的提升开拓了新的途径。

作者在书的写作上，也有许多独到之处，内容分为相关理论与训练方式方法，还有教育随笔、延伸阅读、自我探索等板块。

综上所述，这是一本倾注了作者全部的爱和心血的著作，是她实践的结晶。它具有时代性、独特性、新颖性、实践性和开放性，对于广大的教师、教育工作者以及师范院校的学生都会有积极的启迪和帮助。

首都师范大学　郭德俊

2020 年 1 月 10 日于北京

雪绒花开呼唤百花齐放——代前言

一 困惑与探索——为什么写作？

就像被刻在古希腊阿波罗神殿石柱上的著名箴言——"认识你自己"，这是苏格拉底哲学原则的宣言，其用意是告诫人要有自知之明。此刻我在花甲之年再次这样问自己：我是谁？

一问我是谁？为自己的初心，曾以插队知识青年身份考入北京师范大学的人。

童年时的我住在北京胡同的大院里，大院里在小学同一年级的就有 7 人。我常召集伙伴到我家来玩，一起在木门板上用粉笔写字，每个伙伴写一个自己认识的词，其他人马上用它来造句。谁写的词要是能够考倒别人，欢呼雀跃声能把家里的房顶掀翻。在当时那个物资匮乏的年代，一分钱能买一块水果味的硬糖，一分钱也能买到三根粉笔。我宁愿用自己的零花钱去买粉笔，享受小伙伴的欢笑，这种感觉比吃糖还甜。

20 世纪 70 年代中后期，国家百废待兴，渴望人才，恢复高考制度势在必行。作为一名上山下乡，到农村插队，接受贫下中农的再教育的知识青年，我参加了高考，通过公平竞争，考入我的第一志愿北京师范大学教育系。当时大学的录取率约为 5%。在我的童年，由粉笔带来的欢呼雀跃燃起了我当教师的美好理想。这是改变我人生命运的一个重要转折，我有幸搭上时代的列车。当年 24 岁的我与 16 岁的少年同坐在教室里一起学习，现在的我回想起来，仍百感交集。

二问我是谁？通过学习教育学、心理学，获得一些浅显知识的大学生。

20 世纪 80 年代，中国的高等教育处于久病初愈、恢复元气之时，怎样教学，怎样考试，一切都在师生的思考与实践中。在一次外国教育史的考试中，共计 100 分的试卷里包括了 100 道名词解释题，一道题一分，而这一分的题目，要回答内容、时间、人物、历史意义等要素。许多名词是偏题，需要强记硬背，对于作为"高龄"学生的我来说谈何容易？"烤煳了"的结局在所难免，余下的考试时间反而让我思虑良久。考试到底要做什么？教师要教什么？学生为什么要学习？这是所有教师和师范生都要回答也是必须要回答的问题。教育史教学的目的是引导学生应用历史的观点，辩证地审视今日之教育，从而训练学生分析问题与解决问题的能力。显然，这份考卷不能代表我的全部能力。我借机会遐想，假如我是教师，我会要求学生怎样学习？我绝对不能这样单一地考书本知识，那又怎样考试呢？教师到底是什么人？怎样根据学生的身心发展进行真正的教学？我能否用我的生涯探索交上一份及格的答卷？

三问我是谁？因喜欢儿童青少年教育而被留校从事 10 年青少年教育研究探索的人。

斗转星移，我在大学毕业之际，正逢学校教育科研发展需要用人。青少年的身心正处于发展之中，有很大的可塑性。我有幸留校从事青少年教育研究工作，当然非常开心。记得当时一位领导语重心长的一席话语点醒梦中人："你心中若没有 100 个学生形象，是做不好青少年教育研究的。"100 是什么意思？是一个简单的数量概念吗？我现在还在探索，并以同样的问题不断地问着我的学生。

为我心中的 100 个学生形象，我从工作的第一年起，就深入北京师范大学附属中学、附属小学及周边的学校里观察和了解青少年。我的教育学、心理学专业背景，在中小学没有直接的用武之地。记得我第一次给中学生上的课程是"少男少女青春期课堂"。虽然这是讲座性质的几次课程，但是单论课程题目就受到大多数学生的喜爱。

四问我是谁？教育悲剧唤醒我再度对教育的思考，我的能力、学识有限，我能为师生及社会做点什么？

在过去的 30 年里，我亲历了我国心理健康教育事业从无到有、从小到大的发展。近十几年来，随着社会的进步，心理学知识在大众中的宣传普及，学校心理健康教育在各级学校有了长足的发展，人们也逐渐意识到校园心理危机事件需要早发现，早干预；心理咨询的意识在广大师生中越来越强，令我欣慰；想到自己在这一社会变革中不仅是见证者，也是参与者，令我欣喜。在我当初经历和协助处理的校园危机事件中，面对鲜活的生命逝去，面对更多师生及家长处理悲伤情绪的需要时，没有现成的科学理论可依从，没有实效的经验可借鉴，我曾困惑过，迷茫过，无奈过。作为一名师范大学的毕业生、教育研究者，我不知道自己能为教育的发展与变革做点什么，感觉自己很渺小和无力、无助。

自 1989 年 8 月我报名参加了北京师范大学郑日昌老师举办的北京师范大学心理系第一期心理咨询与测量培训班，我探索教育学与应用心理学的结合，在忙于日常工作的同时，也坚持不断学习心理咨询的理论，探索校园危机干预的技术，探索更有效的家庭治疗方法，一直到退休后依然在自费学习。我给自己的定位是学校心理健康教育工作的推进者、心理健康教育的科普工作者，定位清楚，乐此不疲。30 年间，我撰写了近百篇心理教育及危机干预的科普文章，编著相关教材和读本几十部，为我心中的"100 个学生"健康成长和更多教师快乐工作服务，责无旁贷，心中敞亮。我心存感激：赶上了好时代，遇见北京师范大学，遇到好老师，遇到那些信任我的来访者，也谢谢我自己的努力学习、坚守和放弃。

五问我是谁？我尝试着做中小学生的知心姐姐，探索怎样走近孩子们的内心世界，尝试着修补孩子们受伤的心。

我曾在中学生中调查：当你有困扰时会向谁倾诉？有学生把老师、家长排在陌生人之后。这令我在吃惊之余更多了一份信心，做好青少年不见面的知心朋友，或许对他们也是一种帮助。

我人生专业发展的转折点，在不经意之间出现了，来得是那样平淡不惊，而对于我的职业生涯又意义不凡。1989 年年初，我在《北京晚报》上看到招聘"中小学生电话帮助你"志愿者的消息，便义无反顾地报了名。日月如梭，"20 号咨询员"的称呼我一用就是近 4 年。

10 年青少年研究经历之后，2004 年，在学校领导的信任下，我被调到北京师范大学青年部，任青年部副部长，兼学生心理咨询中心第一任主任。经过深思熟虑，我与校领导沟通，把无疾而终的中小学生热线迁到北京师范大学，一则广大学生迫切需要心理咨询服务，二则让心理、教育专业的学生及师范生有机会接触学生们的真实心理状况。

为了让学生更容易地接受心理咨询服务，突破心理防线，我在冥思苦想之际，恰逢听到电影《音乐之声》的主题歌《雪绒花》。"雪绒花学生心理帮助热线"就这样诞生了。

雪绒花是一种生长在高原，绽放在石砾地和草原上的植物：在日照强、温差大、风速高的恶劣条件下，这种小小的长着绒毛的花儿顽强地、愉快地、默默地微笑着，它们生命脆弱，必须顽强。

雪绒花雅俗共赏。雪绒花是奥地利的国花。雪绒花的名字最贴切心理咨询事业与心理咨询中心的成长历程。这正是我为北京师范大学心理咨询中心起名为雪绒花的寓意。真诚希望所有的学生在面对困难、挫折时，能够像雪绒花一样顽强勇敢。

有学生常常问我：是什么力量让你初心不改，默默守护"雪绒花"20多年？是成千上万大中小学生的信任，让我坚持着，努力学习着，成长着，我感到一生无悔。志愿者的经历，令我奉献着，同时也令我收获着快乐。在来访者的信任中，我逐渐成长为被国际国内专业机构——中国心理学会注册系统认可的心理师、督导师，成为欧文·亚隆团体咨询师。我最想对那些来访者、热线来电者道一声感谢！

30多年的实践让我对当年关于"100个学生形象"有着更深的理解。每个学生的生命都是独特的，教育就是要尊重生命的多样性，并为他们的生长提供适合他们自身需要的帮助。

六问我是谁？我追求什么？是为名所困，还是做我自己？是希望一花独秀，还是默默耕耘，让百花齐放春满园？

学校心理辅导与咨询在我国教育史上经历了20多年发展，心理辅导事无巨细，教师在面对许多突发事件时没有现成的规章可循，需要探索，需要冒险，需要创新，需要在面对他人或上级的不理解时进行必要的沟通。我尝试通过心理辅导与心理咨询，为学生开设心理健康课程，做校园危机干预工作，试图通过培训辅导员、学生骨干（雪绒花使者）、宿舍管理人员、保安人员等，建立起有特色的学校心理健康工作体系。工作的艰辛，让我思考："一花独放不是春，百花齐放春满园。"只有让更多的学校工作人员参与到学校心理辅导工作中，才会形成心理健康教育的氛围和合力，让雪绒花在更多的学校复制、创新，从而推动着教育改革，迎接"百花齐放春满校园"。

光阴似箭，2009年，呈现了北京师范大学心理咨询中心20年经验积累的《雪绒花开20载——一个心理咨询机构与心理咨询师的成长》出版，召唤着在各级各类学校的心理辅导百花园中有更多的花蕾绽放！用心耕耘20多年，雪绒花成为全国学校心理健康教育的品牌。我在全国各地上百所学校传播雪绒花精神，以学生身心健康发展为本，让更多的学生受益，健康成长。

七问我是谁？有想法就去实践。我为学生开设师范生心理素质训练课程，在心理学院为师范生教育硕士开设心理健康课程设计与实务课程。

尽管在北京师范大学20多年期间我开设过学校心理健康教育研究专题、大学生思想道德修养、社会心理学、咨询心理学、大学心理等课程，但开设时间最长的，也是在全国师范院校首创的，是师范生心理素质训练课程。记得师范生训练课在第一年开课时就有200多名学生报名。由于要训练到每一个学生，而课堂最多容纳50人，因此不得已，一个学期要排出前后两个平行课程班。师范生心理素质训练课程开设至今已有18年。课堂上没有传统意义的课代表，我在每次课堂上设置了"今日班长"，尽量让更多的学生得到课堂组织能力、自信心等教师必备能力的展露与成长。最令许多学生吃惊的是，第一堂课就公布结业考试论文题目："我从_____看教师的心理素质"。这个题目一字不变，我竟然连续使用了 18 年之久，可谓是北京师范大学最"懒"的教师。题目中的空格给了学生充分的思考与想象的空间，学生可以自由地选择、探索，只要你有想法，有你自己的观点，并能够自圆其说，就可以大胆地去论证。在一个学期中，50 个学生会产生 30 多个论述的题目。我充分相信学生，让他们带着自己的兴趣去探索。

近两年，应心理学院的邀请，我为师范生教育硕士研究生开设了心理健康课程设计与实务课程，探索利用团体辅导的形式，利用学生每个人提供的实际教案，辅导他们开展心理健康课程的备课与教学。教学形式新颖，释惑解难，受到学生的充分肯定。

八问我是谁？在专业上，我已经取得中国心理学会注册系统的首批咨询师、督导师资格。通俗地说，是一个略有经验的咨询师。

经常有学校派心理辅导工作人员到北京师范大学学生心理咨询中心学习、实践，有的一跟就是一学期。我主要的工作是教育培训、专业督导、做家长讲座、做广播专题节目、做微课，以及为大中小学、高职院校中的各级各类学生编写心理健康教育读本，带领教师成长的各种团体，让更多的教师成长。

上面的八个我是谁，或许只是一个与教育有关系的回顾式的自我介绍，认清自己不是一件容易的事情。

我是谁？这是个根植于每个人内心深处的问题，它如同一颗被土壤和水分包围的种子，无论种子已存多久，似乎都在那里等待发芽。

二 分享与快乐——本书写给谁？

在写下此书大纲之前，我还是有顾虑的。虽然我自己有教育学、心理学的教育背景，这些是我的学习经历，我的实践还算丰富，但理论不够深。常常是看到学生的需要，我就尽力去学习去探索。我进行授课和心理咨询多年，从事心理健康教育工作实践探索多年，但要写出教师和师范生心中所想，手下所需，对更多的人有启发意义的书，我略感底气不足。我常常问自己，跨界之人，你的新意、优势在哪里？

跌跌撞撞走过 30 多年教育探索的风雨历程，我发现自己在心理咨询中使用的沟通技术、在团体咨询与辅导中应用的团体动力理论、咨询师自我成长的理论有非常广泛的适用性，心理辅导的学习与实际工作的经验让我看到人本心理学、积极心理学对我的正向影响，让我成长，也令我的来访者进步。我想将实践与学习，以及自己对教育、对学生、对生活、对生命的理解，以及对教师这种用生命影响着生命的职业的感悟与体会，与更多的朋友分享。如果能够对师范生或学校的辅导员、班主任以及广大教师带着快乐走进课堂有所帮助，更是一桩乐事。如果还有对自身心理素质提升有兴趣的人翻阅了此书，你若能告知我，那将是幸事。因为我愿意做一个以人为本的教育理念的宣传者、科学有效的教育方法的传播者、心理健康教育的普及工作者。

三 阅读与促进——怎样阅读使用本书

你也许会好奇，《唤醒生命的课堂——教师心理素质提升 9 讲》书名为什么用 9 讲，而不是实际课程的 10 讲，其意义是任何人不可能穷尽真理，但可以不断学习探索，走在自我成长的特色之路上。

本书涉及两部分：相关理论与训练方式方法。还力图用以下内容，适当地进行补充。

教育随笔：我的学习与思考(教育随笔的独特之处就在于能够对那些司空见惯的、习以为常的现象以小见大，见微知著。)

延伸阅读：不可能在 9 讲中包罗万象，一些学习训练将收集到的有启发的阅读内容，提供给读者。延伸阅读的独特之处在于没有人不是在前人的肩膀上前行，也没有人是真理的最终穷尽者。广泛阅读，向生活学习，向他人学习，才有不断进步。

自我探索：学生以课堂体验日记、小论文的形式真实地记录下自己点滴的成长足迹。

这本《唤醒生命的课堂：教师心理素质提升 9 讲》就是回答教师是什么人，怎样提高自己，怎样做受学生喜欢的教师等问题。

总的理论指导：以人本理念为指导，在教师心理训练框架下，吸收团体辅导理论的精髓和心理咨询中的沟通技术，以高校辅导员、中小学班主任、幼儿园教师、学生课外教育机构工作者以及关心教育的家长朋友为主要读者群。

教师心理训练是指用心理学的专门方法影响教师的心理状态，使其形成满足学生健康发展所需要的教师心理素质。

本书的研究不仅限于解释心理现象，还力图使用应用心理学方面的发展成果，努力用有形训练或无形训练和自我训练的方法训练教师与师范生，以更科学的方法提升教师的心理素质。

心理训练涉及两个层面：教师心理品质训练和教师专业技能心理训练。

因课时和课程性质所限，我在实际授课中理论部分讲得很少，更多的是推荐书目让学员通过阅读自学。作为训练课要有基本的理论框架，一方面便于非师范院校毕业的教师学习，另一方面也是促进训练的提示。当学员在训练中感到自己某一方面的素质有所提升时，就会如饥似渴地学习相关理论。

本书在某一讲中会出现训练项目。训练内容有的是课堂的实录，在本书中仅仅从式样上提供一些基本形式。采用多样性的呈现，便于读者朋友有更多的选择性体验。

有些训练需要在心理辅导专业人员的指导下使用或体验，如冥想方法、沙盘体验法、虚拟课堂训练等。有些训练是教师或师范生在认真阅读后，能够组建学习小组或个人可以自行操作的。若遇到实际问题，建议向学校心理专业人员求助。

有的训练项目是我在训练课上经常使用的，有的是新近学习开发的，一定有不成熟之处。抛砖引玉，举一反三，促进教师心理训练的正迁移。

在写作中，我使用了一些心理咨询师成长的内容，有理论也有心理咨询的案例等，并不是希望所有教师和师范生都成为心理咨询师，而是与教师和师范生分享，要想成为受学生喜欢的教师，是要有教育思想与理念的。心理咨询的许多技术，把人本理念的精髓发扬光大，是我们教师可以从中学习借鉴的。

希望有更多的教师学习心理学，懂得一些心理健康的知识和掌握一些心理辅导的技能，让自己带着快乐进课堂，把快乐的氛围也通过学生、学生家长传播到千家万户。

我能走到今天，最要感谢家人对我工作的支持。30年来，心理咨询中心的工作占用了我不少的精力和时间，学校危机干预电话常常打到家中，影响家人的休息，身为高校教师的丈夫和从小生活在师范大学校园里的儿子都非常理解和支持我，他们从学生的贺卡和鲜花中明白我工作的意义。"没有什么比生命更重要"，是我对儿子讲得最多的话。20多年前儿子在上小学时就在家里帮我接求助电话："不着急，等我妈妈回来，让她马上回电话给你。"我的妈妈和婆婆都曾是人民老师，她们的教书育人的故事也是我前行的动力。我的父母九十多岁都健在。为写本书，我的丈夫不厌其烦地帮助我录入学习笔记，想尽办法为我这个"废寝忘食"的"坐家"承担"饲养员"的任务。

用这样一本书来记录我学习进步的脚印；用这样一本书来传播我对教育的理解；用这样一本书来纪念所有教导过我的小学、中学、大学、研究生班的各位老师，给过我帮助的同学、学友，以及读过的那些对我有启发的书籍的作者们。怀着感恩的心，感谢父母，感谢家人，感恩成千上万的来访者、来电者，感恩生命中有你们的信任，才让我更自信地努力工作。感谢北京师范大学的前党委书记周之良教授的信任与厚爱，才有雪绒花的最初播种与灿烂绽放。我无怨无悔！

一花独开不是春，百花齐放春满园；待到山花烂漫时，雪绒花在丛中笑！

2019 年 6 月于京师园

目录
CONTENTS

第一讲

泥土是种子的家

——教师独特心理与训练

又到开学季,孩子们在朗诵:

蓝天是白云的家,

树林是小鸟的家,

小河是鱼儿的家,

泥土是种子的家。

我们是祖国的花朵,

祖国是我们的家!

一 称呼中的味道——教师是什么人

感谢你,读者朋友,当你翻阅到此,相信你一定对教师这一职业非常关注。你对教育与教师有着怎样的思考与认知?

自古以来,人类在求生存之路上的探索与演化进程,就伴随着对精神与文化的需求、对种族繁衍的优化、对服饰美的追求、对天地大自然的崇拜、对生产与生活技能的传承,这些都离不开文明的传播体系——教育。 教育的主要专门传播者——教师应运而生。

在人工智能时代到来之际,一些行业的服务人员正在逐渐减少甚至可能消失,如商店售货员、银行柜员、安保人员等。 当今,随着网络学校、虚拟课堂的大量涌现,教师会不会也随之消失?

我国有尊师重道的传统。 古代就有"人有三尊:君、父、师"的说法。《吕氏春秋·尊师》云:"生则谨养,死则敬祭,此所以尊师也。"

中国古代对教师的称谓很多,其中有以下几种尊称。

老师:原是宋元时代对地方小学教师的称谓。 金代文学家元好问《遗山集·示侄孙伯安》诗云:"伯安入小学,颖悟非凡儿。 属句有夙性,说字惊老师。"后专指学生对教师的尊称,一直沿用至今。

西席、西宾:汉明帝刘庄为太子时,拜桓荣为师,登皇位后,对桓荣仍十分尊敬,常到桓荣住的太常府内听桓荣讲经。 席地而坐,室内座次以靠西墙(西边),面向东方为尊。 汉明帝给桓荣安排坐西南面东的座席,表示对启蒙老师的尊敬,从此,西席便成了对教师的尊称,也称西宾。

师长:是古时候对教师的尊称之一。《韩非子·五蠹》:"今有不才之子,……师长教之弗为变。"

山长:源于《荆相近事》。 五代时,蒋维东隐居衡岳,以讲学为主,受业者众多,他们尊称蒋维东为"山长"。 此后,山中书院中的主讲教师亦称为"山长"。 久而久之,"山长"成为对教师的一种尊称。 由于历史的局限,古代的教师一般比较注重传授固有的道统和书本知识，他们只是把学生当作传统的被动载体和驱使工具来训练，对社会只起了"传递者"的作用。

今天的教师是指在各级各类学校中，以教育培养学生（学员）为职责的专业工作者。

老师是目前广泛流行的敬称。"师"前面为什么要加个"老"呢？ 非年龄高不可？ 我查阅了一下，有两种释义：一是说明老师是历史最悠久的职业，无与伦比；二是对老师的尊敬和爱戴，因为对"老"的词义解释其中之一是"敬辞"。 如今，老师的称谓已走出教育界范畴，在社会上，如果被人称作老师，那将是对你最大的尊敬，也使你感到莫大的荣耀。

先生：历史悠久的尊师称呼。 先生一词在各类词典中的第一解释就是教师，是对教师最古老、最悠久的称谓，已经流传了几千年。 现在先生成为社会上流行的尊称，已经远远超出教师的范畴，被广泛运用于各种人群。 然而，在教育界，传统称谓先生仍在沿用，只是它的规格被提高了，人们往往把资深的、德高望重的老师称为先生。 例如，我从小崇拜的仁爱、敬业的楷模林巧稚先生，她是我的引领者。 如果在北京师范大学校园里见到爱新觉罗·启功，我一定会称他为启功先生。

师傅：掌握一定独门绝技的传帮带的匠人。 师傅，是对有专门技艺的工匠的尊称，也指对教师的通称。《穀梁传·昭公十九年》："羁贯成童，不就师傅，父之罪也。"《史记·太史公自序》："孔氏述文，弟子兴业，成为师傅，崇仁厉义。"

再来看看历史上教师被比喻的象征。

春蚕——最纯挚的称谓。 对春蚕最早的记录见于《诗经》，而把春蚕进行拟人化的最闻名的比喻则是唐代诗人李商隐的诗句："春蚕到死丝方尽，蜡炬成灰泪始干。"它把春蚕的执着、坚贞、奉献精神表现得淋漓尽致，成为千古传唱的佳句。 人们生动地把教师比作春蚕，是对教师的无私奉献精神和高尚品质给予的高度评价。

园丁——最质朴无华的褒称。 园丁原本是指从事园艺工作的工人，后被比喻成教师。 人们通常把童真的孩子比喻成幼苗、花朵、小树等，而教师就像辛勤的园丁一样，用智慧、爱心和汗水浇灌、培育、呵护着园子里的每一株幼苗，为它们剪枝、施肥，使它们枝繁叶茂，姹紫嫣红，茁壮成长。 因此，把教师称作园丁是最质朴、最形象、最富有田园诗意的比喻。

蜡烛——最温馨动人、最悲壮的称谓。 对蜡烛的赞美源于唐代诗人李商隐的"蜡炬成灰泪始干"的名句。 人们歌颂蜡烛，是因为蜡烛默默地燃烧着自己，用自己的光去照亮别人，直至将自己燃尽。 说起蜡烛的这种品质，人们就联想到敬爱的教师，教师把自己的知识传授给学生，用智慧和品格之光给学生照亮前进的航程，这是"为他人照亮道路，让他人看见光明，燃尽自己耀人间"的无私奉献的品德。

春雨——最生动形象的默称。 人们对春雨的赞美由来已久，把春雨比作甘霖，比作及时雨，视"春雨贵如油"。 人们把教师比作春雨，把学生比作春苗，春苗需要春雨去浇灌。 教师就如那绵绵的春雨，用播撒的爱去滋润学生的心田，用丰富的知识去开启学生的智慧，用优秀的人格去潜移默化学生的品德，用无私的奉献精神去熏陶学生的心灵。

孺子牛——最具中国特色、最质朴无华的褒称。 孺子是古时对小孩子的称谓。 孺子牛源于《左传》中记载的一个典故：春秋时，齐景公与儿子嬉戏，景公叼着绳子当牛，让儿子牵着走。 这个千古传颂的爱子故事后来成为人们赞誉的美德。 现代伟大文学家鲁迅的"横眉冷对千夫指，俯首甘为孺子牛"名句使孺子牛的精神得到升华和拓展，之后人们用孺子牛来比喻心甘情愿为人民大众服务、无私奉献的人。 把心甘情愿、默默无闻工作的教师称作孺子牛，这是当之无愧最贴切的比喻。

慈母——最真情感人的爱称。 中国古人云："师如父母"，体现了中华民族尊师爱师的传统美德，也体现了教师爱生如子的质朴师德。 人们把教师比作慈母，主要是对那些有着"童心母爱"的女教师的最亲切、最真挚、最感人的尊称。

人梯——最高评价的专称。 一个人接一个人踩着肩膀向高处攀登叫作搭人梯。 人梯是古代人类为了向上攀高、攻城拔寨、翻山越岭而创造的集体配合行动，一直流传至今。 现在人们把人梯比作"那些为别人的成功，而做出自我牺牲，无私奉献的人"，人们把教师称作人梯，光荣的人民教师理应具备这样优秀的品质和精神，才能为学生的健康成长铺路、架桥，实现生命与生命的接力。

绿叶——美好的期望。 把教师比作一片绿叶，才有学生的花团锦簇。 正如《我愿做一片绿叶》中写道："有您生命才如此旺盛，有您花朵才如此娇艳，有您世界才如此美丽。"

人类灵魂工程师——最富哲理的称谓。 人类灵魂的工程师一词原是苏联前领导人斯大林对作家的称谓，后来被教育家加里宁引用到教育界，他说："很多教师常常忘记他们应该是教育家，而教育家也就是人类灵魂工程师。"从此，人类灵魂工程师成为教师特定的称谓，这也是社会给予教师的崇高赞誉。

> 教师是一眼泉，一眼不竭的泉，在我干涸的心田上孕育智慧的生命。
> 教师是一把火，一把燃烧的火，在我幽暗的心房里播撒智慧的火种。

我在北京师范大学学习、工作、生活的 30 多年里也不断问自己：身为教育学、心理辅导与咨询专业的学生，从事了教师工作，我要怎样看待自己的教师职业？ 怎样看待我们耐心地接纳各种学生？ 怎样的一种比喻更贴切、更使人容易理解教师这一职业呢？

直到听到清华大学宋心琦教授的一席话，让我对教师生命的意义有了更深的理解。

宋心琦教授说："我从教多年不敢有园丁的想法，只是把自己看作泥土。"教育是一种服务，犹如土壤服务于植物。 土壤能够促进植物生长，是因为它能够持续不断地供给植物矿物质、有机物质和水分。 植物需要什么，它就提供什么。 正是由于土壤的营养支持，植物才能在蓝天下自由自在地生长。 土壤不会去规划或指责植物如何生长是合理的、如何生长是不合理的。而且，土壤不像园丁那样会按照自己的意愿铲除所谓杂草、野花。 泥土不仅把全部的爱给了花，同时也给了草。 地球需要参天大树，也需要瘦弱的小草，泥土认为只要是绿色就能美化大地，净化大气。 它珍惜每一个生命，它喜欢倾听每一个生命的呼唤，它爱说的话应该是"听听生命怎样说，听听生命需要什么"。 为了一切的植物，为了植物的一切，一切为了植物，土壤的价值在植物的成长中得到了充分的体现。 土壤在培育植物的过程中提升了自己。 正因为有了土壤，地球上才有了植物，才有了动物，进而有了具有最高智慧的人类。

把教师比作土壤，这是让我心头一亮的比喻。 这个比喻并不是因为使用了优美华丽的辞藻，而是我在学涯、生涯里一直寻找着比喻教师的恰当答案，这或许是令我最心动的比喻，是对教师与学生生命共存关系的最好诠释：土壤里埋着生命的种子，理想的种子等待着适当的环境发芽，理想的种子和泥土相依。 正是教师这个群体集结的人类丰富营养的深茂沃土，培育出社会的栋梁。生命在于给予，而不是索取。 教师默默付出，不张扬，不炫耀，不索取。 在我心中，土壤是对教师生命价值的升华！

> 泥土是大自然的作坊。一粒种子从泥土中醒来，伸伸懒腰，一个娇嫩的小芽，吸足了成长需要的精华，不久就长成一丛绿油油的植物。一条蚯蚓，在泥土里自由地穿行，它的身后，是层层翻腾的泥浪。一群蚂蚁，把温暖的巢穴安在泥土深处，泥土分享着蚂蚁家族庸常的幸福。一棵果树，用粗壮的根须，接过泥土的馈赠。秋天，它用满枝的果实来做回报。

教师生命的成长不正如土壤吗？ 使自己的生命更加丰富充实，用生命去影响生命！

有人比喻教师就是一群种太阳的人。

老师就是一棵太阳树

世上，
唯有太阳是自明的。
老师，
就是那自明的太阳，
是自明太阳升腾起的一棵树。

这株神奇的太阳树，
用无数个四季，
不断吮吸宇宙的灵气，
和人类的精华，
生长她的每一片永不言败的金叶。

然后，
用她的每一片金叶，
去照亮他人的心灵，
去生长，
心灵的想象。
用她的花籽，
去培育新的太阳。

——陶志琼《教师的境界与教育》

二　教育与教学

(一)教育是什么?

教育是什么?　带着这个疑问，我们就像问"我是谁"一样，来看看教师是谁?

中文"教"字的意思是孝的文化，教育一词源于拉丁文 educio，意思是"从内部拽出来"。 用今天的话讲，就是开发、挖掘学生的潜能。

关于教育的定义，中外的思想家、教育家等都有自己的"语录"，集萃如下。

孔子："大学之道，在明明德，在亲民，在止于至善。"

鲁迅："教育是要立人。"儿童的教育主要是理解、指导和解放。

蔡元培："教育是帮助被教育的人给他能发展自己的能力，完成他的人格，于人类文化上能尽一分子的责任，不是把被教育的人造成一种特别器具。"

陶行知："教育是依据生活、为了生活的'生活教育'，培养有行动能力、思考能力和创造力的人。"

黄全愈：教育"重要的不是往车上装货，而是向油箱注油。"

钟启泉："教育是奠定'学生发展'与'人格成长'的基础。"

秦文君："教育应是一扇门，推开它，满是阳光和鲜花，它能给小孩子带来自信、快乐。"

康德："教育是由个体自我设计、自我选择、自我构建、自我评价的过程，是自我能力的发展，它体现着社会意志和教育者与受教育者平等自由地、审慎严肃地共同探究的机理，不是'指令'，不是'替代'，更不是让茧中的幼蝶曲意迎合或违心屈从。"

马克思、恩格斯："教育是促进'个人的独创的自由发展'。"

哈沃德·加德纳："什么叫教育？ 教育是让孩子体验发现世界是怎样一回事，教育者在其中可以起到什么作用。"

蒙台梭利："教育就是激发生命，充实生命，协助孩子们用自己的力量生存下去，并帮助他们发展这种精神。"

雅斯贝尔斯："教育是人的灵魂的教育，而非理智知识和认识的堆集。"

亚米契斯：教育是"爱的教育"。

种种释义，各有千秋，前人的智慧都从某一角度使我们通向认识教育真理之门。

国际 21 世纪教育委员会向联合国教科文组织提交的教育研究报告提出，教育"保证人人享有他们为充分发挥自己的才能和尽可能牢牢掌握自己的命运而需要的思想、判断、感情和想象方面的自由。"

北京师范大学林崇德教授概括为：教育是一种以促进人的发展、社会的发展为目的，与传授知识、经验和文化为手段的培养人的社会活动。

当你把受过的教育都忘记了，剩下的就是教育。

——爱因斯坦

漫画欣赏法（训练 1-1）

丰子恺是中国文人抒情漫画的开创者。在 1925 年上海文学研究会所办的《文学周报》上，郑振铎托胡愈之向丰子恺索画，陆续在周报上发表，从此我国正式统一使用漫画二字，并作为一个画种的名称。丰子恺先生的《剪冬青联想》是一幅抨击教育时弊的漫画。90 多年后的今天，你读出了什么味道，请留言：

_____

_____

_____

当你走在靠近北京师范大学南大门处的英东教育楼旁的京师路上时，远远映入眼帘的是鎏金的八个大字的校训碑："学为人师，行为世范。"此乃北京师范大学启功先生所拟所书，八个字出自佛经《大方广华严经》："学为人师，师垂典则，行为世范，范示群伦。"取两句的前半句而恰到好处。

启功先生不仅这样拟书，更用自己的人生书写了师范。

启功先生多才多艺，是国宝级人物，不仅是国务院参事、古文物鉴定专家，还是著名的书法家，启功字体的创始人。我在全国各地看到过老先生无数的题字。人们一定认为先生是个大富豪，但先生自己分文不取，所有收入用于北京师范大学励耘奖学金、励耘奖教金，励耘二字是启功先生当年的恩师——北京师范大学的第一任校长陈垣的书房的名字。奖学金帮助莘莘学子完成大学梦；奖教金鼓励教师安心从教，激励辛勤耕耘的教师！

启功是我尊敬的师长，先生虽然没有直接教授我课程，但在 20 世纪 90 年代，我做青年部副部长期间，每年我都会邀请启功先生为学生做教育主题报告，有幸多次聆听先生的教诲，并存有与启功先生合影的孤本照片。我珍藏而从没有公开过，是受先生为人处世的感染。每一次与先生的交流，我都能感觉到先生的笑容可掬，和蔼而谦恭，语言质朴而幽默。现在无论在北京师范大学的北京校区还是珠海校区，我每次经过启功先生的雕像前，都会驻足凝望，默诵校训，体会师范心得。

先生曾自撰墓志铭："中学生，副教授。博不精，专不透。名虽扬，实不够。高不成，低不就。瘫趋左，派曾右。面微圆，皮欠厚。妻已亡，并无后。丧犹新，病照旧。六十六，非不寿。八宝山，渐相凑。计平生，谥曰陋。身无名，一齐臭。"启功先生的谦逊与幽默的品德尽在其中。

我常常感叹，在我踏入北京师范大学的第一天，老主楼的一条红幅映入眼帘："北京师范大学——人民教师的摇篮!"现已嵌入我的心间。

我很幸运,在我国重新恢复高考制度后,我从一名当时上山下乡的知识青年,通过自己的努力,考入北京师范大学,圆了我从小的教师梦。

我真的很幸运,在这样一所有着百年沧桑的师范文化传统的最高学府学习,有启功、林崇德前辈,以及我的本科时期的班主任裴娣娜教授;有王策三、靳希斌等老教育家,郭德俊等心理学教授陪伴我和我的同学成长,是我的福气,是我的幸运。

我真的很幸运,当年我作为优秀毕业生留校工作,从事青少年教育研究工作,接触了像陶祖伟、任小艾等全国教育专家和优秀中小学教师。

我真的很幸运,从教育研究的实践中感受到学校教育满足不了学生发展的需要,迫切需要心理健康教育的补充。我从 1989 年做全国第一条中小学生心理热线志愿者开始,便踏上了心理健康教育与心理咨询的专业之路,遇到了中外心理学界的一批大师:20 世纪 80 年代到美国进修心理测量与咨询的郑日昌教授;1997 年跟随最早到内地传播人本心理咨询理念的香港中文大学林孟平博士,向她系统地学习了心理辅导与心理咨询;2001 年结识李维榕老师,向她学习家庭治疗;2003 年我在北京师范大学方晓义教授的推荐下,接受维吉尼亚·萨提亚(萨提亚家庭治疗模式的创始人)的好友玛利亚·葛莫莉关于萨提亚家庭治疗模式的培训。后来又与美籍华人龚鉥学习心理剧;2007 年与欧文·亚隆的团体辅导相遇;学习掌握沙盘治疗方法;向危机干预外国专家学习;等等。

我在大学时期学的外语是俄语,这是因为中国的教育受苏联影响很大,学校要留有教育交流的火种。但随着苏联的解体,俄语应用受到大大的局限。我庆幸我赶上了国家的改革开放,有幸不出国门,也有机会与一大批世界知名的心理咨询流派传承者相遇,学习、体验、练习、整合,为学生的健康成长准备着自己尽可能丰富的营养土壤,以满足学生发展的需要。

我真的很幸运,由于北京师范大学学生的需要、工作方针的需要、学校领导的信任,我成为学生心理健康教育与心理咨询工作负责人——第一任为全校学生心理健康服务的心理咨询中心主任,在这一岗位上,我一干就是二十多年,没有直接可借鉴的经验,就边学习探索,边实践。

天道酬勤,我就这样默默地学习着,不断实践着,笨笨地坚持着,让北京师范大学心理咨询中心成为全国高校心理健康教育的先进单位。

我在退休之际,对教师职业也有了自己的心得。古时尊师是"生则谨养,死则敬祭,此尊师之道也"。看今朝,当你看到在自己播种的土地上栽种的苗苗成林,看到自己的学生成长为对社会有用的人,就是对教师最好的报答。

教育是激励,是唤醒人的内在自我!用时尚言语:内在小宇宙的爆炸,焕发出的能量不可估量!

（二）什么叫学生

学生在中国古代被称为弟子、从学者。 学生的职责在于接受教育系统中知识经验的传授者——教师所传授的社会经验。 台湾职业教育家高震东先生用通俗的话谈到学生的概念，巧妙地将教育对象动词化为"三学生"："学生活的知识，学生存的技能，学生命的意义。"也同时点明"生活知识、生存技能、生命意义"这"三生"是教育的根本内容，而且是相辅相成的。 生命意义是学生学习生活知识、生存技能的动力。 教学生学习的最终目的在于教其学会做人，而生活知识与生存技能则是通向生命教育的阶梯。 没有知识不会领会生命的真正意义，愚蠢的人是不可能有德行的。 正如古人所云："玉不琢，不成器；人不学，不知义。"

学生有主观能动性，他们在学习活动中不是一味被动地被塑造的过程，而是主动的构造过程。 学生是接受前人的知识经验，从而形成一定心理结构的主体。 教者只有了解和研究学者的学习心理，才能达到教的目的。 正是在这个意义上讲，教与学是相辅相成、相互促进的。

（三）教学意味着什么

在大多数人眼中，教学包括维持课堂秩序、讲课或通过教科书灌输知识、安排考试、评定等级。 我们要修正这一刻板印象。 在这里我引用德国哲学家马丁·海德格尔关于教学的认识，这个认识非常明确且发人深省：教比学更难……为什么呢？ 并不是因为教师必须拥有丰富的知识储备，随时准备运用。 教比学更困难是因为，教要求做到的是让别人学。 真正的教师要做的是让学生自由学习。 虽然可能在他的课堂上似乎没有学到具体的内容，但通过真正自由的学，学生终有一天会恍然大悟——我们学会了如何获得有用的信息。 就这一点而言，教师要走在学生前面。 与学生相比，教师需要学习的东西更多——他必须学会如何让学生自主学习。 教师必须比初学者更能虚心学习，比向他们求学的人更会质疑自己的知识基础。 如果教与被教的关系是真诚的，那种无所不知的权威就无立足之地。 因而，成为一位教师是一件高尚的事情，它与成为一位知名学者、教授完全不同。

教与学的智慧在于启发。 早在2000多年前，孔子在《论语·述而》中就有精辟的阐明："不愤不启，不悱不发，举一隅不以三隅反，则不复也。"宋代理学家朱熹解释这句话时说："愤者，心求通而未得之意；悱者，口欲言而未能之貌。 启，谓开其意；发，谓达其辞。"

"愤"就是学生对某一问题积极思考，急于解决而又尚未通达时的矛盾心理状态。 这时教师应对学生思考问题的方法适时给予指导，以帮助学生开启思路，这就是"启"。"悱"是学生对某一问题已经有一段时间的思考，但尚未考虑成熟，处于想说又难以表达的另一种矛盾的心理状态。这时教师应帮助学生明确思路，弄清事物的本质属性，然后用比较准确的语言表达出来，这就是"发"。

教师的工作就是对学生的动机、对知识的内在需要与渴望进行启发，是促进学习，而不只是灌输教育内容。

三　何谓学习

既然教学的目的是促进学习，学习究竟意味着什么？我们在这里谈论的是真正的学习，"而不是将无助的个体牢牢地绑在凳子上，再将一些无趣的、枯燥的、毫无价值的、学过就忘的知识灌输到他们的脑子里！真正的学习，是青少年受永无止境的好奇心的驱使，不断地吸收他们看到的、听到的和读到的一切有意义的东西。"我们谈论的也是真正在"学"的学生，这类学生会告诉你："我正在从外界发现和汲取知识，并将它们变成自身的一部分。"引用卡尔·罗杰斯在《自由学习》一书中一段有意思的探讨，以如下任何方式学习的学习者，都在我们的探讨范围之内：

"不，不，这不是我想要的。"

"等等，这与我感兴趣的和我想要的有点沾边了。"

"呀，就是它！这正是我现在需要和想了解的。"

读者朋友，你的课堂上若有学生发出这类学习心声，真要恭喜你已经踏上促进者之路，我为你和你的学生而感到兴高采烈！

（一）两种类型的学习

卡尔·罗杰斯在《自由学习》中认为学习可以大致分为处于同一个连续体上的两种类型。该连续体的一端是无意义的音节学习，要记住它们并不容易，即使记住了也有可能很快忘记。我们通常意识不到，学生在课堂上学习的很多材料就像这些无意义音节一样复杂而无趣，对于那些缺乏背景知识的学习材料而言尤其如此。几乎每一个学生都发现，课堂上所学的大部分内容都没有意义。因此，教育变成了徒劳的活动，学生所学的知识对于自己而言毫无意义。这样的学习只涉及脑：它发生在"脖子以上"，没有任何情感卷入，也没有任何个人意义，它与整体的人没有任何关系。与之相反，另一端是一种重要的、有意义的经验学习。蹒跚学步的孩子碰到热暖气片，便意识到了"热"的含义，知道以后要当心所有与之类似的暖气片，通过亲身体验学到的知识是不容易忘记的。 同样，记住了"二加二等于四"的孩子，也许会在某一天玩积水或弹珠的时候突然意识到："二加二确实等于四！"在思维和情感都参与的学习中，他发现了对自己有重要意义的东西。 某个辛辛苦苦掌握了"阅读技能"的孩子，有一天被某本笑话书或历险记迷住了，他突然意识到文字是多么的神奇，可以带他进入另一个世界中。 他现在真正学会了阅读。 这就是孔子的"启发"论。

马歇尔·麦克卢汉给出了另一个学习的案例。 一个刚移民到国外的 5 岁小孩，如果她可以自由地和新伙伴们玩耍，即使没有任何语言指导，她也会在几个月内习得新语言，并且发音很准确。 她的这种学习是重要的、有个人意义的学习，并且学得很快。 但是，如果某个人按照老师所认为的有意义的单元来学习新语言，她很可能会学得非常慢，甚至会停滞不前。 这类情况司空见惯。为什么让孩子按照他们自己的方式学习，就能以一种不容易遗忘且具有高度实际意义的方式很快地学会？

2017 年 7 月 15 日菲尔兹奖（Fields Medal）得主、伊朗女数学家玛丽亚姆·米尔札哈尼（Maryam Mirzakhani）因乳腺癌不幸英年早逝，终年 40 岁。 有的学生视数学如洪水猛兽，少女时期的米尔札哈尼虽然未达这种程度，但也曾在数学课中挣扎。 她坦言，最终是老师的激励，增强了她对数学的热爱。 她曾表示："我知道人们对数学没有热情，它看起来可以是毫无意义和冷冰冰的。 不过数学的美丽只会向更有耐性的追随者展示。"她说："我不认为每个人都应该成为数学家，但我相信许多学生不曾给数学一个真正的机会。"

让我们来更准确地定义有意义学习或经验学习所包含的四个要素。 第一个要素是个人卷入的程度，即整个人的身心，包括情感和认知，都成为学习的一部分。 第二个要素是自我主动投入，即使刺激来自外部，探索、接触以及理解和掌握的愿望却发自内心。 第三个要素是渗透性。 它引起了学习者在行为、态度甚至人格上的改变。 第四个要素与学习者对事件的评价有关。 学习者很清楚学习内容是否能满足自己的需要，能否将他引向自己想要了解的领域，是否恰好填补了自己的空白。 评价的核心在于学习者自身。 对于学习者而言，学习的本质是意义，当这样的学习发生时，对学习者有意义的元素会被融入其全部经验之中。

我读过卡尔·罗杰斯的《自由学习》之后，对自由学习的理解是，自由不是任意，不是放任，而是自主与勇气的结合！

（二）全人的学习

让我们从另一个角度来分析学习。 就传统观念而言，教育者通常认为学习是一种有序的认知类型，是左脑的活动。 大脑左半球负责逻辑和线性思考，其工作是一步一步直线式进行的，强调构成整体的部分和细节。它只接受肯定和明确的信息，处理观念和概念，与生活中所谓"阳性"方面相关。大脑的这种功能似乎是被人们完全接受的唯一看法。

全人的学习意味着解放右脑，充分发挥右脑的作用。大脑右半球发挥功能的方式与左半球完全不同，它是直觉性的，在理解细节之前就先抓住了事物的本质，使人从整体上把握事物的结构。它善于隐喻，具有审美而非逻辑功能。它能使思维产生创造性的飞跃，这正是艺术家和创造性科学家的思维方式。它关系着人们对生活质量的感受。法朗西斯·沃恩在她的经典著作《唤醒直觉——超越理性的认知方式》中写道："每个人都经历过直觉，然而直觉常常处于抑制或者没有完全开发的状态。作为一种心理功能，直觉与感觉、情感和思维一样，也是一种认识世界的方式。当你凭直觉来认识事物时，虽然你的认识是正确的，但通常我们并不知道自己是如何获知的。学习使用直觉就是学会做自己的老师。"

有意义的学习结合了逻辑思维和直觉思维、智力和情感、概念和经验、观念和意义。当我们进行有意义学习的时候，我们是完整的个体，我们充分使用了自身左右全脑的能力。因此教育教学就是协助学生在认知、情感、行为方面不断地相互整合的过程。

（四）教师是学习的促进者

在人本主义理论观点中，教师是促进学习者，只要人类学习不止，就会永远需要促进学习者——教师。

卡尔·罗杰斯说："我将促进学习与教育的目标视为一种过程，一种培养学习者的方式，一种我们作为个体学会生活之道。我认为学习的作用是能为人类的一些深层次的困惑和问题提供建设性、尝试性的答案。如何实现这一教育的新目标，或者它只是忽隐忽现、捉摸不透的东西，无法带给人们真正的希望，我的回答是，我们拥有关于学习条件的大量知识，利用好就能鼓励个体自发的、有意义的、经验性的和发自内心的学习。我们之所以很少看到这些条件发挥作用，是因为它们要求我们在教育方式上进行一场真正的革命，而革命不是为懦夫准备的。这种学习的主动性并非依赖于领导者的教学技能，并非依赖于专业领域的学术知识，并非依赖于课程设计，并非依赖于视听教学设备，并非依赖于辅助性的学习程序，并非依赖于讲课与报告，也并非依赖于成堆的书籍，虽然上述每一项在特定时间内都可作为重要的资源来使用。促进有意义的学习，依赖于某些特定的态度品质，它们存在于促进者和学习者相互之间的人际关系中。"

教师正是这种人际关系中的重要方面。我们首先在心理治疗领域发现了这些品质，但现在已有强有力的证据表明，这些品质同样适用于课堂。

人们比较容易想到在治疗师与来访者之间的互动关系中可能存在这些品质，它们也可能存在于无数师生间的人际互动之中，如尊重、接纳、同理心（共情）等。

卡尔·罗杰斯列举了一个非常耐人寻味的案例：弗吉尼亚·阿瑟兰，一位女教师处理7岁男孩小杰的问题。

我在北京师范大学开设的师范生心理素质训练课堂上就曾使用了关于学生小杰的案例进行课堂讨论。

案例教学法（训练1-2）

对有矛盾或冲突的事例进行讨论，在课堂的团体中畅所欲言，相互碰撞，彼此交流，了解自己内在真正可以接受的部分。

第一步：使用幻灯片呈现小杰的案例。

7岁的小杰具有攻击倾向，是课堂上的麻烦制造者，其语言和学习发展迟缓。他因为骂人而受到了校长的体罚。阿瑟兰女士（教师）对此一无所知。在一堂自由创作的手工课上，小杰非常仔细地制作了一个泥人，它戴着帽子，揣着手绢。

阿瑟兰女士问："这是谁？"

"我不知道。"小杰回答说。

"可能是校长吧。他的衣服口袋中也有一块类似的手绢。"

小杰瞪着那个泥人说："是的，就是校长。"然后，他掰下了泥人的脑袋，抬起头看着老师笑了。

第二步：在学习小组里畅所欲言，倾心交流。如果你是小杰的老师，你会做什么？

男生A："小杰这孩子一定是与校长有过节，记仇了。"

男生B："小杰有暴力倾向，首先要及时制止他。我会告诉他这样的方式对他没有好处。这也是老师的职责呀。"

男生A："这种孩子早就有了攻击倾向，你看他掰下泥人的脑袋还笑，多凶残，没有什么道理可讲，讲也是对牛弹琴。"

一个女学生说："别忘了小杰才是7岁的孩子，有什么深仇大恨。也许他心中还藏有什么不为我们所知又说不出的委屈呢。"

另一女生马上接着表达自己的观点："我可能首先想到的是他不能把暴力的

种子埋在心里，有什么事情跟老师说说也许会好受些。"

"可是怎样让那么小的孩子说出心里话？只说大道理能管什么用？"

"晓之以理，动之以情呀！"

男生C："怎样动情？告诉他，无论校长做了什么，校长都是爱你的，孩子能信吗？他仇恨的结就在那里把守着呢？"

男生B："你怎么知道孩子怎样想的？你又不是他肚子里的蛔虫，除非你也有过他的经历！"

男生C："我虽然不知道这个孩子与校长之间发生了什么，但我可以肯定的是他有很大的委屈，又说不出。你让他说他就说了，没那么容易，对了，也许上刑有用。"

小组人都笑了。

"那要老师做什么！"

"像我们这样没有经验的师范生又能做什么？"

小组讨论似乎到了一个瓶颈之处。

第三步：课堂上同学们都想知道小杰的老师接下来是怎样做的。继续播放幻灯片。

阿瑟兰女士说："你有时想把他的脑袋拧掉，是吗？他让你很生气。"

话音刚落，只见小杰抬手掰掉了泥人的一只手臂，接着又掰掉了另一只，然后用拳头把泥人打得稀巴烂。

（此时教室里的大学生嘘声一片。）

继续播放下一个幻灯片。

旁边一个知情的男生解释说："小杰非常讨厌校长先生，因为中午他揍了小杰。"

"那你现在一定感觉好多了吧。"阿瑟兰女士说。小杰笑了，然后开始重新用胶泥做校长先生。

师范生课堂小组讨论继续着：

"这么快，这就完了？我还没有品出味道呢。"

"没有长篇大论的说教，老师的态度就在于施予教育。"

"我觉得，小杰最后的笑，是会心的。他知道世界上有人懂他，尊重他，有人愿意耐心听他讲话。"

"真的，阿瑟兰老师的做法不是我们看一遍就可以效仿的，她一定是有信念和爱的。"

"也许这才是我们通过心理训练课要学习的东西。"

此时的我，在课堂上真的是在享受，享受学生自我教育的过程，反思着我怎样更自觉地做学生学习的促进者。

最后我适时适度地总结：教育不留痕，阿瑟兰老师正是在巧妙地艺术化地做着这项工作，小杰在得到尊重之后，获得了学习和领悟，迈向教育的更高一级的自我教育的境界。在接下来的课程中，让我们有机会更多地交流、学习，做学习的促进者。

案例教学是一种以案例为基础的教学法，案例的本质是提出一种教育的两难情境，没有特定的解决之道，而教师在教育教学中扮演着设计者和激励者的角色，鼓励学生积极参与讨论，而不是仅仅扮演传授知识者的角色。

我使用案例教学法的体会是，这种教学方法在训练学员，也在训练我自己，既保持一点教学时的沉默，也让自己内省。教师事先辛苦地备课，总以为学生不太了解，总想着再全面些，在课堂上就容易夸夸其谈，满堂灌。

案例教学让学生发挥平行之间的影响力，相互碰撞，有矛盾，有争论，让更多的学生表达出自己的观点，而且自信地表达。

教师做了什么呢？顺势而为，顺水推舟，跟着学生的领悟走。

阿瑟兰女士就是在做促进学习者：允许小杰发泄出自己的情绪——委屈、困惑，允许学生表达出自己的需要——尊重，促进学生成长——要学习与校长对话、相处。阿瑟兰女士是真正懂得学生、懂得教育本真的老师。

要做阿瑟兰女士这样懂学生的教师，是许多教师的渴望。要了解学生对教师有怎样的期待也是成为一名好教师的功课。

五 学生对教师的期待

(一)学生心目中的好老师

我曾研究中、美、日三国学生心目中的好老师的形象。在日本学生喜欢的教师特征中，学生使用频率高的词汇有：公正、公开、平易近人、理解学生、性格活泼、亲切等。调查结果如表 1-1 所示。

表 1-1　日本学生喜欢的教师特征

次序	上武正二 小学一年级至高中三年级 （4588 名）	大竹诚 初中一年级至高中二年级 （698 名）	光东文夫 小学四年级至六年级 （1567 名）
1	教育热心	理解学生	教学方法好

续表

次序	上武正二	大竹诚	光东文夫
	小学一年级至高中三年级（4588 名）	初中一年级至高中二年级（698 名）	小学四年级至六年级（1567 名）
2	教学易懂	亲切、平易近人	很热心
3	开朗	能信赖学生	平易近人
4	公开	公正	喜欢运动
5	理解学生	教得清楚	开朗快乐
6	亲切	开朗	公正
7	平易近人	感情真挚	脑子好
8	有趣	教育热心	知识丰富
9	不发脾气	守时、不懒惰	讲话对学生有益
10	幽默	活泼	照顾学生
11	直爽	教学有趣	兴趣广
12	与学生一起活动	知识丰富	有实力
13	活泼	责任心强	有钻研心
14	擅长运动	认真	亲切
15	多与学生讲话	教学水平高	整洁
16	有学问	一丝不苟	身体健康
17	言语明了	品格高尚	板书漂亮
18	健谈	有信仰	言语明了
19	疼爱学生	文雅	年轻

在学生心目中的好老师是什么样的？ 美国对此研究使用的方法本身就很有意思。 美国一位著名的教育家花了几十年时间，在 9 万学生写的"心目中喜欢的教师"中概括出好老师的 12 个特点，孩子们的语言生动地描述了这些特征。

①友善的态度。 "她的课堂犹如大家庭，我再也不怕上学了。"

②尊重课堂内每一个人。 "她不会把你在他人面前像猴子般戏弄。"

③耐性。 "她绝不会放弃，直至你能做到为止。"

④兴趣广泛。 "她带给我们课堂以外的观点，并帮助我们把所学到的知识用于生活。"

⑤良好的仪表。 "她的语调与笑容使我很舒畅。"

⑥公正。 "她会给予你应得到的，没有丝毫偏差。"

⑦幽默感。 "每天她会带来少许的欢乐，使课堂不至于单调。"

⑧良好的品行。 "我相信她与其他人一样会发脾气，不过我从未见过。"

⑨对人的关注。"她会帮助我去认识自己，使我感到松弛。"

⑩伸缩性。"当她发现自己有错时，她会说出来，并会尝试其他方法。"

⑪宽容。"她装作不知道我的愚蠢，将来也是这样。"

⑫有方法。"忽然间我竟没有察觉地顺利念完我的课文，是因为她的指导。"

学生们使用的教师代称都是"她"，可能是中小学女教师多的缘故。

这种质性研究生动鲜活的呈现方式本身就使人过目不忘。

我的探索使用的研究方式是职业画像练习，在课堂上我让每个学生写下"我心目中的好老师"的 5 个特质，之后在小组中分享、讨论，把全组公认的"我心目中的好老师"具备的素质总结概括出来，全班分享与讨论。

例如，2008 年 2 月课堂组讨论结果。

第一组：人格　性格　仪表　专业技能　特长

第二组：专业知识　宽容　激情热情　平等尊重　诲人不倦

第三组：因材施教　博爱　负责　渊博　为人师表

第四组：学识　公平　表达　爱心　自信

第五组：有品德　知识储备　感染力　责任心　创新能力

第六组：道德修养　敬业　业务能力　人格魅力　理解学生

此刻，当你看到各组对教师素质的描述时你的感受如何？　让学生畅所欲言。

（二）学生自我探索：如果我是老师_____

每个人在成长历程中，几乎都离不开老师的谆谆教诲。"师者，所以传道授业解惑也。"这是唐代哲人韩愈在《师说》中对老师这个职业的精辟阐释。然而，对于如何"传道授业解惑"每个老师都会有着各自不同的理解，因此，我们对老师形象的看法，也就有了"千差万别"。　其实，学生对于老师的希望也不尽相同，有的孩子期盼老师"如师如友"，有的孩子希望老师"宽严相济"。2016 年 9 月教师节前《北京晚报》开展调查活动，请孩子们"换位思考"，说说"如果我是老师"将怎样教书育人。

我是老师，我会将"减负"进行到底（摘录）

俗话说，兴趣是最好的老师。一个学生对于学习产生了浓厚的兴趣，学起来就不难了，同时也激发了他自学的兴趣，这不仅能使学生完成书本内容，还能拓展学生眼界，学到更多知识。因此，我当老师就要着力培养学生对于学习的兴趣。语文中那些拗口的文言和繁杂的知识让不少学生烦恼，我要尝试开展多样的语文学习活动，让每位学生找到对语文情有独钟的爱，产生乐趣，以培养兴趣为切入点，简单读写背诵任务就不是难题了，学生的成绩自然会有所提高。比如，儒家经典《大道之行也》表现了复杂的高尚情怀，但极不容易读懂的文言使不少同学感觉云里雾里，连理解都很困难，更不必说背诵了，这样学习能没压力吗？针对这一现象，我会带领学生走进北京孔庙，在那里感悟至圣先师的博大情怀。在古色古香的孔庙中，我与学生们一边了解孔子的儒家文化，一边讲解《大道之行也》的核心内容。学生在亲自体验、亲自感知后，对文章肯定会有进一步的理解。

我是老师，首先要填平师生之间无形的鸿沟（摘录）

小时候，我以为当老师很威风，三尺讲台，一块黑板，老师命令一出，学生谁敢不从？中学时，我才发现当老师的辛苦，一摞教案，满头汗水，辛苦育人，有的学生还不知恩……沐浴在阳光下的学生似一块块洁白如雪的丝绸，老师如何才能染出斑斓的色彩？奔跑在绿茵场上的学生像一朵朵含苞未放的花朵，老师该怎样让他们绽放出绚丽的未来？如果我是老师，我该怎么做？

课堂上，我要用生动活泼的教学形式，给学生足够的思考时间后，让学生们提出他们对学习课程的见解。当学生犯错时，我会进行适当的说教与批评，但一定不要挫伤孩子的积极性。课下，我要当学生们的朋友，学生和老师是平等的，本不该存在一条无形的鸿沟。课外，我会和同学们一起踢足球，让他们知道，上课时要规规矩矩地埋头苦干，下课时要无忧无虑地玩耍。看看当代中国的学生，几乎无一不是在挑灯夜战奋笔疾书，已经鲜有阳光下在绿茵场上飞奔的身影了，没有经过风吹日晒的身体，怎么能抵得住压力重重的学习？

作为老师，我也不能整天与学生们嘻嘻哈哈，如果天天"老不正经"，学生们怎么可能会端端正正呢？所以，在正式场合时，我必须板起面孔，对不服管教的学生严加监督，也许，有学生会对我产生怨恨，认为我"虚伪"，我会这样对他们说："在适当的时间做适当的事，玩的时候尽兴玩，学习的时候认真学，否则，别怪我'翻脸不认人'！"

我是老师，不会让学生对分数特别敏感（摘录）

都说孩子是祖国的花朵、是祖国的未来，可现在有些教育却用管束和灌输扼杀着祖国的花朵！假如我是老师，我要当学生们的"教练机"，希望他们能飞得更高！在教学模式上，我将采用应试教育和美式教育相结合的模式来实现教学目标，数据性的知识我会让他们采用应试教育的死记硬背法，因为人脑天生就不是记数据的，所以只能重复记忆、练习，而知识不可能像数据那样直接灌输给学生，所以要采用美式教育的系统、举例、演示等方法，让学生在理解的基础上学到知识。在课堂安排上，我在每节课上让学生自己选择要达成什么学习目标，每讲完一个知识点，将其中的摘要部分或数据让学生摘记。每个学生都是学习的士兵，要战斗就要学会制订战术、战略目标。此外，我觉得实践课也很重要，我要鼓励所有学生积极参加动手操作的活动，实践用到的材料和用具将全部由学校提供，只要学生能干的都让学生自己去做，老师要甘当一名志愿服务者。关于必不可少的作业和学习成绩，我不会让学生对分数特别敏感，对作业感到繁重不堪，尽量在学校完成作业，在家时只是做做练习、巩固、预习和复习。

每个学生都可能有一些自己的小癖好，遇到学生有类似于收藏癖好这类的情况时，我会准许学生在收藏品安全的情况下将自己的收藏品带到学校。在习惯培养方面，我也要尊重学生，只有在发现对学生本身有伤害或是对其他学生产生伤害的情况，我才会去纠正……

家庭教育和学校教育对于孩子的成长都是不可或缺的，假如我是老师，我首先要积极鼓励学生和家长的沟通，即使家长工作再忙也要每天抽点时间与孩子沟通一下，学生将自己的学习状态告诉家长。学校和家庭有不同的温度，都能培养孩子的战斗力！

教育要放眼世界，要有战略的高度，今天的花朵就是祖国明天的栋梁！如果我是老师，我要将自己塑造成这样一名班主任，我也期待我初中的老师是这样的。

经常读一读学生的这类小文，是不是也像在墙的侧面立着的一面镜子，或像在一个房间里，从多个地方传出来的不同声音，在提醒我们什么。

学生访谈法（训练 1-3）

在《自由学习》这本书中罗杰斯详尽描述了师生访谈方法。

20 世纪 90 年代初，卡尔·罗杰斯花了 6 个月的时间寻访了费城、芝加哥、新奥尔良、休斯敦和西弗吉尼亚的查尔斯顿等地的师生，以了解他们对学校的看法。

采访训练目的：真实地了解师生对学校及教育的看法。

采访地点：灵活多样，可以在教室或者会议室、餐厅，甚至教学楼过道里。

访谈的形式：可以一对一，而更多时候以五六个学生为一组进行。

采访时间：每次 20 分钟左右；总时长 6 个月。

采访记录方式：客观描述，使用文字记录或录音，尽可能记录被采访人的学校特点、年级及其个性特点等背景信息。

相比问卷法，采访法（访谈法）的优点：开放式地提问，自由地表述，真实性更高。

缺点：统计麻烦，耗时长，但对师范生和教师是一种综合训练的过程。

卡尔·罗杰斯发现："有同伴在场时，学生更愿意表达自己的看法。于是我尽可能地访谈不同文化和不同种族的学生。那些在旧体制中无法得到公平教育的孩子，在我走访的这些学校里却能得到很好的教育。这是一段令人难忘的经历。在访谈之前，我对我们的公共教育体制感到心灰意冷。但从这些孩子的脸上和话语中，我看到了希望，并且开始探索有效的解决途径。经过对一所又一所学校的比较、一个又一个孩子的分析，我发现他们及其促进者联结成了出色的学习社区的纽带。"

卡尔·罗杰斯的研究结论：

学生希望得到信任和尊重。当询问六年级的小学生，他们最想从未来的中学老师那里得到什么的时候，他们普遍会说希望得到"尊重"。西弗吉尼亚的十年级学生梅琳达说："只要你尊重老师，老师就会尊重你。"休斯敦表演与视觉艺术高中（HSPVA）的一名高年级学生说："平等地和我们交谈，与高高在上发号施令，是完全不一样的。"在芝加哥的蒙蒂菲奥里学校（专门针对问题男孩而建立的学校），六年级的安东尼告诉我，教师相信学生"能够决定自己如何学习……能够自己独立地完成学习任务……不必再要老师督促"。圣地亚哥奥法雷社区学校的一名七年级学生在谈到尊重时说："我所有的老师对班上的每一位同学都尊重，所以我们也非常尊重他们。"

学习环境必须充满信任与尊重。HSPVA 的校长安妮特·沃森，在 21 年前是该校的一名教师，她回忆了当时的校长露丝·丹尼斯对教师的信任。沃森女士说："我们学校的口号一直都是'教育是对信任的风险投资'。丹尼斯相信我们会努力把工作做到最好。相应地，我们相信学生也能表现得同样出色。"

学生希望成为学校这个大家庭的一部分。卡尔·罗杰斯写道："在我所有的采访中，'家'这个词是贯穿其中的一条主线。"芝加哥的一名八年级学生说："教师把你当作家人来对待。"新奥尔良自由学校则是另一所非传统的公立学校，该校建于 1972 年，坐落在电车轨道旁，距法语区有一段距离。这所学校的八年级学生汤姆说："如果我是你，我一定会来这所学校，因为它就像自己的家。"毕业生克里斯蒂娜说："这里就是我们真正的家，我甚至觉得这里比家里还温馨。"奥法雷尔社区学校的教育活动则是以"家庭"为单位来组织的，而不是按照年级划分的。一位家长对自己孩子的学校经历做了这样的评价："我喜欢这种家庭式教育的理念，它使得师生之间的关系更加亲密。"

美国每年的流动人口达到 20%，有数百万儿童和青少年生活在单亲家庭里，所以大家庭的理念只能在学校环境中得以体现。正常的家庭能为孩子提供无条件的关爱、支持，并培养他们的责任感。我遇到的很多学生都很看重这些家庭特点，并且愿意积极参与到具有这些特点的学习社区中去。

学生希望教师成为帮助者。古斯塔夫来自休斯敦一所高中，该校有 3400 名学生。在读十一年级的他说："每个人的基础不同，他们（指教师）会具体询问每个学生的学习进展。学生可以选择不同的学习内容。"当我问古斯塔夫每位老师如何在一天之内与 140 多名学生面谈时，另一个学生乔伊突然插话说："特别辛苦，每天结束之后你都能从他们的脸上看出来。"古斯塔夫也表示非常赞同："他们虽然真的很累，但他们仍然愿意为你排忧解难。"

学生想有承担责任的机会。据我了解，有的学生参与市民会议，讨论影响学校整体发展的决策；有的学生平息了可能会导致斗殴的纷争；有的学生在课堂上互相帮助，并积极协助教师；有的学生在毕业的时候为学校留下荣耀。任何情况下，学校、教师和职工对学生都有足够的信任，允许他们在学习社区中成为积极的参与者和公民。HSPVA 的一个高中生说得很好："教师必须以学生为出发点。如果教师能让学生感到在这世界上有他们自己的位置，那么他们就会愿意学习更多立足于世的知识。"在费城艾米第六中学，学生每周都会举行全校范围的公众会议，讨论解决学生之间的斗殴、帮派活动以及在浴室内吸烟等问题。在 HSPVA，每年都会选出 60 名学生组成"议会"，解决学生们所关注的问题。例如，学生在午餐时间离开学校去买糖果和饮料，这会带来安全隐患。为了解决这一问题，"议会"决定申请安装自动售货机。学校管理层采纳了这一建议，从而解决了学生午间离校的问题。

学生需要自由，但不是放任。我访问过的每名学生都渴望分享他们的经历。他们敏锐地感觉到自由与放任之间有明确的区分。他们谈论了规章制度灵活变通的重要性。休斯敦的一名毕业生在谈及他高中四年的自由时说："我想我们的自由更多指的是言论表达的自由，而不是无法无天和缺乏自控。我们的目标很明确——能够自由地表达自我。"

学生需要人文关怀。新教师通常收到这样的忠告："在圣诞节之前都别给学生笑脸。"但事实上研究证明，温暖、支持性的环境才能够使教师和学生通力合作，实现共同的目标。孩子们喜欢的学校无一不是对他们关怀有加的，而且这种关怀无处不在，形式多样。HSPVA 的校报上有一个每周专栏，学校管理人员在这里为学生提供建议。奥法雷尔社区学校的一名七年级学生说："这里大部分老师都很关心我。他们不仅在自己所教的科目上帮助我，同时也在其他科目和个人事情上帮助我。而其他学校的老师可就完全不同了，他们往往只让你专注于他所教的科目。"该校的另一名六年级学生也深有同感地说道："大部分老师都希望我们在学校能够学好、做好，这样我们在今后就能生活得好。如果我退学了，老师会非常失望。"

学生希望老师能够帮助他们获得成功而不是失败。我访问的每个学生都表达了他们共同的心声："老师不会让你失败。"休斯敦密尔比高中有 3600 名学生，绝大部分都是拉丁裔。该校的一名九年级学生说："老师很关心我们的成绩，关心班上的每个同学，帮助你解决很多问题……如果找他们帮忙，他们都会耐心地倾听并支持你。他们做了很多本职之外的工作……他们不仅仅教你数学，还关心你过得好不好。即便是在休息时间，他们也欢迎你去找他们聊天。不管是学业还是家中的问题，他们都会尽力帮忙。"芝加哥的蒙蒂菲奥里学校挽救了很多濒临失足的男孩。一个 12 岁的男孩由于无法适应学校生活而转学到了这里。他说这里的老师会一直鼓励他努力，直到取得成功。"她会给你机会。当你做错时，她会让你重新尝试，直到做对为止……(在)其他学校你根本没有这样的机会，教师只会大声斥责你，告诉你不行，甚至不愿搭理你。但是你知道吗，琼斯老师绝对不会让你放弃！"该校另一个孩子说："如果你在一般的学校里犯了错，老师会让你放学后留下，或者不再给你任何机会。但在这所学校，他们会努力帮你解决这些问题。这是一所充满成功机会的学校。"

学生需要自主选择的权利。学生必须对自己学什么有发言权。这可以反映在学生对某个班级、俱乐部或者学习课程的选择上。在新奥尔良自由学校，学生们谈论了他们在实习期间选择社区服务工作的情况。新奥尔良自由学校的八年级学生约翰说："这个学校有校外实习机会………我就在儿童博物馆实习，为孩子们提供服务……每周四我在博物馆工作半天，然后回到学校继续学习。我觉得实习很有用。我的实习是与儿童打交道，我喜欢和孩子们在一起。"也有的学生在市政厅或疗养院里实习。学生可以选择自己喜欢的社区服务工作，准备简历并去参加面试。

上面这段文稿摘自卡尔·罗杰斯所的《自由学习》中的第 11～14 页，文字有些长，但我每次都会通读，它虽然不是我们一般见到的有统计数据的研究报告，但你在这里能够读到活生生的教育。

请根据你所教学的学生特点，就你有兴趣的校园实际问题，制订一个访谈提纲，开展一次访谈之旅。

我的访谈内容：＿＿＿＿＿＿＿＿＿＿＿＿＿＿＿＿＿＿＿＿＿＿＿＿＿＿

访谈训练目的：＿＿＿＿＿＿＿＿＿＿＿＿＿＿＿＿＿＿＿＿＿＿＿＿＿

访谈地点：＿＿＿＿＿＿＿＿＿＿＿＿＿＿＿＿＿＿＿＿＿＿＿＿＿＿＿＿

访谈的形式：＿＿＿＿＿＿＿＿＿＿＿＿＿＿＿＿＿＿＿＿＿＿＿＿＿＿

访谈时间：＿＿＿＿＿＿＿＿＿＿＿＿＿＿＿＿＿＿＿＿＿＿＿＿＿＿＿

访谈记录方式：_____

总结访谈结论：_____

六 教师怎样看自己的职业

职业画像法（训练 1-4）

在各种培训学生、教师的课堂上，我都曾以"你心目中合格的教师应具有的最基本的 5 项素质是什么？"为题目，让教师（大中小学教师）独立地、自由地、开放地写在本子上，再与身边的学员交流一下，看看每个人会自由地写下什么，并有什么发现。

1. _____ _____ _____ _____ _____

2. 你为什么写下这些词汇，而不是其他？

3. 当你此刻看到自己写下的这些词汇时，有怎样的感受？

4. 这些感受与你当前的工作状态有关系吗？

发现是什么？ 发现不是人在头脑中已经固有的结论， 而是我们彼此交流后， 此时此刻你听到的、 感受到的， 并值得思考的议题。

根据多年的课堂讨论， 我统计整理出在几十场次中被提及的词汇 217 个，较高频率的词汇依次为： 责任心（48 次）、 爱心（47 次）、 耐心（28 次）、沟通（26 次）、 博学（21 次）、 公平公正（21 次）、 阳光（17 次）、 包容心（13 次）、 进取创新（13 次）、 平易近人（13 次）、 细心（13 次）、 热情（12 次）、 幽默（11 次）。

这些是被教师自己看重的自身素质。

我常常把当堂统计在黑板上的词汇让大家静默一分钟观看， 请大家觉察此时此刻自己内在的声音。

许多教师或学生会脱口而出："这是我的未来目标、 完美教师的画像、神人。"

我会问大家： "是校长让大家写下这些词汇的吗？"大家一致回答："不是！"

我又问大家： "是教育部部长让大家写下这些词汇的吗？"在一片笑声后，回答同样是那样的响亮： "不是！"

我继续发问， 那是谁让我们写下这些词汇， 来描绘在自己心目中合格教师的画像？

每当此时大家都会迟疑片刻， 也许在他们心中都会有一个声音： 是呀，是谁让我写下这些词汇的？ 大家沉思后的回答——"是我们自己！"这种思考后的回答， 不是头脑中固有的， 而是大家在现场的相互交流中感受到的。

为什么写下这些词汇， 而不是其他的？ 这是因为我们对自己的职业有一个较高的要求，"我们会给自己压力， 但我们又不会轻易放弃。""我们行走在教师成长之路上。"

（七）教师素质

素质是什么？ 素指本来的、原有的，素质为质量，指事物本来的性质或素养——平日的修养。 英文为"quality"。

林崇德教授等专家根据近年来的理论和实验研究的结果，把教师的素质理解为：教师在教育教学活动中表现出来的，决定其教育教学效果的，对学生身心发展有直接而显著影响的思想和心理品质的总和。 教师素质结构至少应包括以下成分：教师的职业理想、教师的知识水平、教师的教育观念、教师的教学监控能力以及教师的教学行为与教学决策等。

我在实际设计教师心理训练课程时，也是尽力依此设计相关内容的。

北京师范大学公费师范生在获得保研资格毕业后，要在全国各地中小学中从事教育工作两年。 之后再利用假期回到母校读研究生课程。 我有机会在心理学院（现称心理学部）为这类学生开设"心理健康教育课程设计与实施"课程。 由于各地各校教学管理上的差异，研究生的两年教育教学经历大相径庭，有的在中小学校从事心理健康课程教学，有的上思想品德课程，还有的上语文课程。 有的在当地学校有从事心理咨询的机会，有人则只有做班主任的机会。面对这个教育经验差异性较大的学生群体，我的教育策略是，尽可能让每个学生都有教育教学的收获。 课前我先让每个学生准备一份自己讲授过的教案，无论上的是什么学科，只要真实就好。 若没有教学经历，可以准备一个心理咨询的案例，或班主任与学生谈话的经历记录。

第一步：正式上课时，我用团体辅导的方式，把研究生班 20 名左右的学生分成 4 个小组。 让大家在团体中分享自己在各自学校的教育教学经历。

第二步：邀请一位学生自愿利用 20 分钟报告自己的教案或报告渴望督导的内容。

第三步：在听报告后，大家自由发表意见、主张，说出自己最欣赏报告中的哪部分，让当事人了解自己成熟的教学教育内容。

第四步：根据当事人渴望督导的内容，各小组进行讨论，10 多分钟后，作为指导者的我，建议大家不评判，把疑问、建议恰当地表述给当事人，这一过程对于全体学生都是一种学习。 当事人只是记录和思考，而不是一一回答，可以反馈大家，哪些问题对自己有启发。 努力为当事人创造一个安全的团体氛围。

第五步：作为指导者的我，从一个心理督导师或老教师的专业角度，从中发现团体成员中普遍存在的困扰或问题，不是马上讲解，而是适当采用角色扮演、心理剧、课堂练习等方式，现场训练，通过团体动力促进学生相互学习，发挥学生的潜能。

第六步：也是最后一步，让本次报告者总结在这一小时的课程中，自己的感受和收获。

通过这种方法，接受训练者可以获得近乎实际上课或咨询的经验，而且可以获得指导者及时、深入的指导和必要的训练。 这种方法不仅可以改善受训者的教学行为，而且可以使他们对教学与教育决策的有效线索更加敏感。

教学决策训练（训练 1-5）

教师在教学过程中包含着一系列决策，判断自己的教学行为所引起的学生反映是否符合期望。如果符合，就继续维持自己的行为，如果不符合，就要采取一定的预防和矫正措施。特韦克（Twelker）在 1967 年设计了决策训练的程序。

第一步：事先向接受训练者提供有关所教班级的各种信息，包括学业水平、学习风格、班级气氛等，可以是印刷资料，也可以是录像资料等。

第二步：让他们观看教学实况录像，从中吸取自己认为重要的成分，并书写记录。在此过程中，指导者一方面了解受训练者感兴趣的教学点，另一方面可以点评在这段教学中更恰当的教学行为。

（八） 教师独有的心理特点

教师心理训练的重要性：教师职业属于社会分工中一个独立的行业，教师重要的劳动对象是未成年的学生和部分成人受教育者。 教师主要是以学校中的课堂为途径来从事教育活动的，这一特殊的劳动条件与手段决定了教师的心理发展具有自己的特点和规律，正是这些特点和规律为教师的内在心理因素与其他条件一起影响着教师工作的质量。 为此，研究教师的心理特点，并为教师及作为准教师的师范生或从教的非师范生毕业生提供可行的自我心理调节的方法，是十分重要的。 在我国教育大发展，重视职业教育的今天，大量非师范学生从教，如在高校辅导员体系中，绝大多数人没有系统地接受教育学、心理学等学科的训练，因为热爱教育工作走进教师队伍，急需这方面知识与技能的专业补充。

心理健康与先天的生理基础有关，如气质特点，但主要是后天的学习与训练，自我修养与成长的结果。

对于一般人来讲，情感的转化是促进自己的身心健康的，是没有教育他人的目的的，并且大多是从不愉快转向愉快的，很少有相反的转化。然而对于教师来讲则不同，教师的情感转化不仅仅为了个体的身心健康，而且还为了获得教育的良好效果。

又如，教师欠缺应激事件的处理能力，会妨害对学生和教学应激事件的处理。教师这个职业群体应有不同于一般人的应激水平。从这个意义讲，教师作为学生的表率，应当使用健全而丰富的精神武器库或心理疗养方法，以供自己随时用来调节自身心理状态，并指导学生进行自我调节。

研究者调查发现：中小学生的智力发展水平，在很大程度上取决于教师的教学。班主任通过具体的力量形成正确的集体舆论、信念、情感、意志和行为习惯。整个的集体力量，促使大部分学生形成良好的品德；纠正品德不良的学生；调动广大学生学习的积极性，提高学习成绩，促进德智体美诸方面的发展。由此可见教师的主导作用是明显的。

> 爱是心灵相通而产生的一种情感，而不是意志或意愿。教师之所以爱学生，不是因为他想要这么做，更不是因为他应该这么做，而是当师生通过接触、了解和不断交流之后，出自内心深处的一种自然悦纳其学生的内心体验，是心甘情愿的付出，是一种想到自己学生的存在就产生的愉悦或关切、关注。
>
> ——摘自陶志琼著《教师的境界与教育》

故事批注法（教育随笔）（训练 1-6）

我曾读过一个生动感人的故事，故事的名字叫《老师的启示》。二十多年间我不止一次地阅读，令我对教师这一职业都有更深层的理解。括号内是我的阅读随笔。

故事是这样的：

多年前，汤普逊老师对着她五年级的学生们撒了一个谎，说她会平等地爱每个孩子。**（批注：汤普逊老师虽然是善意的谎言，但体现着公平的教育理念，在今天仍然有着非同寻常的意义。）**但这是不可能的，因为教室前排坐着一个叫泰迪·史塔特——一个邋遢、上课不专心的小男孩。

事实上，汤普逊老师很喜欢用粗红笔在泰迪的考卷上画上大大的叉，然后在最上面写个"不及格"！（批注：我们中国老师也是这种判阅卷子的模式。殊不知学生第一次看到那个红笔写的"不及格"三个字是多么不自在？换成我，也许会抠掉这惹眼的三个字。哪个孩子没有羞耻心呢？但如果常常见到这三个字会有怎样的感受？我想象不出来，会是麻木？）

一天，汤普逊老师查看每个学生以前的学习纪录表，她意外地发现泰迪之前的老师给的评语十分惊人！

一年级老师写道：

"泰迪是个聪明的孩子，永远面带笑容，他的作业很整洁、很有礼貌，他让周围的人很快乐！"

二年级老师说：

"泰迪很优秀，很受同学欢迎。他的母亲罹患了绝症，他很担心，他家里的生活一定不好过！"

三年级老师：

"母亲过世一定令泰迪很难过，他很努力表现但父亲总不在意。若再没有改善，家庭生活将严重打击泰迪。"

四年级老师：

"泰迪开始退步，对课业提不起兴趣，没有什么朋友，有时在课堂上睡觉。"

直到此刻，汤普逊老师才了解泰迪的困难，并为自己此前对泰迪的态度深感羞愧。（批注：及时地收集和细心地整理学生的成长信息对教育策略何等重要啊！而不是写上几句简单、空泛的评语。）

当她收到泰迪送的圣诞礼物，别人的礼物用缎带及包装纸装饰得漂漂亮亮；泰迪送的礼物却是用杂货店的牛皮纸袋捆起来的，这令汤普逊老师更觉得难过。（批注：教师自我的觉察是实施有效教育的前提。而对学生的深入了解，同理到学生的感受，真切地理解学生才会产生教师的自我觉察，或许真正的教育才会开始。）

汤普逊老师忍着心酸，当着全班学生的面拆开泰迪的礼物。有的孩子开始嘲笑泰迪送的圣诞礼物：一条假钻手链，上面还缺了几颗钻石，另外是一瓶只剩四分之一的香水。

但是汤普逊老师不但惊呼漂亮，还带上手链，并喷了一些香水在手腕上，其他小朋友全愣住了。（批注：老师惊呼漂亮不是虚伪的，而是爱的自觉行动，是对泰迪思念母亲的共情。美感是人的主观感受，学生使用对最亲爱的妈妈才用的方式来对待老师，难道不是孩子心目中最高的礼遇吗？）

放学后泰迪留下来深情地对汤普逊老师说："老师，你今天闻起来好像我的妈妈！"泰迪离开后，汤普逊老师整整哭了一小时。（多次批注："像我的妈妈"让老师流出的不是简单的同情的泪水，是感受一个 10 岁孩子在失去母亲后的悲伤、心痛，孤独、无助的情感体验，进而升华为爱！写到这里，令我想到德兰修女的几句话：饥饿并不单指没有食物，而是指对爱心的渴求；赤身、寒冷并不单指没有衣服，而是指人的尊严受到剥夺；无家可归并不单指需要一栖身之所，而是指受到排斥和遗弃。我第一次读到这几句话就被震撼了，这是真正懂得爱的人！汤普逊老师也是心怀大爱的人！）

从那天开始，汤普逊老师开始特别关注泰迪。而泰迪的心似乎重新活了过来，汤普逊老师越鼓励泰迪，泰迪的反应越快。（批注：是爱的力量让泰迪重新燃起生命的希望，让我看到真正的爱的教育！再一次阅读时批注：爱可以创造奇迹！再次批注：但要付出用心的努力！）

到了学年尾声，泰迪已经成为班上最聪明的孩子之一。（批注：一点不假，好孩子是夸出来的，勇敢的孩子是在面对困难时鼓励出来的。妈妈的病故对读小学的孩子来说，是一个重要丧失。孩子需要一段时间自己慢慢抚平伤口，也需要周围的人用爱的力量去鼓励、支持孩子。）

虽然汤普逊老师说过她会平等地爱每一个孩子，但泰迪是她最喜欢的学生。（批注：有教无类，教师不因为学生学习成绩优劣，或长相是否招人喜爱，或家庭条件优越与否，依然如故地喜欢和照护，就是无条件的爱！）

一年后，汤普逊老师在门边发现一张纸条，是泰迪写来的，上面说汤普逊老师是他一生遇到的最棒的老师！

六年过去了，汤普逊老师又发现泰迪写的另一张纸条，泰迪已经高中毕业，成绩全班第三名。而汤普逊老师仍是他一生遇到的最棒的老师！

四年后，汤普逊老师又收到一封信，泰迪说有时候大学生活并不顺利，但他仍坚持下去，而不久的将来他将获得荣誉学位！他再一次告诉汤普逊老师，她仍是他这一辈子遇到的最棒的老师！

四年过去，又来了一封信。信里面告诉汤普逊老师，泰迪大学毕业后决定继续攻读更高学位。他也不忘再说一次，汤普逊老师还是他这一生遇到的最棒的老师，而这封信的结尾多了几个字："泰迪·史塔特博士。"（批注：孩子的内心是纯净的，"最棒的老师"是一个多么直接又神圣的肯定，是教师爱的力量使然。教师播种一颗爱的种子，并见证了种子一年、六年、十几年从爱的种子萌芽到已经深深地扎根，并苗壮成长为栋梁之材！）

故事还没结束呢！

你瞧，这年春天又来了一封信，泰迪说他遇到生命中的那个女孩，马上要结婚了。

泰迪解释说，他的父亲几年前过世了，他希望汤普逊老师可以参加他的婚礼并坐上属于新郎"母亲"的位置。汤普逊老师完成了泰迪的心愿。但你知道吗？汤普逊老师竟然戴着当年泰迪送的假钻手链，还喷了同一瓶香水——泰迪母亲过世前的最后一个圣诞节用过的香水。

他们互相拥抱，史塔特博士悄悄在耳边告诉汤普逊老师："汤普逊老师，谢谢你相信我，谢谢你让我觉得自己很重要，让我相信我有能力去改变！"

汤普逊老师热泪满盈地告诉泰迪："泰迪，你错了！是你教导我、让我相信我有能力去改变——一直到遇见你，我才知道该怎么'教书'！"（批注：读到这里，我的眼睛再一次湿润了。一句"一直到遇见你，我才知道该怎么'教书'！"第一次读到此处我内心就怦然心动，联想到苏联的电影《乡村女教师》，年轻时的我，多次在北京师范大学的露天篮球场上观看，每次也在思考：在未来学生眼中的我会是怎样的一个人呢？再次批注：我已经记不清自己多少次观看雅俗共赏的影片《音乐之声》，我非常喜欢并钦佩天性自由、善良、美丽的女主角修女、女教师——玛利亚。当然还有奥地利美丽的阿尔卑斯山的山坡、清澈的湖泊、雅致的别墅、一群活泼可爱的孩子，以及他们反纳粹、追求自由的勇气，这一切都深深地打动着我的心。每次在观看《音乐之声》时都有一个声音在召唤我：爱的教育。）

> 每个生命都是丰富而复杂的。许多研究者尝试通过电和生物化学行为的研究来解读人脑，然而每个人的经验是如此复杂，再新的探测技术也无法追得上。

——（美）欧文·亚隆

教师职业示范：没有心理健康的教师群体，就不可能有心理健康的学生群体。

当今教育发展中的现实问题：大量非师范生走进教师队伍，而教师资格考试流于书面形式，缺乏深入学校见习、实习的机会。例如，一些高校辅导员、幼儿园教师报考者的报考目的是为了求得一份谋生工作，或缺乏职业规划的盲目选择等。

唤醒生命的课堂：不是单纯针对教书的人，而是针对学生人格健康成长有积极建设性影响力的人，通过尊重学生，唤醒学生自主学习的意识，对自己负责，发挥学生生命本真的潜能，使他们成为对社会有用的人。

成为一名教师，除了学习书本知识，聆听优秀教师的课程，尝试课堂准备之外，还需要进行一些心理训练。

教师职业需要：一对父母面对一两个孩子都很难教化，而学校的教师要面对几十名甚至上百名学生，教育难度可想而知。正因为如此，有人说，教师是一些心理健康或超健康的人，但不是超人。中华民族自古重视教育，至今在一些古镇村落中还能看到私塾的场地。懂的多一点四书五经、天文地理的人，把村镇上的小孩子聚集在一起教授。

从私塾教育到专门化的教师人才培训，这一历史进程与北京师范大学的历史一样长久。 1902 年京师大学堂师范馆的建立，至今已有 118 年，开我国师范生培养的先河。

心理学与心理健康教育的发展，特别是 20 世纪 80 年代，在社会改革开放的初期，一些学校的学生工作者看到原有教育理念和方法很难满足学生成长的需要，于是开始探索怎样打破"我说你听，我打你通"的德育瓶颈，恰逢当时有机会到国外高校进修学习的教师把心理咨询与测量的理念与方法、团体辅导等理念带回国，就此打开了一扇教育新天地的窗。 1984 年朱智贤教授培养了第一个教育科学博士——林崇德教授；20 世纪 80 年代中国改革开放，才有心理学教师到美国进修心理咨询学；20 世纪 90 年代初，中国学子到美国哈佛大学攻读心理学博士；有国内学者学习团体心理辅导与咨询等，真正开启了中国心理辅导与咨询的新篇章。

今天的教育发展使更多的教师看到，教育工作必须遵循教育规律，遵循个体发展规律。 有人的地方就有心理现象存在，心理学在当代中国教育的发展中越来越起着重要的作用，心理学是与人打交道的基础知识，有着越来越丰富的细化分支。 心理学的新发展，越来越渗透到各学科教学中，关注心理学与思想教育的结合，特别是应用心理学的发展。 教师心理学使心理学融合到教师的基本理念里与个人的生活中已经是生活发展的趋势。

（九） 教师心理训练方法

林崇德教授在《教育的智慧：写给中小学教师》一书中概括出教师教好课的三个前提。

一是精神面貌：平时讲的精、气、神，即精力、气势和神采。

二是感情投入：就是把感情融入教学全程中去，真正进入角色，以情动人，移情于听讲者，引起共鸣，达到讲课的目的。

三是激发兴趣：就是激发学生的求知欲。 讲课的艺术不在于传授的知识，而在于传授的前提——激励、唤醒和鼓舞。 孔子曰："知之者不如好之者，好之者不如乐之者。"用我们今天的语言表达，即兴趣在学习中是最活跃的因素，是带着情绪的认识倾向。 要激发学生听好课，进而去勤奋自强、努力学习，必须要以兴趣作为内在的"激素"。

教师应具有的精神面貌、感情投入及激发学生兴趣的能力都不是与生俱来的，有人具有做教师的良好素质，但他（她）并不一定会选择做教师。

我在课堂上询问过无数的学生，也是我的师范生心理素质训练课上每一个学员必须要回答的问题：你为什么选择北京师范大学？ 有的学生说是老师的推荐，有的是家长认为教师工作稳定，有的是迷迷糊糊填的志愿。 而更多的学生说是自己在过往的学习经历中遇到过可亲可敬的好老师，也想像他们那样去感染人，帮助人。

因为热爱而从教。 这一内部动机让众多的学生走进师范学校，这是非常重要的。 接下来就是学习要在什么教育指导思想下，通过什么样的形式，让他们健康地成长为受学生欢迎的教师。

教师独有的心理特点大多是后天学习、训练及自我修养，日积月累转化而成，令它们内化为自己的教育观，选择适合学生需要的教育形式，教师在教育教学中自然而然地成为教育专家。 为此，我一直都是鼓励我的学生：教师不是教书匠，要做有思想、有理想、有方法的教师——教育专家型的教师，才不会专业枯竭或被社会淘汰。

20 年前李建周先生就曾在《教师心理训练》中总结出三个维度的教师心理训练方法。

（一）他人训练与自我训练

他人训练是指别人应用心理训练手段对教师进行心理调节。 例如，师范生的教学实习（试讲、评课等）、专门的师范生心理训练课程等。

自我训练是指教会受训练者心理调节的技术手段，让他们在别人的监护下，一开始就自己调整自身的心理状态，逐步达到控制自如的程度，如在本书中提到的自我情绪调节训练。

（二）无形训练与有形训练

有形教师心理训练：指采用具体的直观的手段，调节教师或师范生的某种心理状态，使其发生有利于教育工作的转化，如在本书中提到的倾听训练。

无形教师心理训练：指各种活动或交谈使教师或师范生的心理状态发生有利于教育工作的转化。

（三）教师专门性训练与非专门性训练

有的新教师或师范生在最初登上讲台或实习时，尽管在课前认真备课，精心准备讲义，但在教学实战时，仍然避免不了紧张，出现思维阻断或语无伦次，或在半节课时已经讲完备课的全部内容，不知道后半节课如何应对。 有的人因为紧张，上课时不敢看学生，自始至终仰望教室天花板，有趣的是学生下课问老师："您上课在天花板上找什么呢？"

　　教师专门性心理训练是让教师完全脱离他们的工作和教学，在特定的条件下进行心理训练。 例如，为了训练教师或师范生的教学"舞台"心理状态，克服他们在初登讲台时的临场性过度紧张的情绪，可采用多次试讲或"情绪脱敏"的方法，即在人为的类似教学情境下，让教师或师范生在头脑中不断重现过度紧张的情绪，并在体验中学习运用心理松弛的方法克服紧张的消极情绪，使其逐步达到适应教学工作所需的适度的紧张水平。 在专门性心理训练取得可靠效果后，再让新教师登台讲课，可以使他们减少因情绪过度紧张可能导致的重大教学失误。

　　教师非专门性心理训练是指受训练者不脱离实际工作，运用心理训练手段转变他们的不适应心理状态。 例如，教学"舞台"心理训练也可以在实际课堂教学中进行。 让新教师在他人的指导下对学生进行课堂辅导，帮助有经验的教师做实验，或做一个短时（如 10 分钟）的授课，然后过渡到独立上讲台，使其逐步克服临场性过度紧张情绪。

　　我在师范生心理素质训练课堂上，设计一个今日班长活动，学生自由报名，可一人也可邀请合作者。 今日班长根据训练课程的内容，设计一个相关的团体辅导活动，带领全体同学实施。

✚ 教师心理训练的内容

　　教师的心理训练，按其内容可分为教师心理过程训练与个性心理特征训练，也可将教师的心理过程和个性心理特征综合起来分为心理品质训练与心理技巧训练。

（一）心理过程与个性心理特征的心理训练

1. 认知能力的训练

　　教师的认知能力训练包括教育感知敏锐度训练，教育表象、想象清晰度训练以及教育思维、记忆敏锐度训练等。 限于篇幅，这部分会在第三讲以教育感知敏锐度训练为例展开，希望读者朋友能够在学习与实践中举一反三。

2. 教育认知结构的训练

　　由于职业的不同，教师的认知结构不可能与其他职业者完全相同。 教师要想做好自己的教育教学工作，必须改进自身固有的认知结构，使其符合教育中学生的实际要求。 例如，一位新数学教师严厉批评一个学生，因为他帮助另一个学生抄作业，这是包庇懒学生，而学生则认为他这样做是在帮助同学，他所理解的帮助就是替同学做作业或者把自己的作业让别人抄。 事实上有不少的学生家长也是用这种方式帮助自己的孩子完成作业的。 所以当教师批评学生时，学生不接受批评并顶撞教师，发生这种现象的原因在于教师的认知结构与学生及学生家长的认知结构不同。 当然，教师的认知是正确的，然而它却缺少了可接受性。 因此，教师必须了解学生及家长的认知结构，也就是在本书中会使用同理心的训练。 然后比较两者的差异，既保留自己认知的正确性又使其有可接受性。 对学生上述行为不是简单地批评、扣帽子，而是将自己的思路展开，教会学生如何辅助同学做作业而不是代替，以形成教师、学生及学生家长对帮助别人做作业这个问题的共同认知，真正达到教育的目的与效果。

3. 个性心理特征的训练

人生中有两种力量最具魅力：人格和思想的力量；"学为人师，行为世范"的训诫，表明教师职业对两者都需要。

人格心理学研究表明，每个人都具有所有的人格特质，只是强弱不同。 例如，"聪慧性"是每个人都具备的特质。 但是有的人聪明过人，有的人显得愚笨，这种差异是"聪慧"这个特质在量上的差异。 人格是在遗传与环境的交互作用下，个体所具有的典型而独特的稳定心理品质组合系统。 遗传为先天，环境为后天。 人格是先天与后天共同作用的产物，缺一不可。

雷蒙德·卡特尔的人格理论中提到根据起源划分的体质特质、环境塑造特质，以及根据独特性划分的个别特质、共同特质、根源特质，对我们研究教师人格特质有重要启发。

卡特尔认为人格最基础的特质是体质特质和环境塑造特质。 这两个特质在一个人身上既存在着由先天遗传因素所决定的体质特质，如气质，又存在着后天社会文化环境下形成的环境塑造特质，如价值观等。 由于遗传基因决定人格特质，人们很难改变，但是可以从量上做调整。 例如，气质是遗传特质，一般来说，胆汁质的人情绪表达比较强烈，生性脾气暴躁。 胆汁质的人很难变成黏液质。 一个具备成熟人格的人，不会被生理性本能所控制，可以通过调节自己气质表达的恰当性，控制冲动行为，降低鲁莽性，来适应社会的职业需求及和睦家庭生活的需要，进而能够设身处地，换位思考，从而发展出高层次沟通的同理心，理解他人，鼓舞他人。 这种先天气质与后天的自控与训练，形成个别特质，即指某个人所具有的独特人格特征，是相对稳定的。 共同特质是一个民族、某一群体、某一职业的成员所共有的特征。 我以为，教师对学生的喜爱和循循善诱的耐心，对终生学习的渴望，对严以律己的自觉，这些都应是教师群体的共同特质。

特质论提醒人们可以依据职业个性心理特征，对号入座地按自己的主要特质选择职业；同时也提醒人们可以有意识地加以自我训练，开发职业心理的潜能，修养内在的人格魅力。

教师在课堂上只用思想的力量还不能最大限度地影响学生接受所传递的知识，进而转化为能力。而当教师的兴趣、动机、性格、能力等人格魅力的力量参与其中，自信、幽默、平等、真诚地表达与传递思想，就会收到事半功倍的教育效果。

（二）教师心理品质与心理技巧的训练

人的个性心理品质已经在原生家庭、学校、社会的教育影响下初步形成。为了更好地适应教师职业的需要，师范生或教师需要不断完善自己的个性心理品质，有意识地增强训练，以满足对青少年健康成长的影响力。

1. 心理品质的训练

心理品质属于个性中核心和具有直接社会意义的部分。它是教师心理训练的重要内容。教师除具备一般人的心理品质外，还应当具有教师职业所需要的心理品质。例如，作为社会主义国家的工职人员，应当具备热爱祖国、遵纪守法、勤劳奉公等思想道德方面的品质，但是作为人民教师只具有上述品质还不够，还应当具有热爱社会主义教育事业、热爱学生的高尚教育情操和严于律己、勤奋施教，具有教育耐力、毅力等优良教育品质。这些属于教师品质的心理训练，应当与对教师的政治思想教育、专业思想教育结合起来。前述的无形心理训练的方式正是将心理训练渗透到思想教育活动中，两者同时并进。

2. 专业技巧心理训练

为了完成教育教学工作，教师需要一系列的专业心理技能和技巧，对这些专业心理技能与技巧的训练属于教师特有心理素质训练内容。例如，教师讲课所需要的独白性口头言语表达与思维方式的训练，教师针对学生展开性与压缩性思维与言语方式的训练，以及当堂解答学生疑问，纠正学生不良行为，采取心理策略等技巧，处理学生心理障碍，这些都是经过专门性心理训练才能学会的。以往对这些教育范畴内的心理技能和技巧，很少从心理学角度提出问题，当然更谈不上专门的心理训练了。教师的教育技能与技巧的掌握，需要具体教育心理素质的相应训练才能提升与完善。

第二讲

生命影响生命

——教师个性心理与训练

在各行各业入职程序中，面试和体检都是必要的环节。 教师招聘中的面试更不是走形式。 教师的职业要求是入职者身体健康，对身高、容貌也有相应的规定（如身高达标、相貌端正、吐字清晰等）。 因为青少年学生天性好动，教师要与学生摸爬滚打在一起，既是脑力劳动，也是体力劳动。 需要入职者有健全健康的身体，能与学生感同身受，才能有的放矢地教育和教学。

美丽是一种天赋，拥有固然非常幸运，但帅气、靓丽的容颜并不是做教师的唯一标准。 人的自信像树苗一样，可以播种，可以培植，可以蔚然成林，可以直到地老天荒。 这对人格示范最显著的教师行业尤为重要。

汉字的写法讲究笔顺，我曾见一位学生在黑板上写某个字时倒插笔顺，在其他同学指出时，他说的话我至今记得："我小学老师就是这样写的，我喜欢她也就不想改了。"教师就是这样一种职业，用生命影响着生命。 训练教师和师范生良好的人格特质，自信地面对教育与教学工作的各种境遇，对正在成长中的青少年的正向影响非常必要，也是不可或缺的。

这个世界上总有那么 20％的人，见到你就是莫名其妙地喜欢你，总有那么 20％的人，见到你就是莫名其妙地讨厌你，剩余的 60％的人处于中立状态。 如果我们把关注点放在莫名其妙地讨厌你的人身上，那我们每天接收到的信息就会令人烦恼不断。 但是，如果你把关注点放在 20％的喜欢你的人身上，每天就如沐春风。

学校是一个人与人相互关心的场所，不仅是一个学习共同体，也是一个生活共同体。 学校也可以是教师谋生、展示个性魅力和进行创造、充分实现自我价值的地方。

良好的教育教学目标无疑能够促进受教育者个性的发展。 个性既是教学的首要目标，也是教学动力的巨大源泉。 只有调动学生精神世界的驱动力，教学才可能使学生摆脱外在力量的诱惑而成为内在的追求，避免损害教育的真正价值。

⚊ 教师的个性结构

个性指稳定的、本质的心理特点的总和。 心理学多采用两分法，把人的个性分为个性倾向性与个性心理特征两方面。 前者包括兴趣、需要、动机、人生观、价值观等，后者包括气质、性格和能力。 个性倾向性和个性心理特征不是截然分开的，而是相互联系构成人的完整个性。

教师教学型个性特征是指在教师的完整个性架构中，具有占优势的教学能力特征（如讲课）、教学性特征（如理智、逻辑思维）、教学气质（如稳重、敏锐）和对教学的兴趣、需要等个性倾向。这些特征表现优异的教师，能够在同等条件下，比其他类型的教师在教学工作中更充分地发挥自己的潜能，取得更理想的成绩。

教师教学型的个性特征主要表现为博学悦教能力、学生化思维能力、简洁生动的语言表达能力、创造性的教学能力、熟练的教学技巧以及课堂管理能力和教学心理策略等。

寻找美丽特质——自我提升法（训练 2-1）

寻找美丽特质是一个典型的团体辅导活动，本团体由 40 人左右组成，且成员之间较熟悉。团体带领者要有团体辅导和个体辅导经验，能够驾驭在现场出现的突发事件。另外，活动场地没有桌椅并且要足够大。

活动分两部分进行。

第一部分：寻找你"最喜欢"的人格特质。请全体同学围成一个大大的圆圈，团体带领者询问每个学员最欣赏、最喜欢的人格特质是什么？同学们作答，有的是"真诚"，有的是"自信"，有的是"勇敢"，有的是"温柔"，有的是"贡献"，有的是"善良"……

活动规则：请每个人从圈内的同学中选出 5 位具有自己欣赏和喜欢的人格特质的人，然后再将 5 人筛选为 2 人，最后，确定其中 1 人为最吸引自己的那个人。等到大家都确认找到了最吸引自己的那个人之后，请同学们在最吸引他的人面前依次排队（被选择的人可能也有选择，可以像糖葫芦串一样站队。先面对选择自己的同学，之后再面对自己选择的人）。彼此注视着对方的眼睛，对他说："×××，你吸引我的特质是……"顿时课堂内热闹起来了：有的同学面前竟站了 20 多人，排起了长长的队伍，也有的同学面前 1 个人也没有。

活动完毕，大家围坐成大圆圈并分享感受。有的同学举手发言："刚才原以为自己的素质挺好，蛮有吸引力的，却连一个人都未吸引过来，我有很深的失落感。"而一位相貌平平、身材矮小的同学举手说："我平时一直很自卑，觉得自己没活力，没想到今天有这么多的同学说我善良、诚恳，并投我的票，支持我，我真的非常感动，谢谢大家。"

时间允许的话，教师可以让学生充分表达。

第二部分：这次的主题与第一部分刚好相反，是寻找你"最不喜欢"的人格特质。

活动规则：团体带领者先问大家"最不喜欢"的人格特质是什么？有人说"自私"，有人说"贪婪"，有人说"虚荣"，有人说"软弱"，有人说"自卑"……（这部分训练要分外小心，要在相互信任活动后，大多数人感受到安全时方可进行。）

接下来是互动，同学们先找出自己不喜欢的 5 个人，然后进一步筛选成 3 个人，直到 1 个人，最后站到自己最不喜欢的那个人面前，回应他："×××，你不吸引我的地方是……"（此环节用词要格外小心！）

活动最后，团体带领者请出那位身材矮小的同学，问他："你最喜欢的人是谁？"他用手指了指一位阳刚气十足的男同学说："我喜欢他的大度与自信。"团体带领者继续问他："最不吸引你的人是谁？"想不到他竟指向一位与自己长相同样有些"困难"的同学。团体带领者问："你为什么不喜欢他？""我讨厌他身上的自卑与胆怯。"

团体带领者做适当的引导，让活动中的学员认识到他们的体验实质上反映了心理学上的"投射效应"。所谓"投射"是指你会不自觉地想象别人拥有某种情绪感受，而其实那些感受正是你自己所拥有的感受。

在活动中那位身材矮小的同学喜欢"阳刚气十足"的男同学，从表面上看，好像是因为该同学缺少那位"阳刚气十足"同学身上的大度与自信的品质，而事实上，该同学身上也有与之相同的阳刚、大度与自信气质的子人格，只是暂时被压抑在他内心世界的深处；而他讨厌与他长相同样有些"困难"的同学，并不是由于那位同学个子矮，而是因为他身上所具有的自卑、胆怯的性格特质，刚好符合他自己自卑、胆怯的性格特质，实际上他讨厌的不是别人，正是他自己。

外面的世界只是一面镜子，反射出我们内在的因子及生命里的许多经验。人本主义心理学家卡尔·罗杰斯的健康人格观指出，对一切经验持开放的态度是指在面对自己和世界时不胆怯、不防御，以开放、坦然而又准确的态度体验一切情绪和经验。这里所说的情绪和经验其实就是我们不同子人格粉墨登场所给予我们的人生经验或生活阅历。

我在做这个活动的团体带领者时，会适时地在此处增加 3 个小环节。

①让同学们为自己鼓掌，给自己一份欣赏，为自己加油！今天能够寻找到自己生命的美丽特质，它是我们自己的宝藏，让我们利用自己的资源，扬帆起航，让自己更美丽。

②向刚才被自己两次选中的同学致谢，是他们的帮助，让自己更加清楚地认识自己，了解自己，接纳自己。

③有学员可能此时此刻还有一些想说的话，请自由地表达出来吧。

卡尔·罗杰斯还指出："我愿把所有这些感情、思维和冲动容纳在我胸中，成为我丰富的人格之一部分。我并不打算根据每一种感情、念头或冲动去行动，但是当我对它们兼收并蓄的时候，我就成为一个更真实的人。我的行为也因而更能适应具体的环境。"罗杰斯很明确地指出了"接纳"在健康人格中的重要地位，要我们解除在思想上种种观点的束缚和限制，不带成见地尽可能客观地看待并体验一个人的诸多子性格。 接受自我，不但接受那些让我们骄傲的品质，也接受那些我们宁愿丢弃的品质，我们可以在不完美中运用我们的能力。尽管我们有那么多的不完美，然而，当我们把自己看作成功者时，我们潜在的成功者素质就会发挥积极的作用。

（一）博学悦教的能力

博学悦教的能力指教师具有科学知识与探索精神，乐于并善于把自己掌握的知识与技能有效地传授给学生的性格倾向。 因为追求理论知识、发展认知能力的不仅有教师，还有科学家、艺术家以及其他科技人员。 如果教师只是满足于单纯地向学生传授知识，缺乏强烈的求知欲望，对发展学生的科学思维没有兴趣和责任感，就很难完成教学与教育任务。

因此，教师的性格特征就是在教学兴趣中自觉表现出来的寻求渊博知识、钻研科学理论的倾向，而在寻求知识和理论时又打上从教学需要出发的性格烙印。

（二）以学生发展为本的理念

正值国庆和中秋节两节长假期，出行的人多，我便躲在家中读书，修改书稿。 一篇文章令我更有意识地去思考什么是以人为本。

非洲卢旺达的贫寒场面可能对于一般人来说只能通过想象才能感受到。 中国的义工（志愿者）在下了卡车以后，看到一位瘦骨嶙峋、衣不蔽体的黑人男孩朝他们跑来，那个男孩很少看到这样的大卡车。

顿时，义工动了怜悯之心，转身就去拿了车上的物品向黑人男孩走去。

"你要干什么？"美国义工大声呵斥，"放下！"

中国义工愣住了。 他不知道自己做错了什么，我们不是来做慈善工作吗？

美国义工朝小男孩俯下身子，说："你好，我们从很远的地方来，车上有很多东西，你能帮我们搬下来吗？ 我们会付报酬的。"

小男孩在原地迟疑，这时又有不少孩子跑来，美国义工又对他们说了一遍相同的话。

有个孩子就尝试从车上往下搬了一桶饼干。

美国义工拿起一床棉被和一桶饼干递给他，说："非常感谢你，这是奖励你的，其他人愿意一起帮忙吗？"

其他孩子也都劲头十足地一拥而上，没多久就卸货完毕，义工给每个孩子一份救济物品。

这时又来了一个孩子，看到卡车上已经没有货物可以帮忙搬了，十分失望。

美国义工对他说："你看，大家干活很累了，你可以为我们唱首歌吗？ 你的歌声会让我们快乐！"

孩子唱了首当地的歌，义工照样也给了他一份物品："谢谢，你的歌声很美妙。"

中国义工看着这一幕若有所思。

晚上，美国义工对他说："对不起，我为早上的态度向你道歉，我不该那么大声对你说话。 但你知道吗？ 这里的孩子陷在贫穷里，不是他们的过错，可如果因为你轻而易举就把东西给他们，让他们以为贫穷可以成为不劳而获的谋生手段，因而更加贫穷，这可就是你的错了！"

联想到国内，有人去藏区见小孩就发笔，发糖，发钱，导致今天的很多小孩公然站在路上拦车要钱的后果。 想一想，有时候简单、粗暴地所谓行善会带来更坏的后果，真正的慈善需要智慧！我国古语讲，"道德传家，十代以上，耕读传家次之，诗书传家又次之，富贵传家，不过三代。"西方也有类似的谚语，意思是说家当再大，也传不了三代。 警示父母要教育孩子懂得"受人予鱼，一日受用；授人以渔，终生受用"。 从这一点上看，以学生发展为本，培养学生可持续发展的能力，在当今社会发展的今天十分重要！ "没有伞的孩子才会努力奔跑！"

学校教育也是一样的，不是仅仅满足教育者的需要。 教学以传授间接知识为主，但是这种传授必须具有针对性，即要以学生为对象。 思考问题及进行理论、公式的推理均以具体教育对象为中心，这是教学型教师性格特征的又一表现。 有些教师在教学过程中，一味地强调科学知识的系统性，忽视了学生的接受能力，而另一些教师又以照顾学生的接受能力为借口，任意打乱科学知识的系统性，这两个极端都是缺乏教学型个性特征的表现。

具有教学型个性特征的教师，善于针对学生水平进行系统的科学知识教学，这种教学既不是难度太大，使学生不能接受，又不是没有任何难度而使学生感到乏味。 正如有教师表述的"以学生发展为本，是以大多数学生跳一跳能够得着为标准"。

(三)创造性的教学能力

每个学生都有其独特性，从事教育的人一定有创造性，才能满足以学生的发展为本。 创造性的教学能力指教师在传授知识、技能的同时，启迪学生创造性学习，让学生独立思考、主动探索课内外知识、创造性地解决问题。 而欠缺创造性教学能力的教师，在其个性特征中存在许多消极的教学特征，如只限于介绍书本中现成的材料，让学生死记硬背公式原理，过分强调机械记忆，让学生仅限于抄录教科书或教师笔记，很少独立思考。这些都成为进行创造性教学的障碍。

迪士尼训练法（训练 2-2）

迪士尼训练法因研究迪士尼王国创始人沃尔特·迪士尼的成功策略后总结出来的帮助人们做决定的思考工具而得名。

迪斯尼训练法要求使用到三个角色：梦想者、实干者、批评者。其实，这三个家伙正是我们内在王国里的三个子人格。（人格即个性，指一个人的整个精神面貌，具有一定倾向性的心理特征的总和。个性结构有多层次、多侧面的特点。）

梦想者是充分发挥创造力，不受限制地进行激情想象的家伙，通常在梦想与计划方阵中占据举足轻重的位置；实干者就是要努力实现梦想者所设想的东西，通常他会在英雄传奇方阵中唱主角；批评者是个天生的完美主义者，其主要功能是考虑梦想者与实干者的那些计划与方案的现实可行性。

实际上，人们在现实生活中常常会用到这三个不同角色或子人格，只不过我们在使用这三个角色时，他们往往交叉出现，相互影响，彼此钳制，不利于问题的解决。

迪士尼训练法的要点在于，它应用了平行思维的原理，使这三个角色按照一定顺序出场，彼此各行其是，不会交叉。这样就会最大限度地发挥我们的创造力，与此同时还能够照顾到整体性。这三个角色是我们必不可少的思考工具或思想者，然而在平常思考时，我们总会无意识地忽略掉其中某一个角色。这时，我们就很难做到全面而准确地看问题了，使用迪士尼训练法则可避免这些事情。

迪士尼训练法的具体使用步骤：

1. 选定一个要思考的具体事件，如我们想要达成的目标。

2. 在三张白纸上分别写上"梦想者""实干者""批评者"。然后，将它们放在地上。

3. 先站在"梦想者"的纸上，集中思考你最想得到什么，最想看到什么，要没有限制地发挥自己的想象力。在这一步骤中最重要的就是不要自我设限。每当有"不可能""太离谱"这些想法时，就将它们抛得远远的。一旦你出现这些想法，也可想象用燃烧法使这些自我设限的念头燃烧并化为灰烬。

4. 充分想象后，从"梦想者"的纸上走出来，花几秒时间做点别的事情，如走几步或想点其他事情。然后，站在写有"实干者"的纸上，集中精力思考如何实现刚才作为"梦想者"所设想的计划，你要不断地追问自己怎样才能做到，同时也要把"做不到"等念头暂时放下，给自己一个大胆尝试的机会。

5. 想好如何才能做到以后，请你从"实干者"中走出来，同样做点别的事情，几秒后，站在写有"批评者"的纸上。然后，开始考虑你的梦想或计划有什么漏洞，刚才"梦想者"和"实干者"所想的内容中有哪些是与你的现实情况最相符合的。

6. 从"批评者"的纸上走出来，根据实际情况选择，看看应该再站在哪个角色考虑问题解决办法，直到你有了满意的方案为止。

(四)简洁生动幽默的言语表达

言语是教师显示个性特征的重要方面。 一个教师能否胜任教育与教学工作，不仅仅取决于他的专业知识水平、思想品质，而且取决于他能否简洁而生动地使用言语工具。 言语是传达思维的工具，也是表达教师意图和情感的工具。

教师不能熟练地运用口头言语进行教学，就很难完成教学任务。 有的教师口头言语啰唆、吐字不清、方言口音重、又缺乏幽默感，不仅浪费了教学时间，不能启发学生思考，而且有时还会造成学生的误解。 还有的教师言语不简洁，用词不确切，语速快，往往举了一大堆事例，到头来学生还是形不成科学的概念。 教师的言语生动性必须与准确、简洁结合，否则就不能达到教学要求，尤其对于理论性课程更是如此。

现在提倡以学生为本，发展快乐教学，因为在快乐的情绪体验中，学生的有效注意力、记忆力、思维能力都被调动和激活。 然而教学的内容并不一定都是有趣的，有的甚至是很枯燥的。 教师作为学习的促进者，重要的是教师要用智慧和语言创造出引导学生学习的场域氛围。

有位中学语文老师巧设上课前的一段开场白："好消息，好消息，老残先生来了，特请大家去明湖居听书。"同学们听后都瞪大眼睛愣住了。 当老师报出了"明湖居听书"（刘鹗《老残游记》中的一章）的题目之后，课堂上响起了一阵欢快的掌声。 教师幽默风趣的开场白就像给学生注射了兴奋剂，大家兴趣盎然，教育教学效果不言而喻。 可以说，这是巧设导语幽默教学法。

一项对学生喜欢什么样的教师的调查表明："幽默慈祥的教师"普遍受学生的喜欢。

幽默是人类思维与表达的智慧在语言艺术上的结晶。 当个体处于尴尬困境或不易直接表达时，以说笑话等方式可以使自己摆脱困境，间接表达意图，处理人际沟通。 幽默是一种欢快的、敏锐的、令人发笑的智慧气质，也是一种成熟的心理防御机制。 幽默还能够沟通学生的思想感情。 实践证明，富有幽默感，并善于运用幽默教育管理法的教师比缺少采用这种教育管理法的教师更善于缓和教育工作中的紧张局面，更能以一种积极、乐观的态度来处理教学矛盾，从而使自己内心保持轻松、平静。

掌握幽默教育管理法的班主任常常可以巧妙地用一句俏皮话，一个小小的玩笑，一个对学生善意的揶揄，使紧张的氛围得到缓和。 当教师和学生敞怀大笑时，也就自然地避免了教师的情绪过激行动。

幽默作为教师的人格特质，"包含了乐观、开朗、向善、积极归因等特质。而作为一种人际交往能力，它突出表现为调侃、自嘲、苦中作乐等能力"。 因此，现在美国在选拔和培养教师时把是否具有幽默感，即是否掌握幽默教育管理法作为一个标准提出来，把幽默作为教师的基本条件之一。

中国教师也不乏幽默者。 某中学一位教师，在一天下午的班会课上，老师站在讲台前，从学生们那一张张天真活泼、充满稚气的脸上可以看出，他们准是又在猜测：老师会批评谁、表扬谁？

老师走上讲台，不动声色地用粉笔在黑板上画了个圈，又在旁边写了"烧饼"二字。 老师转过身，发现学生们都在迷惑不解地发愣，有的学生还悄声议论："老师在黑板上画烧饼干什么呀？"

"大家上了半天课，肚子都饿了吧？"老师这一画一问，学生们都感到这堂班会上得奇怪，心情也就轻松起来。

"饿了"，学生们异口同声地回答。

"你们看看黑板上这个烧饼就不饿了。"老师又笑着说道，"'画饼充饥'嘛！"

学生们哄笑起来，笑声里夹着对这荒唐话的反驳：老师在开玩笑，这怎么可能呢？

一时间，教室里热闹起来，学生们议论纷纷。

老师待学生们平静下来，用和蔼的口气问："大家再想想，假如饿了不吃饭，只看画饼，这个人会怎么样呢？"

"那是自己欺骗自己……"同学们七嘴八舌地回答。

见时机已成熟，老师因势利导："同学们，大家说得很对。 可有些同学在做作业遇到困难时，不自己动脑筋，也不问老师，只是一味取巧，抄别人的，甚至考试也打小抄。 这样做的同学像不像'画饼充饥'的小傻瓜呢？ 这样抄来的高分数不就是一张'画饼'吗？"

老师边讲边留心观察，看到平时爱抄别人作业的同学，刚才还兴致勃勃，这会儿有的低着头陷入沉思，有的满脸羞色。 接着，老师又讲了抄袭作业对发展自己的智能，培养自己道德品质和毅力的害处，指出这样下去的危险性，鼓励有过类似毛病的同学勇敢地改正错误。

这堂课收到了意想不到的效果。 从那以后，一些常抄作业的同学都默默地改掉了这个不良的旧习。 有的同学还找到老师说："老师，过去您三番五次地批评我，我总认识不到抄作业的危害性究竟有多大，您的'画饼'幽默，使我惊醒了！"

后来，学生们还在班级里发出"学习靠自觉，考试要自律——免监考班"的倡议行动。 教育得以升华，学习成为学生的自觉行为，班级的力量得以提升。

我每次在讲到教师的幽默教育时都会想到这位教师。 老师采用不动声色的幽默教育管理方法，处理了在学生中抄袭作业的不良学习行为，可以说这是启示幽默教育的绝好管理方法。

教师的幽默感完全可以通过后天的努力培养来自我开发。 培养幽默感不仅可以提高教师的个人创造力，还可以完善人格，增强心理素质，更是教育教学的巧妙智慧的好手段。

研究表明，幽默可以帮助人们减轻压力，缓解人际冲突，战胜病痛，提高免疫功能，甚至能延年益寿。 医生和心理学家也认为，欢笑是健康幸福生活的一个重要元素。

幽默是人类思维与表达的智慧在语言艺术上的结晶。 幽默往往发生在大智慧的瞬间，但是需要日常的积累和练习。 急中生智，只有急不行，还要有智慧的积累，尽可能地扩大库存。 这种日常训练包括以下几方面：

①善于学习与积累。 充实自己的知识面，不仅有文学的积累，还有修辞学、哲学、逻辑学、心理学、教育学等相关知识的积累。 只有在日常多积累智慧语言，才能在关键时刻左右逢源，脱口而出。

②发散思维的训练。 沟通中，当直接表达存在限制时，发散思维可以帮助人们实现"脑筋急转弯"，含蓄、委婉可能胜过滔滔不绝，虽然迂回但可以前行。 教师也可以通过日常的辩论、讲演等方式训练自己。

③学习调节自己的情绪，培养良好的心态。 人恼我不恼，还要尽量表达出自己想表达的意思。

不为幽默而幽默。 幽默是现代生活的需要，与学生打交道的教师职业生涯的需要，教育工作的需要。 人的个性不是千篇一律的，教育要借助团体的力量，某一种教育方式也不是万能的，需要变通，需要教育机智。 幽默就是其中的一种。

幽默训练法（训练 2-3）

1. 每周阅读和欣赏两个幽默故事或漫画书、观看喜剧电影，剪贴一些与你的生活相关的文字章节，将它们贴在你为自己设置的"幽默"记事簿、电冰箱上或者你能经常看见的地方。日积月累后会给我们带来一些启发或灵感。

2. 回忆幽默感带给自己愉悦心情的事情。一个初夏小雨刚过的早晨，我匆匆步行赶往教学楼送考卷并准备监考。一个学生骑着自行车飞快地从我身旁经过，溅起的泥水打湿了我的白色裙子，鞋袜也湿了。周围遭到"泥袭"的人都在骂不绝口，当时我心里也有气自不必说，时间不容许我回去更衣，只得提起满是泥浆的裙角走进教室。其他教师和学生关心地问我怎么回事？是否摔伤？我没有时间细说，也怕影响自己和大家的情绪，便脱口而出："刚才有学生送我一条水墨画般的裙子，漂不漂亮？"在大家明了的笑声中开始了当天的考试。没有影响学生的考试氛围，我的心情也很平静。一个男学生在交试卷时，还特意走到我面前说："老师，我发现您有幽默细胞，心态真好。"真神奇，两小时的考试时间都过去了，学生还记着我的水墨画裙子，准确地说是发酵着传递着人与人之间的善意的心态。有意思的是，穿着水墨画裙子的我那一天的心情竟然都不错。20 多年过去了，水墨画裙子的经历，仍然能让我体会到自我调节和幽默的积极力量。这种回味也习惯性地成为我在不开心时，自己能够偷着乐的回忆，成为我自我放松、谅解他人的一种方法。

3. 请回忆你经历过的最尴尬的几个时刻，换个角度，找到可以生成的幽默点。再重新练习编织故事，用幽默的形式表达出来。也许需要加点夸张或戏剧色彩，但好故事都是这么讲出来的。能够自曝短处、自我嘲笑，也是幽默的一种方式。

4. 有意识地创造幽默的氛围，如结交一两个幽默的"死党"朋友，互通有无。或经常利用晚餐后，让家人说一件他们当天有趣或是难堪的事，彼此试着换个角度用幽默的方式给予回应。天长日久，用这种方式营造家庭成员相互关心、积极面对困难的氛围。

5. 当有人冒犯了你或是惹你生气了，你可以用幽默还击，但不要报以敌意。一位男乘客在公交汽车晃动中踩着一位女士的鞋，女士马上说："踩我了，德行！"男士回应说："对不起啊，是惯性！"一语幽默感十足，又化干戈为玉帛。如果有个人老是迟到，你可以对他说："好哇，我真高兴你没有开一家航空公司。"人生苦短，别太过于计较个人恩怨。但是，如果某人总是冒犯你，采取幽默式的回敬，也是善意的表达。

6. 笑口常开，笑容常在。你每次笑着说出不同的词汇，就是一种幽默语言的积累。如果你通过一段时间的训练还没有修炼得像理想中的那样富有幽默感，也没有关系，不要轻言放弃。因为在人生中没有什么能与一阵开怀大笑的感觉相提并论。不论年龄、种族、身体状况或是生活境况，只要笑口常开，生活就是美好的，生活也会更积极健康。幽默对教师的职业生涯，对家庭的和谐都是有裨益的，需要一生一世的努力。

幽默是每个人与生俱来的能力，也是每个人可以不断开发的潜能。 对于如何培养个人的幽默感，西方国家对幽默感的培养始于儿童的早期教育。 许多家长甚至在婴儿刚出世 6 周后便开始对其进行独特的"早期幽默训练"，从生活的点滴中挖掘幽默的潜质。 我认为，在人工智能时代教师的幽默感、个性化教学更为重要。

教师深层的幽默和妙语连珠需要一定的思维想象能力。

为了开发每个人的幽默潜能，香港城市大学的岳晓东提出教师要努力培养以下几方面的能力：①培养个人的幽默鉴赏能力，包括培养个人认识、观察、领悟日常生活中幽默表现的能力，并能积极与周围他人分享；②培养个人的幽默表现能力，包括培养个人制造、产生幽默的能力，以使自己与他人之间的关系和谐；③培养个人的幽默分辨能力，包括培养个人区别、划分粗俗笑话与高雅幽默的能力，做到幽默但不哗众取宠；④培养个人的幽默化解能力，包括培养个人积极运用幽默来认识、化解日常生活中的烦恼的能力，让笑声代替哭声、骂声与吵闹声。

在教育中，幽默是促进沟通、情感交流升华的方式。 形象生动、丰富而幽默的教学语言，不仅有助于学生的思考、理解和掌握教材的内容，而且还可以起到吸引学生的注意力、活跃课堂气氛、唤醒学生内在自我的作用。 有中学生物教师在课堂上幽默感十足，彰显人文气息和文学修养，令我肃然起敬。 我在这里不妨分享给大家。

1. 难道举手回答问题也与性染色体有关？

有生物教师发现在教授"性别决定与伴性遗传"时，班上的女生比较积极。每逢教师提出问题，频频举手的都是那些女同学，而男同学举手发言的少之又少。教师灵机一动，说："我发现咱们班上女同学发言积极，男生到现在为止发声太少。难道举手回答问题也与性染色体有关？我好奇，是因为女生多了一条 X 染色体而更积极，还是因为男生有了一条 Y 而更拘谨呢？"学生听了都哈哈大笑起来。这位教师接着说："在科学研究尚未结论时，希望男同学们多加努力，别让我去申请研究发现奖哦！"课堂上又是一片笑声。

随后，课堂上自由发言中的"男女失调"的情况果然大有好转。多有智慧的教师！

2. 请把你的汽车开回去！

在一节七年级的生物课上，一位初中生物教师注意到学生李小一直在埋头鼓捣着一样东西，全然没顾得上听讲。借同学们自学阅读教材的时候，这位教师走近李小身边一看，原来他在全神贯注地玩一辆玩具汽车。

这位教师拍拍他的肩，说："李小，请让你的汽车放到我口袋里入库保养一会儿吧，好吗？"

李小红着脸，很不好意思地把汽车递给了教师。

接下来，课堂教学在原有的节奏中进行着。等到下课的时候，教师把汽车从口袋里拿了出来，说："李小，请你上来把你的汽车开回去！"学生们一看，乐得哈哈大笑起来，李小满脸通红地走上讲台。待他拿着玩具汽车回到座位后，教师说："李小同学上课时间开汽车，既违反了交通规则，也违反了课堂纪律。所以一定要提出批评。但考虑到李小同学开车时的认真专注，汽车就不没收了，车归原主。希望李小同学好好反省自己，以后千万注意学习时专心学习，开车时痛快开车！同学们说说，好不好？"

严厉又不失幽默的语言，令课堂上的学生们情不自禁地给予了掌声。

3. 教师在讲免疫时，怎样先让学生对免疫系统有一个全面的了解呢？

医学名词的记忆令人头大。教师在生物课上怎样让学生了解并能够记住基本的专业名词呢？有中学教师对人的免疫系统一节的教学探索很有趣：如果把人体比喻成一座城，城墙是第一道防线，即皮肤；城门就像消化道；呼吸道，虽然对外开放，却还有士兵（黏膜）把守，把害人物质（抗原）挡在城外。一旦出现挡不住的时候，没关系，巡逻的警察（体液中的杀菌物质和吞噬细胞）会出来盘问了，把档案翻出来看看，就是有免疫记忆的淋巴细胞。一查，认识而且无害，放行，一看，不认识或是以前有案底（被免疫过），干掉！消灭这些侵入者的时候需要各类警察协同作战，B细胞产生抗体，T细胞分泌细胞因子，巨噬细胞当清道夫打扫战场。这些警察还有更细的分工，但又互相策应。这是一场大战，会搅得城里不安，也会伤及"原住民"（机体细胞）。于是人体会出现发烧、疼痛等一系列免疫炎症反应。在教师幽默语言中，学生形象地记住了免疫系统的几个名词之间的关系，教师再具体讲解时学生的学习和记忆就容易得多。

任何事物都有两面性。教师在教学教育中使用幽默不当也会适得其反。常见的幽默表现与运用的误区有以下三种。

①夸张失度。朋友相聚，可以海阔天空神聊一番。但与初识的同事或学生则不宜大肆渲染、过分夸张。否则对方会认为你华而不实，阻碍了你的"印象渗透"。

②讽刺过火。有的教师惯用挖苦讽刺学生，自己津津乐道、眉飞色舞，全然不顾损伤学生的自尊心的后果。久而久之，这种教师必将成为教室里"孤独的牧羊人"。

③故作幽默。 幽默的特征之一是质朴性。 幽默语言在心理感觉上应该是轻松明快、自然的。 幽默的大敌是做作，矫揉造作永远与美无缘。 幽默是一种优美的健康语言，高尚的幽默具有很高的美学价值。

教师要具备幽默素质并非一朝一夕，能在课堂和教育中得心应手地使用幽默，必须经过长期磨炼。 教师要对幽默有积极正确的认识，才可以最大限度地开发出自己的幽默潜能，做到宽容以待、妙言成趣，而不能把消极情绪的发泄误作幽默。 幽默感是人的智慧、教养和道德在语言上的绝妙表现。

二　教师的学生观

在教师培训中，有高职院校的教师常常感叹说："聂老师，我校的学生可不如你的学生那样优秀，那都是被筛选剩下的渣！"我理解，这些老师口中的"渣"主要指那些学习成绩较低，学习习惯、思维习惯甚至生活习惯都有待提升的学生，他们无论是主动选择还是被动接受走进现在的学校，在学生的内心里都有渴望改变与提高自己的愿望。 为此，做一些力所能及的教育工作，是教师的天职。

教师在面对学生成长中的一些表现时，反观我们的教育，反观教师的学生观，是不是有许多值得思考的地方？

教师的学生观是指教师对自己的教育对象的基本看法。 它决定师生关系的类型，也决定着教师的教育态度和相应的教育方式。 教师的学生观大体分为两类：一类教师认为心目中的学生，不管是聪明的、愚笨的、听话的、顽皮的都是可爱的，是各有其长处的，都是可以进步的，即有教无类。 这类教师以满腔热情去因材施教，长善救失，使每一个学生都能成为有用的人。 他们在教育中既能看到学生的向师性，又能看到学生的独立性，即学生有独立的要求，独立的能力，以及作为独立者的自信和自尊心。 另一类教师片面地认为学生中捣乱的多，愚笨的多，不可教的多。 这类教师既看不到学生的向师性，也看不到学生的独立性，他们便会处处和学生相悖而行，抱着"我就要修理你"的心态，致使师生关系紧张，严重影响教育和教学效果。

怎样成为有魔力的老师？

"魔杖"训练法（训练 2-4）

"魔杖"法是我根据卡尔·罗杰斯的观点及做法整理的教师训练法。

一位教师问罗杰斯："在教育中你希望看到什么样的变化？"罗杰斯写道，"尽管当时我尽可能地回答了这个问题，但是至今它仍然萦绕在我的脑海中。假如我有一根魔杖，而且它只能让我们的教育系统产生一种变化，那变化会是什么呢？"

读者朋友此时读到这里，你也问问自己：假如我有一根魔杖，而且它只能让我们的教育系统产生一种变化，那变化会是什么呢？请将你的回答写在下面：

卡尔·罗杰斯最后的决定是，希望用这根魔杖轻轻一挥，就能让你和其他各级各类学校的每一位教师都忘记自己的教师身份。你可以彻底忘掉多年来努力积累的教学技巧，你发现自己完全不会教学了，但是你会发现自己仍然拥有学习促进者所具备的态度和能力：真诚、珍视和同理心。"为什么我要如此残酷地剥夺教师们宝贵的教学技巧呢？因为我感到我们的教育机构正处于一个让人绝望的状态中。如果我们的学校无法变成让人兴奋和充满乐趣的学习中心，那么它很可能将走向灭亡。"

你可能正在想，学习的促进者不过是为教师起的一个有噱头的名称罢了，实际上不会有什么真正的改变。

罗杰斯在《自由学习》中明确指出传统的教学与学习促进者的教学没有相似之处。我整理出一张对照表（表 2-1），有利于大家的理解。

表 2-1　传统教师的教学与学习促进者的教学

	优秀的传统教师问自己的问题	学习促进者问自己的问题
	1. 对处在这个特定年龄阶段和能力水平的学生来说，什么对他们有益？ 2. 如何为学生设计出一门合适的课程？ 3. 如何激发学生对学习这门课程的动机？ 4. 如何进行教学才能让学生学到应该掌握的知识？ 5. 如何才能最好地组织一次考试，以准确地测查学生的知识掌握情况？	1. 你们想学什么？ 2. 什么事情困扰着你们？ 3. 你们对什么好奇？ 4. 你们关心什么问题？ 5. 你们觉得自己能解决什么问题？
当你从学生那里得到答案之后，你会继续问以下问题。		6. 现在我如何才能帮助学生寻找这些资源——人、经验、学习设备、书籍——帮助他们学习，从而找到一些问题的答案？ 7. 我如何才能帮助他们评估自己的进步，并在自我评估的基础上确定下一步学习目标？

传统教师和学习促进者的态度处于完全对立的两极。传统的教学，无论如何伪装，其本质都是建立在"杯与壶"的学习理论基础之上的。有教师可

能会问："我如何才能将课程编写者和我都认为很重要的事实知识，从'水壶'中稳稳地倒在'杯子'里呢？"学习促进者则会全力营造氛围：我如何才能营造一种心理氛围，让学生们的好奇心不受限制，不害怕犯错，从环境、同伴、老师以及经验中自由学习？我如何才能帮助他们重新找回在婴儿时期就天生拥有的对于学习的兴奋感受？

卡尔·罗杰斯的经验总结是，一旦把促进学习的过程付诸实践，学校将会变成学生心目中的"我的学校"。你会发现热爱学校的学生把班级视为"我们的班级"，把学习视为"我的学习"。每一个学生都感到自己是这个非常令人满意的学习过程中最具活力的、最为重要的一部分。瞠目结舌的大人们开始听到孩子们说："今天我迫不及待地想去学校。""喂，放下砖头！否则你会打碎我学校的窗户玻璃！"

被动课堂与主动课堂的比较，见表 2-2。

表 2-2 被动课堂与主动课堂的比较

被动课堂	主动课堂
学生是观光者	学生是参与者
完成低水平的练习	完成小组合作项目
独自学习	两人或四人小组的合作性学习
学习教师所教授的知识	从课题中寻找新想法和材料
很少写作	每天写作
很少展示自己的成果	（自己选择）展示自己的成果
很少讨论解题思路	出声思考/大声表达自己的解题思路
很少参与到课堂中	主动与教师和同伴互动
把课堂看作"你们的"	把课堂看作"我们的"
教师控制纪律	合作式管理
在班上很少有朋友	在班上有多个朋友
上课经常迟到	准时甚至提前到教室
经常逃课	很少请假
对学校没有感情甚至憎恶学校	喜欢并融入学校

人的性格是在先天生理素质条件与后天教育影响作用下的结果。一个人的性格会反映出其自身特有的品德和世界观。健康的性格，诸如豁达开朗、自尊自强、勇敢坚定、不畏困难、严于律己、乐于助人、廉洁正直等，有些是形成科学世界观和良好品德的基础，有些则是它们的直接组成部分；而不健康的性格，如狂妄自大、残忍暴虐、贪婪自私、怯懦自卑、狭隘猜疑之类，其中有些是低劣的思想品德的基础，有些则是它们的直接组成部分。

（三） 登天的感觉——教师自我价值的实现

当年岳晓东将自己在哈佛大学学习心理咨询的感受写成书，命名为《登天的感觉》。 登天的感觉不是指宇航员的感受，而是类似于指马斯洛提出的需要层次论和自我实现论的人性观。

人性观是对人共同具有的特点的看法。 马斯洛是 20 世纪美国著名的心理学家，人本主义心理学的重要创始人之一。 他的人本主义理论主要阐述人除了一般生理需要外，还有高级的心理需要和动机，包括生活性需要和创造性需要，这是人的内在价值。 他相信人的本性基本上是好的，只有当人的内在本性被扭曲或受到挫伤时，才会出现破坏性的行为。 他在大学时代就萌生对健康人的心理进行研究的设想，后来他如愿以偿，并发展为自我实现论。

马斯洛的人性理论对我国当代教育发展、教师的学生观的建构都有一定的意义。 马斯洛的需要层次明确了人的自由创造和自我价值实现是需要层次结构中的最高层次。 所谓自我价值实现是人的潜质（天资、能力等）在个人发展过程中的不断实现，是个人对自身的内在价值更充分地把握和认可，并朝着个人自身中的统一、完整和协同发展的倾向。 实现人性的全部价值的人，即具有自由的、健康的、无畏的、具有高峰经验的人。 这样的人是更胜任工作，有所发明，有所创造的人。

人们要获得登天的感觉需要修炼的"内功"，即马斯洛分析自我价值实现者的 15 个人格特征，它包括：能准确充分地知觉现实；对自己、他人及大自然表现出较大的宽容；自发性、单纯性和自然性较强；对工作、事业以问题为中心，而不是以自我为中心；具有较高的超然于世的品质，独处的需要；有较强的自主性和独立于环境和文化的倾向性；具有永不消退的欣赏力；有周期性的神秘和高峰体验；喜欢和人打成一片；仅和为数不多的人建立深度的个人友谊；具有民主价值的倾向；具有强烈的审美感；有十分完善的幽默感；有创造性；抵制适应社会现存文化。

对于每一个普通人来说，自我价值的实现不是"烧香拜佛"或"遇事求佛"，而是逐步修炼自身的过程，从而达到人生完美的境界——感悟生命，尽力活出自己的价值。

我们不完美，我们需要提升自己，不是仅仅为自己获得"登天的感觉"，还在影响着下一代，我们一生的努力攀登，也许就是在搭建"人梯"，让更多的孩子达到人生完美的境界。

第三讲

播种教室里的春天

——教师敏锐感知力与训练

　　地球充满着生机，春天更是万物生长的季节，一切有生命的东西都会在这一季节里生长得快些。 春风拂面，阳光灿烂，人们充满了朝气。 正在成长中的青少年常常被比作幼苗，他们正在春风里沐浴阳光，吸吮大地的精华。

　　教育工作者的任务就是要创造适合青少年成长的环境和土壤，使每一个学生得以顺利地成长，身心潜能获得最充分的发展。 所谓适当环境和土壤，就是通过教师敏锐的感知能力，促进学生的学习与成长，让每一间教室里都充满春天的生机。

一　教师专门化感知力

　　教室里就应该如春天般和煦。 我国古代先哲很早就了解了这一点，一直把教育的历程用"春风化雨"来比喻。 遇到一位良师，有令人"如沐春风"之感。 春风代表着春天的气息与情调，它是温和的、愉快的，是会促进万物生长的。

　　古时候没有现代的教室和桌椅，师生席地而坐，有时讲授是在帐幕中进行，所以"绛帐春风"就被用来形容良好的教学环境。 古老的句子也与现代教学原理吻合。 教室里的学习活动，是在教师和学生、学生与学生之间交互活动中进行的。 如果师生之间、同学之间都能相处融洽，教室内将充满和谐愉快的气氛，学生学习的兴趣提高，学习效率也将随之增加；学生能以平静的心情，接受教师的教诲。 同时，当教师和学生有良好的关系时，学生自觉或不自觉地将教师的行为和态度作为自己模仿、认同的对象。 潜移默化的教育就这样发生着，升华着，润物细无声。

　　在我的课堂上，当师范生们坐在团体中，相互倾心交流着自己为什么报考师范大学时，他们常常谈到，自己在中学抑或小学时遇到过一位对自己影响极大的好老师。

　　学生回忆道："进入中学阶段以后，学业压力慢慢加大，尤其到了高中阶段，写不完的试卷和习题，生活中除了学习还是学习，渐渐地，我产生了消极、懈怠的情绪，觉得人生没有目标，体会不到学习的乐趣，反而迷恋上小说、古诗词等课外读物，与父母也时不时出现点小矛盾，我在上课时经常看小说，学习成绩一度严重下滑，英语成绩由原来的名列前茅下滑到刚刚及格。 这时，我的英语老师及时发现了问题，她并没有批评指责我，而是利用下午课外活动时间经常与我谈心，告诉我消极情绪、挫折感及逆反心理是这一年龄阶段的心理特点，很多孩子都会这样，不必过度关注和烦恼，这是人生必经的矛盾冲突。 英语老师的鼓励仿佛一注清泉，滋润我干涸的心田，又仿佛迷茫中的曙光，使我感受到光明。 老师通过单独给我留作业，在课堂上加强提问，安排我参加校内外英语竞赛等方式，增加我的自信心，督促我尽快把成绩赶上来。 通过一段时间的加强学习，我的成绩逐步提高，我顺利地考取了大学。 现在回想起来，我都非常庆幸在人生中遇到的这位好老师，她擅于发现学生出现的心理问题，循循善诱，因势利导，采取科学合理的方式，帮助学生度过青少年特殊的发展时期。 如果没有她的鼓励，我的人生也许会被改写。 正是她恰当的教育方法、崇高的职业道德、高度的责任心诠释了教书育人的伟大意义，在不知不觉中把我引领到师范大学。"

看到这里，我不由地记起一个师生约定暗号的故事。 老师面对一个学习成绩暂时落后的学生，发现他在上课时听不懂，注意力不容易集中。 为调动学生的积极性，老师建议学生上课多发言，以促进其积极有效的注意。 可老师又发现，当自己在课堂上叫这个学生发言时，有的时候他回答不出来，会面红耳赤，之后会一直低头不语，注意力更不在听讲上。 老师通过细心观察，在仔细询问之后了解到，该生想举手回答问题，有时候又没有把握，又怕回答错了同学笑话自己，就越来越没有勇气。 于是老师与学生约定，当自己对问题有把握时，就举右手，当自己对问题把握不准时就举左手。 老师只在其右手举起时叫其发言。 就这样，这个腼腆又有点自卑的男孩，在老师的积极关注下，学习越来越主动了，学习成绩显著进步。

搞好课堂教学是现代教师的基本功。 教师如果能够成为学生最好的朋友，在这位"好朋友"的鼓励和引导下，常规教学是可以在欢笑中建立起来的。 当今教师的学历水平越来越高，真心希望中小学能够多一些这样理解学生又有教育智慧的老师。

然而越来越多的校园事件，也令人感到一丝寒意：频频发生的校园欺凌现象，因琐事，谩骂、殴打同学；也出现教师在校园里情绪失控、体罚学生等教育手段拙劣的现象。 无论什么原因，这些行为都令人发指，使人毛骨悚然，而人格的扭曲是最令人担心的！

追根究底，谁要为这种校园的失序现象负责？ 是社会剧烈变迁的环境？是崩溃的校园伦理？ 是权威解体的教师角色？ 是自我膨胀的学生和家长？ 也许都有些关系！ 一位记者语重心长地提醒："其实有许多现象都显示出，教师需要专业能力的时代已经来临了。"

从校园现象追问教育终极问题，是对人本理念的深入理解，有利于提升对现代教育的认识。 加强对团体动力技术有效的使用，才能为学生身心健康成长撑起一片晴朗的天空。

怎样做春风化雨的教师？ 学科知识的储备固然重要，教师还必须有教育智慧，即知识与能力的有机结合。

　　知识是能力的基础，能力是知识的表征。 在面对一个特殊教室事件时，不同的教师会有不同的应对策略。 例如，在上课时有学生趴着睡觉。 有的教师会要求学生罚站；有的教师不理睬继续上课；有的教师会走向前去问学生，是不是身体不舒服。 这些反应都是不假思索的，被称为"自动化反应"。 这种反应的心理历程，其实包括了相当多不同的认知内涵。 例如，教育哲学、心理辅导原理、个人处事的原则与风格等。 教师要让自动化一次比一次有效，就必须时时去检查自己自动化反应背后的这些看不见的东西。 美国学者皮克尔（Pickle）进一步指出，一位成熟的教师，他的成长必须涉及三个层面：专业层面，即教育专业知识；个人层面，即个人特殊风格；思考层面，即是否用心。用心是我们把理论转化为实务的媒介。 将教育学、心理学的理论转化为个人风格，即会产生春风化雨的作用。 本书的写作，也力图从这三个层面上来阐述和训练。

　　师范生在随堂日记中写道：

　　在大一的时候我怀着激动的心情参加了支教队，第一次支教是帮一个同学在民办学校代课，给小学二年级的孩子上一节思想品德课，我整整准备了一周，准备了很多与人生梦想相关的话题，在支教的前一天晚上，我失眠了，我想象着第二天孩子们的眼神，我想象着孩子们喜欢我的课程，为我的话题痴迷。然而事情往往不会让人那么如意。经过 2 小时的长途跋涉，我终于来到了支教地点，在我进去时，孩子们非常热情，对我的到来表示了欢迎，这让我十分地开心。很快上课铃声响起来了，我压抑住激动的心情走上讲台，孩子们开始虽然叽叽喳喳，声音并没有很大，我想一会儿他们一定会被我的课程吸引，可是事与愿违，孩子们感到越来越没劲，开始大声讲话，场面一时间难以控制，我放大了声音，勉强压住孩子们，我于是决定给他们讲我之前准备好的话题——人生的梦想，开始孩子们听得挺认真，但是很快他们便失去了兴趣，又开始大声说话，我开始拼命维持课堂纪律，第一节课匆匆忙忙结束了。在课间，我又认真准备了第二节课，尽量调整了我的内容，可是第二节课他们并没有理我，上课和下课唯一的区别就是他们是否在自己的座位上。我当时几乎崩溃了，我非常生气，骂了他们，我义愤填膺地告诉他们，我准备了多长时间，我来给他们上课要赶路多长时间，我非常辛苦，但是他们竟然不听话！说完我的委屈，后续中我上课相对安静了，有几个孩子仍然叽叽喳喳但是没有之前那么过分，但对我提出的问题基本没有响应，第一次支教就在这样一场近乎闹剧中结束了，我整整一周的准备宣告报废，说实话我真的非常伤心。后来我再也没有给低年级的孩子们上过课。我一直固执地觉得这群孩子就是一群混世魔王，以至于我不再想走进那个教室，去看那些孩子。

　　直到上了聂老师的师范生心理训练课，我才明白自己犯了多大的错，我在强求一群孩子。在课堂上了解了同理心以后，我想象着自己是一个二年级的小孩子，我的头脑里突然浮现了很多很多故事，真的很想听故事玩游戏，而对于很多理论的知识，对于很多有关人生的话题，真的是提不起一点点兴趣。原来一直以来，孩子们足够尊重我，而我却从来不明白孩子们在想什么，只会一味地苛责孩子们，现在我终于明白我应该站在孩子们的角度上去理解他们，感受他们的心情，然后去备课。我想如果当时我选择的是一些童话故事，孩子们应该会非常喜欢，真的十分感谢聂老师，让我终于明白了当时自己错在哪里，让我明白应该怎么样去和孩子们相处，理解他们。以后我会很努力地运用课堂知识去面对我支教的孩子，让我的任务完成得更加精彩，让我的青春更加完美。

1925年鲁迅在《风筝》一文中追悔自己对弟弟言行的叙述非常耐人寻味。

鲁迅先生写道，"有一天，我突然想起，似乎多日不看见他了，但记得曾见过他在后园拾枯竹。 我恍然大悟似的，便跑向少有人去的一间堆积杂物的小屋去……我在破获秘密的满足中，又很愤怒他瞒了我的眼睛，这样苦心孤诣地来偷做没出息孩子的玩艺。 我即刻伸手折断了蝴蝶的一支翅骨，又将风轮掷在地下，踏扁了。 论长幼，论力气，他是都敌不过我的，我当然得到完全的胜利，于是傲然走出，留他绝望地站在屋里……然而我的惩罚终于轮到了……我不幸偶然看到了一本外国的讲论儿童的书，才知道游戏是儿童最正当的行为，玩具是儿童的天使。 于是二十年来毫不忆及的幼小时候对于精神的虐杀的这一幕，忽地在眼前展开，而我的心也仿佛同时变了铅块，很重很重的堕下去了。 我也知道补过的方法的：送他风筝，赞成他放，劝他放，我和他一同放。 我们嚷着，跑着，笑着。 ——然而他其时已经和我一样，早已有了胡子了。"

鲁迅先生在90多年前写就，我在30年前阅读过，今日重读，感慨万千，他讲的就是童心与同理心。

我们目前的教育过于以教师为中心，以升学为中心，以书本为中心，忽略了学生的最真实的感受。 在互联网时代，知识的学习可以利用现代化的信息技术来实现，但怎样从学生的兴趣出发，促进学生的学习心理发展，促进学习中人际关系的建立，却不是计算机、机器人所能替代的。 教师具有的教育专业特有的专门化感知能力，如同运动员具有的球感，潜水员具有的水感一样，均属于专门化的社会性感觉。 杜威（J. Dewey, 1895—1952）是美国哲学家、教育家和心理学家。 他在《学校与社会》中曾指出：科学家的科学知识与教师的学科知识是不一样的，教师必须把学科知识"心理学化"，以便学生理解。 所以他强调教师应学习心理学，并提出"学校是个应用心理学的实验室"。

（一）教师专门化的感知信息

1. 教育感知的自然环境

教育不是让孩子适应教师，而是教师要适应孩子的自然天性，因势利导，同时也要顺应自然，利用自然条件与环境促进教育的进程。教师工作对象大多是未成年的学生，需要在适合他们成长需要的学习和活动的自然环境中发展教育活动。因此安静的校舍、新鲜的空气、优美的环境不可或缺。科学研究发现：气候多变、风雨不定、污染严重、水土欠佳的自然环境不利于学生身心全面发展。自古以来，中国书院大都建在山清水秀、峰泉交映、建筑错落有致的环境中，亲近大自然，有利于学生机体和神经系统的发展。在人与自然的交互中，学生自然会生发出无尽的对植物、动物、天气变化的好奇心，继而怀有探索自然奥秘的冲动。

在《自由学习》中，卡尔·罗杰斯为说明学习是什么样的，在写作前，他现身说法，列举了自己童年的一段难忘的经历：

"在我 13 岁那年，我家从郊区搬到了林木茂盛的大农场。那时，吉恩·斯特拉顿·波特的书很流行，书中有对荒野的描述，提到了许多在夜间活动的飞蛾。我们搬到农场不久，我在橡树的树干上发现了一对月形天蚕蛾，大大的翅膀呈淡绿色，上有紫色的花纹。我还能看见那对展开来有 15 厘米长的绿色翅膀上闪耀着紫色斑点。"

"这与粗糙黑色的树皮形成了鲜明的对比。我彻底被陶醉了。我把它们捉来养，后来雌蛾产下了几百颗卵。我找来一本介绍飞蛾的书，一边学一边喂养幼蛾。虽然在抚养第一批飞蛾时我失败了，但是我继续捕捉其他的飞蛾，并逐步学会了在飞蛾的整个蜕变过程中如何保护和饲养它们：频繁地蜕皮，吐丝做茧，一直到来年春天破茧而出的飞蛾。看到一只破茧而出的飞蛾，其翅膀只有拇指指甲盖那般大，一两个小时内双翅便长到 12～18 厘米长，这个过程真是太神奇了。在养飞蛾的大多数时间里，我都是在做艰苦的工作：每天需要从不同的树木上采摘适当的新鲜树叶，清扫养飞蛾的盒子，冬天时为了防止过于干燥，要为蚕茧喷水。总之，这是一项大工程。在我十五六岁时，我已经成为这类飞蛾的专家了。我大概知道二十多种不同品种的飞蛾，它们的习性和食物，以及那些除了在幼虫时期，一生中都不进食的飞蛾。我能识别幼虫的种类，我可以轻而易举地认出长约 3～4 英寸的幼虫。我不需要走太多的路就能找到幼虫或茧。"

"当我回顾这段最美好的经历时，仍然觉得很有意思。我从未告诉过任何一位老师，只有极少数与我志同道合、对飞蛾有同样兴趣的同学知道。这个耗

时的项目不属于'我的教育'的一部分。 教育是在学校开展的事情；教师也不
会对此感兴趣。 否则，我还必须对此做大量的解释，因为毕竟他（她）是教我
的老师。 在那段时间里，我有一两个喜欢的老师，但我的研究是私人的，不能
与老师分享。 至少，这是一项需要耗费两年时间的事业——进行学术性的详细
研究，需要辛苦的劳作和很强的自律，以及广博的知识和实践技能。 但当时我
心想，它当然也不是"我的教育"的一部分。 然而，对一个男孩而言，那才是
真正学习的样子。"

　　在这段文字间，从对飞蛾破茧而出的描述，到昆虫双翅展长的数字，你是
不是也深深地感受到一个孩子对昆虫的热爱之情。 好奇心与执着探索的勇气，
成就了一位世界著名的心理学家，并用情写就了《自由学习》。

　　我特别想说，只有自由，人的灵性才能得到释放。 自由不是任性与任由，
而是自主与勇气的结合。

　　我更坚信：知识首先是一个过程，而不仅仅是一种结果。

　　布鲁纳曾强调指出："人唯有凭借解决问题或发现问题的努力才能学到真正
的发现的方法。 这种实践越积累，就越能使人将自己学到的东西概括为解决问
题和探索问题的方式，掌握这种概括的方式，对于解决各种各样的问题是有效
的。"可见创设轻松愉快、生动活泼的教学情境与重视教学过程的探索性是内在
统一的。 良好的教学过程应该是充满智力挑战、怡人性情、益人心智、变化气
质、滋养人生的精神漫游。 只有这样的教学过程，才有益于个体精神世界的丰
富、个性和创造力的培养。

　　教师对自然有较敏锐的感知力，才能理解和引导学生的好奇心与探索精
神，开发学生自身潜能。

2. 教育感知的工作环境

　　构成教师的专门化感知觉来自学生的言行和他们的思想认识、情感状态
等。 学生外部的形态容易被教师直接观察到，不直接表现的往往采取较隐蔽的
形式在言行中也会暴露给教师。 遗憾的是，大多数教师看到如鲁迅最初只看到
弟弟削竹片，玩风筝，或从罗杰斯的童年故事中看到玩昆虫，或像我的学生归
因为学生不理解自己。 真正的感知是通过儿童在玩的过程中，看到他们对自然
的好奇心和探索中的坚韧品德，进而顺其自然地给予鼓励和支持。 现在许多新
的心理技术，如萨提亚和情绪释放技术（EFT）等都在人的需要、人的表层情
绪与深层情绪上进行再探索。

　　教师的专门化感知若敏锐，可以通过一些其他途径了解学生，如学生的作
业、文艺作品、笔记、课堂发言以及学生的纪念品、奖状等。 教师处于这些特
殊信息的包围中，才形成教师具体工作的环境，才有可能发展教育感知这种专

门化的能力。

3. 教育感知的社会环境

我曾经到北京的一所小学培训教师。因为这所小学在一个社区里，没有路标，我边问边前行。"请问，北京××学院××区分院附属小学怎么走？"读绕口令似地询问了三人次，终于看到写有十多个字的学校校牌，我由衷地感叹：这所学校是为谁办的？幼小的孩子要用多长时间才能记住这个校名？成年后，当别人问起他们从哪所小学毕业时，他们的回答能否流畅？

学校名称的命名，其最基本的目的是校际的区分，如北京市西城区顺城街第一小学、北京市第八中学等，如果给学校起名为求实中学、希望小学，也能体现独树一帜的教育理念。起校名的要义是短小精炼，名字有内涵，上口好记，这是教育者应该考虑的。起 15 个字的校名更多是"个人"意志，而不是一切为了孩子，如果教育者对社会环境不敏感，再响亮的教育口号都会打折。

学校可以是封闭的建筑，但学校周边的自然环境与社区环境，校舍的建筑风格及布局，甚至校园的墙壁等都会说话。学生可以在每天出入学校期间，认识环境，熏陶情感。学校所在地的社区人文环境，学生、教师朝夕相处的社会环境，不同教师的个性特点都会对学生的成长起潜移默化的作用。

（二）教师专门化感知特点

1. 爱有温度——教师对学生的敏锐观察与感受

应校长邀请，我第一次给小学生上人际交往心理健康课时，五年级的课堂，一个学生我也不认识，也没有座位名册可以让我叫得出学生名字来。我只好在学生回答问题后主动走到学生旁边，拍拍女生的肩，摸摸男生的头，以示鼓励。因教室后面还有摄像机在工作，我在教室后面与学生交流时，不能快速回到讲台旁。我当时站在教室中间继续邀请其他同学发言。这时，一位在前排就座的男学生欠着身体把手举得很高要求发言。该学生发言时我才发现他个子很高，却偏偏坐在第一排。下课了，几个女学生围着我叽叽喳喳地问问题，我看到在第一排就座的高个子男生在稍远一点的位置站着，似乎找我有事情。我问："你是有问题想问吗？"他点点头，并表示，先让女生优先，他可以等。待女生们满意地离开，那男生才走到我跟前，压低声音说："课堂上我发言了，您还没有摸我的头呢。"我的心忽悠一下，没想到我的一个小小的鼓励动作，学生却那样留心观察，予以关注。我急忙道歉，一边拍着他的肩膀，（因为他的个子比我高，不是坐着，我摸不到他的头顶！）一边再次肯定他的发言。我跟学生的这番互动都被在教室后面观摩我课的班主任教师看在眼里了，尽管她听不清我们说些什么。

在课后座谈会前，班主任教师急切地找到我，询问道："我们班那个前排男学生跟您说了些什么？"我笑着反问："你先告诉我，他那样高的个子，为什么坐在第一排？""坐在那里还管不住他呢。"我收住笑容，认真地说："他向我补要一个与其他男同学发言后得到的'胡噜胡噜瓢儿'。"班主任老师一脸惊讶地脱口而出："啊，他还懂这个！"言外之意，调皮捣蛋的孩子没有那么细腻的情感。

多年来，我对这段对话记忆犹新。孩子们的内心都有渴望被关注，被激励，被爱的需要，只是他们常常用调皮捣蛋的方式或一些在成人眼中的怪异、极端行为引起同学、家长、老师等人的关注，想获得未被满足的需要，如极度发泄，砸东西、平时讲不出口的污言秽语、狂吃东西、逃学或离家出走等行为。成人的重要职责，不仅要"养"孩子，更要"育"，而"育"的前提是要了解孩子的心灵需要是否被满足。

如果有人说，请拿给我一点爱？一定有人觉得很好笑，很荒唐。

爱是什么？爱是抽象的吗？爱是具体的吗？

教师的教育敏感度，就是爱的觉察，即对学生想得到某种需要的不同表达方式的观察、了解与同理。无条件满足孩子的物质需要是溺爱，不能满足孩子的精神需要是一种变相的虐待。无知地压抑孩子对爱的需要可以说是暴力！

特蕾莎修女（又称德兰修女），是世界著名的天主教慈善工作者。因其一生奉献给解除贫困，而于1979年获得诺贝尔和平奖。她说人们不讲道理、思想谬误、自我中心，不管怎样，她还是爱他们。这正是大爱无疆的体现。我特别喜欢德兰修女的一段话："饥饿并不单指没有食物，而是指爱心的渴求；赤身、寒冷并不单指没有衣服，而是指人的尊严受到剥夺；无家可归并不单指要一栖身之所，而是指受到排斥和遗弃。"每一句都充满着人本精神和大爱。德兰修女更是用自己的行动书写着人间大爱的篇章。所以教师敏感度的训练，也是自我修养、自我修复、情感和情操的自我升华的过程。

2. 教师专门化感知能力的心理训练

人的感觉能力可由感觉阈限来衡量。心理学研究证明，感觉阈限与人的感觉能力呈反比关系，即一个教师对教育信息的感觉阈限越低，则其对教育信息的感觉能力则越强，这是教师教育感觉阈限与感觉能力的基本规律。这种阈限绝不仅停留在教师听到、看到、感觉到，而要通过自我的感受，达到共情到、同理到的感知程度，令教师更加认识学生、懂学生、更贴近学生的实际，进而生发出对学生更积极、更有实际效果的促进。

根据这一规律，提高教师教育感觉能力的基本手段就是设法降低其感觉阈限。对此可以采取两类心理训练方法，即无形心理训练和有形心理训练。

（1）教师感知能力的无形心理训练

所谓教育感觉能力的无形心理训练，是指让新教师或师范生在他们的教育生活条件中逐渐降低感觉阈限，从而提高教育感觉能力。 例如，新教师在刚开始上课时，听不到学生发出的轻微议论声，看不见学生做小动作，对学生不爱听课时的面部表情无动于衷。 这说明教师的教育感觉阈限太高，感觉能力太低。 无形心理训练就是要求教师在课堂上多观察学生，使其感官及相应的大脑感觉中枢机能敏锐化。 当教师看到学生在说话、做小动作时，就提供感觉信息给思维，对感觉信息进行分析综合处理，从而调整自己的讲课方式或对个别学生进行再观察进而进行恰当的处置及教育。

有一位经验丰富的小学女教师，上课时在全班四十多名学生中发现一个学生眼神痴呆，表情僵硬，额眉间不断出现细微的皱纹，凭着她的经验断定该学生是在吃力地坚持着听课，原来该学生在高烧，于是这位教师及时将其送进校医院。 事后学生家长称赞说："老师真行，我们做家长的都没有发现自己孩子生病了。"这位教师能做到这一点，是她在自己的教育工作中不断自我训练的结果。 这种训练正是无形的心理训练方法。 用那位教师的话来说："我把大部分时间和精力都用在了观察与了解孩子们身上，我热爱教师工作，喜欢孩子，不仅在校内细心地观察他们，而且回到家里也在查阅他们的作业，回想他们在校内的表现。 我还在自己孩子身上进行类似的观察和了解，以提高自己的观察能力。"

（2）教师感知能力的有形心理训练

有形心理训练是指借助仪器并采取具体手段调节教师的听觉、视觉感觉阈限，使其降低到教育工作需要的限度。 例如，新教师不善于当堂辨别学生集体朗读中的错误发音，原因在于他们听感知能力较低。 为此，可将学生集体或个体的朗读进行录音，在业余时间反复听。 训练要求的最基本条件为：在安静的房间，排除一切干扰；闭上双眼，排除来自视觉的干扰，被训练教师必须通过放松训练使机体，尤其是大脑，处于安静的半睡眠状态，以便在大脑中保留听觉中枢优势兴奋中心，使其形成对听觉信息的机能敏感化状态，每次训练时间在 20 分钟内为宜。 视觉是采用录像的方法录制学生的动作和表情。

还可以采取声像自我感知心理训练，如学校心理咨询师在与学生来访者咨询时，在来访者知情同意的情况下，将咨询过程录音或录像，在咨询后进行有形的专门化感知训练，或者找专业的心理督导师督导，这是快速提升咨询师的能力方法。

毛泽东不仅是政治家而且是位哲学家。 他曾在《实践论》中指出："感觉到了的东西，我们不能立刻理解它，只有理解了的东西才更深刻地感觉它。"就是说，人们的感觉必须在意识的正确影响下，才能使感知沿着正确方向发挥作用。

生命的内容是没有框架的，没有一成不变的章法，有的只是转化、体验、提升与成长的过程。

爱的力量：

当学生精神不振时，你能够使他重新振作；

当学生过度冲动时，你能够使他恢复平静；

当学生茫无头绪时，你能否给他们以启迪；

当学生没有信心时，你能够唤起他的力量；

当学生产生绝望时，你能够为他注入希望。

看照片读眼神训练（训练 3-1）

都说"眼睛是心灵的窗户"，如果你是个用心的父母或教师，你就能通过他的眼神读到他的心情。

从左到右，请透过 6 名孩子的眼神，分别对他们讲一句话：

①孩子，我看到你的眼神中透着＿＿＿＿＿神情，我能些许地感受到你的渴望是：＿＿＿＿＿＿＿＿＿＿＿＿＿＿＿＿＿＿＿＿＿＿＿＿＿＿＿＿。

②孩子，我看到你的眼神中透着＿＿＿＿＿神情，我能些许地感受到你的渴望是：＿＿＿＿＿＿＿＿＿＿＿＿＿＿＿＿＿＿＿＿＿＿＿＿＿＿＿＿。

③孩子，我看到你的眼神中透着＿＿＿＿＿神情，我能些许地感受到你的渴望是：＿＿＿＿＿＿＿＿＿＿＿＿＿＿＿＿＿＿＿＿＿＿＿＿＿＿＿＿。

④孩子，我看到你的眼神中透着＿＿＿＿＿神情，我能些许地感受到你的渴望是：＿＿＿＿＿＿＿＿＿＿＿＿＿＿＿＿＿＿＿＿＿＿＿＿＿＿＿＿。

⑤孩子，我看到你的眼神中透着＿＿＿＿＿神情，我能些许地感受到你的渴望是：＿＿＿＿＿＿＿＿＿＿＿＿＿＿＿＿＿＿＿＿＿＿＿＿＿＿＿＿。

⑥孩子，我看到你的眼神中透着＿＿＿＿＿神情，我能些许地感受到你的渴望是：＿＿＿＿＿＿＿＿＿＿＿＿＿＿＿＿＿＿＿＿＿＿＿＿＿＿＿＿。

孩子为什么要用目光说话？

孩子遇到的困难的事情往往是他有生以来第一次碰到的，他们不知道如何处理，甚至不知道如何表达，只好用目光求救于父母或老师。孩子心理承受能力差，常为一些不必要或子虚乌有的后果担忧，为一些鸡毛蒜皮的小事感到委屈，或者还有许多难于启齿的事，而这些事在成人看来算不了什么，但孩子会顾虑重重。孩子还善于对大人察言观色而不表态，用目光来表明态度，即使性格外向、善于表达的孩子也常用眼睛"说话"。

请读者教师朋友反思：

在你的日常的教学与教育工作中，你是否能从学生的眼睛里读出愿望？

你是否能从学生简单的话语中听出学生的心声？

你是否能用不同的方式让学生感受关注？

你是否能使学生拥有目标和激情？

你是否能使学生学会合作，感受和谐的欢愉，发现惊喜？

你是否能关注到群体中的每一个人，关注到所有学生的健康成长？

进一步的学习请参见同理心的训练。

3. 教师对自身的感知

"健全的精神寓于健康的身体"，身体健康是心理健康的基础，它对心理的影响是多方面的。有些身体变化的影响是有形的，如伤痛对心理的影响，人们可以及时发觉并对其保持警觉；还有些身体的影响是无形的，它以微弱的强度隐蔽地起作用，不易被人觉察。

例如，有的教师在身体疲劳时，心烦意乱，对学生态度生硬，和其他教师的人际关系也容易产生紧张性，当他们身体健康时，发现了自己当时的错误，又去做学生或其他教师的善后工作。很明显，在身体开始疲劳时，教师本人没有意识到自己情绪不佳的原因。也有的教师因身体状况的改善突然表现为心情愉快，别人问他，有什么高兴事情令你这样愉快？他也同样说不出来。

从教师心理卫生的角度，就是要提高对自己内部感觉系统的感觉能力，提高对机体微弱变化的感受能力，以便对机体潜在的不良生理效应提前预防，此外，要设法提高对机体健康变化的感觉能力，提高教师的心理健康水平。

> 聪明的人只要认识自己，便什么也不会失去。

——尼采

在一次"认识自己，完善自己"的大学生心理健康课程中，教师出一个题目，让学生讨论。"在这个世界上是认识自己容易，还是认识他人容易？"题目一出，课堂上顿时热闹起来。有的学生脱口而出："当然是认识自己容易，自己应该最清楚自己。"有的说："我认为认识他人容易，不是有那么一句话，当局者迷，旁观者清吗，人有的时候并不明白自己，才需要找人倾诉或帮助。"到底是认识他人容易，还是认识自己容易？ 教师建议学生按观点的相似性分成若干小组，找出充分的理由，支持自己主张的观点，来说服别人。 在接下来的时间，各小组进行不同观点的辩论。

主张认识自己容易方的观点：当自我困惑又渴望解决问题时；当我们愿意剖析自己，完善自我时；当内心做好准备，客观环境又很安全时，认识自己还是比认识别人容易。 我们毕竟不容易走进他人的世界。

主张认识他人容易方的观点：人都有自恋、自怜的一面，触及内心，特别是否定自己的某些东西时，是非常痛苦的，担心会有丧失感。 疑惑，担心否定自己的观点就是否定自己，因此不容易轻易打开自己。 而在人际交往中，面对他人就像照镜子，看到发生在他人身上的问题，内心的痛苦、担心和害怕会少一些，因此会放下掩耳盗铃的心态，把对方看得更清楚。 而有时强烈地对他人不接纳的情绪的产生，是因为内心对自己的某种不接纳。

学生常常是几个回合辩论下来，不分伯仲，最后双方不约而同地得出的结论竟然是，认识自己与认识他人都不容易。

不断地认识自己对于教师而言有着多重的意义。

我国古代思想家们深知这种自我认识的困难和重要性，称人的自身认识为"反思"，即思者思其身。 例如，孔子主张"吾日三省吾身：为人谋而不忠乎？与朋友交而不信乎？ 传不习乎？"孟子则认为应当"反求诸己"："爱人不亲，反其仁（反问自己的仁心是否够）；治人不治，反其智；礼人不答，反其敬；行有不得（得不到预期的结果），皆反求诸己。"这些话告诉我们，一个人的言行可以通过自我反省来觉察，有所觉察才能克服缺点发扬优点。

心理学的研究指出，当人们分析自己行为的因果关系时，倾向于把失败归因于外在的客观原因，而把成功归因于内在的主观原因。 前者把责任推给外界，自己可以免去自责之苦，后者又因过高自我评价而沾沾自喜。 这两种归因都反映了人对自身认识的困难性。 人的认识是一种内在的心理现象，它依附于生理过程而产生，并且经常受自身外部行为的掩盖，这就决定了对自身心理现象的认识难于对生理及外观行为的认识。 人们在认识自己的心理状态时，必先认识心理现象所依赖的生理过程，即从感官上接受刺激物，传入大脑从而产生心理现象的过程。 在此基础上才能通过行为去感知其背后的心理状态。 例如，青年教师往往因为感到自己身强体壮而看不到自己经验缺乏等不成熟之短；而老教师则因痛感年老气衰而看不到自己经验丰富等成熟之长。 这些都是因生理现象对心理现象掩盖所致。

二 幼苗生长的墒情——影响学生心理健康的因素

墒情是指农作物耕层土壤中含水量多寡的情况。所谓保墒，在古代文献中称为"务泽"，即通过深耕、细耙、勤锄等手段来尽量减少土壤水分的无效蒸发，保存尽可能多的水分来满足作物的生长需要。教师作为学生成长的促进者，就要了解学生自身的特点和过往成长的环境对其产生的影响，"务泽"学生成长的土壤。

（一）素质于心理健康教育

人之初性本善，还是性本恶？人是生物人，还是社会人？这不仅是哲学和人类学的命题，更关乎我们对教育的思考。

据《辞海》的解释，"素"原意为"白色生绢"，引申指"白色或单纯的颜色"，又指"构成事物的基本成分"；"质"意为"质地"，后引申为"事物的根本特点"。将"素"和"质"联合之后，"素质"原意是指"白色的质地"，引申为"人或事物在某些方面的本来特点和原有基础"。在心理学中，素质是指"人的先天的解剖生理特点，主要是感觉器官和神经系统方面的特点，是人的心理发展的生理条件，但不能决定人的心理内容和发展水平"。在顾明远主编的《教育大辞典》中，素质是指"个人先天具有的解剖生理特点，包括神经系统、感觉器官和运动器官的特点，其中脑的特点尤为重要。它们通过遗传获得，故又称遗传素质，亦称禀赋"。综上所述，原来意义上的"素质"一词强调的是素质的先天性，尤其是指遗传素质。素质教育的提出从根本上扩大了上述传统素质概念的内涵和外延，把传统的素质改称为禀赋或自然素质，而把在此基础上经由环境与教育影响所形成的性质或品质称为素质，即将素质看成是人们先天自然性与后天社会性的一系列基本特点和品质的综合。目前学术界比较一致的素质定义是，素质是以人的先天禀赋为基础，在环境和教育的影响下形成与发展起来的相对稳定的身心组织的要素、结构及其质量水平。它既指可以开发的人的身心潜能，又指社会发展中的物质文明和精神文明成果在人的身心结构中的内化与积淀，既可以指人的个体素质，又可以指人的群体素质。

人的素质作为一个系统整体，有它特有的结构。苏联系统论学者洛莫夫曾说："无论是对人类起源和发展问题的研究，还是对人类个体问题的研究，都可以分出三个主要的分析层次：生物层次、心理层次和社会层次。"这就是说，如果把人的素质按由低级到高级发展的顺序来划分，可把素质结构也分为三类：生理性素质、心理性素质、社会性素质。这种分类方法曾经为不少学者所认可或佐证。例如，在教育学领域，斯宾塞在其《教育论》一书中早已指出："科学对于人类行为的调节，其价值是无穷无尽的；所以人们应该了解人生——身体方面、心理方面和社会方面的科学。"在心理学领域，苏联学者列昂节夫认为："我们很容易地对人的研究划分出不同的水平"，即生物素质、心理素质和社会素质。

总之，人是生理素质、心理素质、社会素质的统一体，而且这三层素质是相互影响，相互作用的。表 3-1 表示人的素质结构。

表 3-1 人的素质结构

层 次	类 别	内 容	特 点
低层次	生理素质	体型、体质、体格；性别、年龄；神经系统、脑、感觉器官、运动器官；气质、本能、潜能、体能、智能	先天因素
中层次	心理素质	认知素质与才能品质；需要层次与动机品质；气质与性格品质；自我意识与个性心理品质	先天因素与后天因素结合
高层次	社会素质	科学素质；道德素质；审美素质；社会生存素质	后天因素

（二）影响心理健康的因素

1. 影响学生心理健康的生理因素

生理因素包括遗传因素、素质因素、分娩因素、发育迟缓因素的影响、生理疾病和外伤、中毒等因素、神经—内分泌系统异常等。

遗传因素基本决定了个体的生物学性状。遗传，传递着祖先的许多生物特征。遗传的生物特征主要是指与生俱来的解剖生理特征，如机体的构造、形态、感官和神经系统的特征等，尤其是人的神经结构的活动特点、能力与气质、性格的某些成分等都受遗传因素的显著影响。人的神经活动类型与气质，如表 3-2 所示。

表 3-2 人的神经活动类型与气质

高级神经活动过程	高级神经活动类型	气质类型
强型	不平衡型（不可遏制型）	胆汁质
强型	活泼型（灵活性高）	多血质

高级神经活动过程	高级神经活动类型	气质类型
强型	安静型（灵活性低）	黏液质
弱型	抑郁型	抑郁质

这四种基本类型是个性特点的神经学基础。没有好坏优劣之分，每一种类型都有各自难以适应甚至导致心理失调的环境。

相关的调查和临床观察表明，在精神病患者的家族中，患有精神发育不全、性情孤僻、躁狂、抑郁等精神病或具有异常心理行为的家庭成员占有相当的比例。

在困扰青少年心理的因素中，有一些来自青春期学生对自身的相貌、体重、身高、性别、肤色、体质等不满意或不接纳而带来的体相烦恼。在这些因素中有些是先天遗传，如一些显性遗传性因素。

在体育课上体现的体力、体能、弹跳、力量、耐力、灵活性等，却带来学生对身体的满意程度。

影响心理健康的性别因素，自然和谐的男女性别比率为 109∶100（女性为 100，男性为 109）。受传统文化、社会环境、"养儿防老、传宗接代"观念的影响，我国有地区在人为的干预下，如在医院里使用 B 超对胎儿性别的鉴定，或者不良医生的操纵，使生男孩子的愿望更加容易实现，造成性别比率达 130∶100。接下来女童的抚养方式、受教育机会带来的连锁反应，造成社会集体的无意识——男孩子是重要的。这些观念和行为造成对部分女童的心理伤害，她们感到不公平和自卑，甚至认为自己是多余的。男童在家长有意无意地宠爱下，学习成绩不如女生时，令家长感到失望，他们也常常从受宠到自卑。

性别又分为①生理性别：生殖器、脑、激素、染色体；②心理性别：心理功能方面的性别差异，男性/女性气质；③社会性别：指社会文化建构的男女的性别特征和差异。

人的外表吸引力与个人适应有着明显的联系。大多数人在对他人形成印象时，同时隐含着假设："漂亮的是好的，是受欢迎的。"一些人认为，在社交中，一个长相俊美、举止优雅的人总是能给人留下美好的印象；外表富有吸引力的人往往有较好的人际关系，也更自信。因此，青春少年对自己的外表往往给予更多的关注，在意别人对自己外貌的评价，容易产生外貌—体相烦恼：身高、体型、样貌、肤色、发色、青春痘、雀斑等。

躯体疾病或生理机能障碍也是影响心理健康的因素之一。例如，患有内分泌机能障碍，尤其是甲状腺机能混乱、机能亢进的患者往往出现暴躁、易怒、敏感、情绪冲动、自制力减弱等心理异常表现；若患有肾上腺素分泌过多，则会产生躁狂症，而患有肾上腺素分泌不足则可能患上抑郁症等。后天脑外伤造成的大脑功能受损，种种原因造成的脑震荡、脑挫伤等脑外伤，也可能导致意识障碍、遗忘症、言语障碍、人格改变等心理障碍。

2. 影响学生心理健康的家庭因素

人的心理健康状况，尤其对于中小学儿童来说，受家庭因素的影响很大。大量研究表明，不良的家庭环境因素容易造成家庭成员的心理异常。

影响学生心理健康的家庭因素包括家庭的自然结构、家庭人际关系、家庭教育方式、家庭的抚养方式、家长素质等。

家庭因素主要包括：家庭关系不良，如父母关系、婆媳关系、兄弟姐妹关系不和谐，家庭情感冷淡，矛盾冲突迭起等；家庭成员残缺，如父母死亡、父母离异或分居、父母再婚等；家庭教育存在误区，如专制粗暴，或溺爱娇惯等；还有家庭变迁以及出现意外事件等。

苏联教育学家马卡连柯在谈到不完整家庭对儿童的心理健康的不良影响时曾经指出，完全没有母爱或缺乏母爱，会使儿童在心理上没有稳定感，产生情绪上人格上的障碍，这类儿童易孤僻、冷淡、粗暴、内向等。但是，如果没有父亲的存在，会使母爱向溺爱型发展，并失去家庭的稳定和减弱家庭的教育职能。

父母两性的天然性格差异对子女有着互补影响。俄国哲学家别林斯基对"妇女和男人在家庭作用方面的巨大差别"谈得很明确生动。他指出："……女人的爱中包含更多的血缘的东西，所以更多一些激情；而男人的爱中思维的东西更多一些——如果可以这样表述的话。"

遗传因素只是一些心理健康问题的原发因素。如果家庭环境良好，夫妇关系融洽，那么，某些遗传因素就可能受到抑制。这是因为父母本身心理健康，是可以大大有助于补救孩子的心理健康缺陷的。

∽ 延伸阅读

有段精彩的对话值得一读：

有一观众请教法师，我的小孩不听话、不爱学习怎么办？

法师：您影印过文件吗？

观众：影印过。

法师：如果影印件上面有错字，您是改影印件还是改原稿？

有人答道：改原稿。

法师：最好原稿和影印件同时改才是。父母是原稿，家庭是影印机，孩子是影印件。孩子是父母的未来，父母更是孩子的未来。

这段耐人寻味的对话给我们的启示：父母是孩子最好的老师，如果父母不优秀，如何给孩子优秀的教育？如何要求孩子优秀？不如提升自己，同时也让孩子更优秀。

3. 影响学生心理健康的学校因素

学校因素是针对学生来说的，主要包括学校教育条件、学习条件、生活条件，以及师生关系、同伴关系等。学生的大部分时间是在学校中度过的，学校是有目的、有计划地对学生实施教育的专门机构。学校是学生学习、生活的主要场所，学校生活对学生的心理健康影响极大。学校因素中的种种条件和人际关系，如果处理不当，就会影响学生的心理健康发展。

学校因素对学生心理健康的影响主要体现在：①学校教育事业发展水平的影响，是否能够关注师生的心理健康教育；②学校教育结构的影响，如教育结构是否合理，是否满足不同学生的兴趣与水平的需要；③学校教育指导思想的影响，是否能从以书本为中心，以升学为中心，发展到以学生为中心，以学生身心健康发展为中心；④学校教育方法的影响，是以灌输讲授为主，还是围绕学生接受能力的差异性，因材施教，多种教学方式灵活使用；⑤教师教育态度及自身心理健康水平的影响；⑥学校人际关系的影响；⑦学校校风、班风的影响等。如果校风学风不良、教育方法不当、学习负担过重、师生情感对立、同学关系不和睦等，都会使学生心理压抑，精神焦虑，若调适不及时，会造成心理失调，甚至导致学生一定程度的心理障碍。

4. 影响学生心理健康的社会因素

学生生活在家庭中，家庭是社会的细胞。社会对学生心理健康的影响主要体现在：①社会环境的影响；②社会经济地位的影响；③社会文化背景的影响；④社会政治局面的影响；⑤社会意识形态的影响；⑥社会风气的影响；等等。

5. 影响心理健康的个人心理因素

一个人的心理状态一旦成型，可大致预测其心理发展和变化，即人格的稳定性。 心理状态因素包括认知因素和情绪因素等类型，如认知水平、动机与需要、应付心理压力的水平、人格特征、自我调节情绪的能力等。

各种影响因素相互影响，协同作用于人的发展。 上述各种因素既相互独立，又相互制约，对一个人的心理健康往往起协同影响作用，而这种协同作用要超过单个因素的作用。 由此，相关教师在预判学生心理失调、心理障碍或心理疾病时，必须要充分考虑各种因素的作用，与精神医务人员配合，全面地做出诊断，才能采取有效的措施进行心理调适和治疗。 例如，抑郁症被称为是生理、心理、社会多因素干扰的疾病。 抑郁症的干预也应多方面协作。

学生的心理发展是由先天遗传决定的，还是由后天环境、教育决定的。 这在心理学界争论已久，在教育界及人们心目中也有不同的看法。

良好的遗传因素无疑是心理正常发展的先天物质基础和自然前提。 社会素质的培养教育要以人的心理素质为中介。 要了解在人的素质结构中生理素质、心理素质、社会素质的关系可参考表 3-1。

林崇德教授总结多年的研究认为，遗传在学生发展中的作用主要表现为两个方面：

第一，遗传通过天赋影响智力的发展。 天赋是一种生理因素，它是人先天的解剖生理特点，主要是感觉器官和神经系统的特点，是智力发展的生物前提。 例如，生来聋哑的人不可能成为歌唱家，生来全色盲的人无法成为画家。 我们在实验中看到，遗传因素相同的同卵双生子，比起遗传因素不尽相同的异卵双生子，在思维能力、记忆能力、语言发展和智力品质的敏捷程度、灵活程度与抽象程度上，具有更相似或接近的水平。 而我们了解这些，对于搞好学校教育工作是有益的。 中小学教育是基础教育，在中小学教育阶段选拔人才、培养人才是十分重要的。 例如，一些学生有音乐方面的生理因素或天资，他们的手指长些，手指动作灵活些，如果有条件，培养他们弹琴不是很好吗？ 有的学生嗓音好，声音清脆，这些特征岂不是很有利于培养他们成为歌唱家吗？ 某些学生具有一定体育运动项目发展的生理因素，不妨有意识地在体育上多下点功夫培养他们。

第二，遗传通过气质类型的因素影响个性心理特征的发展，特别是通过气质影响人的情绪和性格。 这些气质类型虽然不是他们情绪情感和性格发展的决定条件，却是教师和家长必须注意的，对情绪情感和性格起一定的影响作用。

教师在教育教学中，应当恰如其分地看待遗传在心理发展上的作用。 林崇德教授分析道：学生心理发展是由他们所处的环境条件和教育条件决定的，其中教育条件起着主导作用。 如果说遗传是心理发展的生物前提，遗传提供学生心理发展的可能性，而环境和教育则把这种可能性变成心理发展的现实性。 智力发展如此，性格发展也是这样。例如，气质本身并无好坏之分，它在人的社会活动中表现出来并获得一定的社会意义，表现为人的积极的或者是消极的性格。胆汁质的人性子急，可以发展为勇敢的性格，也可能表现为冒失；多血质的人灵活，可以发展为活泼机智的性格，也可能表现为动摇，有"冷热病"；黏液质的人迟缓，可以发展为镇定、刚毅的性格，也可能表现为顽固、呆板；抑郁质的人敏感，可以发展为爱好思索的性格，也可能表现为疑心重重。因此，教师要掌握自己的学生在气质类型上的表现，积极引导，使之在适当的场合表现出来，对社会产生良好的影响，进而发展成为优良的性格特征。

曾有一个学生在上课时总管不住自己，一遭到批评就发火顶撞。教师在家访时了解到，这个学生从小易兴奋、激动，上小学二年级时，有一次他在家点火生炉子，风吹灭了两根火柴，他当即火了，发誓第三根火柴再点不着就将炉子劈了，果然第三根火柴又被风吹灭了。他一怒之下，拿起斧子将炉子砸了。对于类似这样的学生，教师靠"压服"定然无济于事。在日常的"个别生"中，有的往往在气质上表现出"特殊"或"个别"的特征，教师在顾及学生的气质类型的同时，又要根据他们不同的气质特点发展其良好的情绪和性格，这也是"因材施教"。这个砸炉子的学生，在中学阶段遇到了一位善于说服教育的班主任，她晓之以理，循循善诱，动之以情，接纳学生的特质，正面疏导，经过几年的训练和塑造，使这个学生逐步能控制住自己的情感，表现良好，顺利地完成了中学的学业。

教育条件在心理发展上起主导作用。社会生活条件在人的心理发展中起决定作用，常常是通过教育来实现的。教育是由一定的教育者按照一定的教育目的来对环境影响加以选择，并且组织成一定的教育内容，采取一定的教育方法，来对受教育者的心理实施系统性的影响。教育的主导作用，与教师的能动作用是分不开的，在一定意义上说，教育的主导作用，主要是体现在教师的主导作用上。一些教育研究表明，中小学生的智力发展水平在很大程度上取决于教师的教学。例如，我们在实验点的数学教学中突出了思维的智力品质的培养，不仅缩短了教学时间，而且促进了学生的智力发展。智力如此，品德发展也是这样，先进班集体形成的根本原因在于班主任所做出的主观努力和辛勤劳动，主要是班主任善于通过集体力量形成正确的集体舆论、信念、情感、意志和行为习惯。集体力量促使大部分学生形成良好的品德。教师可以用积极的班风影响品德不良的学生，调动广大学生学习的积极性，提高学习成绩，促进德、智、体、美诸方面的发展。由此可见教师的主导作用是明显的。

关于学生心理的内因与外因的关系，林崇德教授指出：环境和教育是心理发展的外因或外部条件，它要通过主体的活动，通过心理发展的内因来实现，这就是心理发展的动力问题。

在心理发展的内部矛盾中，新需要是心理发展较活跃的因素，是动机系统。需要是人对客观需求或要求的反映，是一种特殊的心理现象。它常常反映在一个人的动机、目的、兴趣、欲望、理想、信念等表现形态方面。需要的表现形态，是引起心理活动的原动力，因此是动机系统。在教师和学生心理活动中，需要经常代表着新的、比较活跃的一面，加上事物总是在不断发展着，主客体的关系也在不断发展着，所以需要的内容和各种形态的表现总是不断改变着、斗争着和发展着。为了促使学生的心理健康地发展，教师必须注意各阶段学生的各种需要及动机、目的、兴趣、爱好、理想、信念的特点和倾向，充分调动起他们的内部学习动机。

延伸阅读

很久很久以前，有一个俄罗斯青年，住在小河边的一个孤零零的小村子里。也不知道什么原因，这青年迷上了画画。有一天，青年正在用深颜料在画面上涂着晚霞的色彩，突然身后传来一个声音："怎么样？画得满意吗？"青年回头一看，身后站着一位老人，他是退休教师，曾和俄罗斯著名画家列宾学过画画。"满意"，青年很得意地说："我觉得画得挺像的。""好，让我们仔细地分析一下画面。你看，树枝是什么颜色？""绿色的，既然这是桤树，树枝总是绿色的。""不对，你应该忘掉它本来的颜色。你说说看，你所看到的实际颜色是什么？""好像是黑色的"，青年仔细地打量着桤树，踌躇地回答。"完全正确，正是黑色的。因为它背着光。可是你却把它画成绿色的，这还像吗？你看，你把小路画成黄色的，你大概想沙土总是黄的。实际上这条路呈现一片灰白，跟灰烬的颜色一样。难道你的眼睛不能判断？晚上请到我家里来一趟，我替你换一双崭新的眼睛。"

从那以后青年经常到老教师家去。没有人知道老人对他说了些什么。不过这青年却大开眼界，他学会了鉴赏各种美景。青年想：我要重新回到我最喜爱的那些地方去，用新的眼光审视它们。可他一出家门就立刻呆住了。原来屋前长着一棵小白杨树，他平时虽然天天看到，却毫不在意。那天一半的天空阴沉沉的，然而那棵以灰色为背景的白杨树却抹上一层淡淡的玫瑰色，霞光映照着小河。于是青年就什么地方也不去了，他就站在原地观赏这棵白杨树。他沉醉于这树的色彩，激动不已。

觉察是什么？ 觉察就是你会刻意地、有意地去告诉自己正在做什么事情，就像这个迷上画画的青年，树还是那棵树，而人已经不是先前那个人了，他此刻正有意识地与眼前的白杨树接触，学习开发出自身观察事物的新视角，而这样接触的结果，就会使人发现生命的新的意义与价值。

觉察是生命中最重要的种子，当你刻意地给这颗种子浇水的时候，其他的种子，如消极情绪，就会枯萎、消失。 美国著名潜能大师吉姆·罗恩有句名言："我成了什么人，而不是我得到了什么，做人比做工作更重要。"这是大师对生命意义的觉察。 商业畅销书作者高朝良是这样诠释这句话的："你成为什么人远比你得到了什么更重要。 因为你成了什么人，你才会得到什么东西，得到和成为是相辅相成的。"

要想弄清楚我们这辈子到底要成为什么样的人，拥有一个什么样的人生，首先回到我们的内心，看看自己究竟有怎样的资源和特质，清楚明了内在的自己有什么样的需求、什么样的信念和价值观。 如果不把这些弄清楚，我们就可能迷失人生的方向，迷失自我。

写作实验训练法（训练 3-2）

写作实验法是由美国著名心理学家、心理学科普作家欧文·亚隆教授在治疗中发明的方法。欧文·亚隆是美国斯坦福大学医学院精神病学系的终身教授，是当前美国心理治疗领域的大师级人物。他具有几十年的心理治疗经验，在存在主义和团体治疗方面有突出的贡献。除了教学和临床实践外，欧文·亚隆教授还是一位多产的作家，从理论书籍到通俗治疗故事、小说，从不同的角度阐释他对心理治疗和对生活的理解。

我总结为，写作实验法即通过一段时间内两人各自的独立写作，记下自己真实的心情，且两人定期彼此交流的过程。

在当年欧文·亚隆举办的一个病人治疗团体中，一位抑郁的女孩因为无法支付治疗费用而想退出团体治疗。欧文·亚隆深感可惜之余，为她做了一次"写作实验"，结果使女孩的治疗效果突飞猛进。

欧文·亚隆让女孩每隔一小时便以意识流（美国哲学家和心理学家詹姆斯提出的一种对心灵的见解。他认为意识的要质在于它的继行不息，是一种历程。）的方式将自己在这一小时内所有没有表达出来的想法，写在一张纸上，这张纸就作为"医疗费"。而且与此同时，欧文·亚隆自己也需要写下对这女孩这些清单的感受，每隔几个月和女孩交换阅读（有些像两地书）。两人在交换清单时，却发现了"罗生门"式的现象，即一个事件，可以引申出那么多"自说自话的谜题"，而且没有答案。罗生门效应：大名鼎鼎的《罗生门》讲述了这样一个情形，一桩刑事案件，所有目击者和涉案人都在将事实描述得更有利于自己，即使在被害人附体到巫婆身上，被害人也在烘托自己好的一面。罗生门效应反映了一个冷酷的现象：在主观表达中，事实尺度远远被价值尺度所战胜，即人们口中的世界不是这个世界，是他们想让这个世界成为的样子。借此，欧文·亚隆发现，这种写作交流过程走进对方发现世界的角度，也让女孩有所学习和领悟。（欧文·亚隆《日益亲近——心理治疗师与来访者的心灵对话》）

教师在生活中也可以尝试用类似的方法来与学生或其他教师沟通彼此的想法，了解每个人的独特性，训练自己的同理心。

3. 对环境的感知敏锐点

一个学生学习成绩不理想，不一定简单地由于他学习不努力或知识基础差，或教师教授不得法，还有可能是由于学生与教师的关系紧张，学生觉得教师看不起他，因而对教师抱有成见，用学生的话说："我一见这老师就心烦，听他的讲话就觉得刺耳。"这种师生人际关系的矛盾只有被教师及时感知后才能得到及时解决。为此，教师必须使自己的专业感知敏锐到能排除外部其他现象的干扰，微观到师生人际关系，尤其是心理关系的细微变化。否则，教师就不能及时发现教育教学中的问题。

咨询案例：

一个 5 岁的男幼儿，新学期开学后在幼儿园里表现得坐卧不安，一天时间里多次向老师表达要借用手机与妈妈通电话。他在通电话时，询问妈妈有没有什么事情，反复叮嘱妈妈下班后一定要早点来接自己。一连几天，孩子想给妈妈打电话的频率越来越高。老师与妈妈交流，是不是家里发生了什么。妈妈连连否定，问老师孩子有什么不对劲的地方。老师说孩子的反常行为都两周了，建议妈妈"是不是找个心理咨询师聊一聊。"

几天后，孩子与他的父母一起来到心理咨询室。因孩子年龄小，语言表达能力有限，并且咨询师从其父母那里没有获得有价值的信息。就征求孩子父母的意见，想借助沙盘与孩子沟通。

"孩子，这里有许多玩具，你可以摆上任何你喜欢的玩具，开始吧。"

咨询师发现孩子刚开始在沙盘里摆了建筑、家具、炊具，喜欢的动物、汽车、植物、人物（骑战马的斗士），还有一个华表。沙具内容可谓丰富多样。5岁的孩子一边玩一边自言自语，一边摆着沙具。后来当他再次拿起一绿一灰两辆小轿车时，两辆车在沙盘中相向而行并相互冲撞起来，紧接着，沙盘里的所有沙具都受到牵连，瞬间都倾倒了，沙盘中一片狼藉。咨询师心里一惊，但很快意识到孩子的内心一定发生了什么。咨询师看着他的眼睛，问："两辆车子一撞，怎么一切就都这样倒了呢？"

孩子低着头说："是的"。

"能告诉我，这两辆车代表着谁吗？"

"爸爸和妈妈。"

咨询师对一切好像有了头绪。在接下来与母亲的沟通中，咨询师讲述了孩子制作沙盘的过程，也讲了他的观察与发现，孩子的焦虑似乎与其父母的关系有关。迟疑了好一会儿，母亲无奈地说出一个家庭的秘密："我和他爸爸两个月前离婚了，孩子小，他不懂事，我想等他长大了再告诉他。所以我们每周六与他爸爸见面，吃顿饭，爸爸陪孩子玩玩。我平时只告诉他爸爸很忙。"

"你猜孩子相信你们的话吗？"

"我想说他不知道。可我不能再自欺欺人了，您刚才说的沙盘制作的事情，让我吃惊，难道孩子已经都知道了？"

"他才 5 岁，确实年龄小，但他一点不缺乏观察能力和感觉。爸爸一周消失6 天，你每天强装欢颜。他在幼儿园里每天都在牵挂你，一天 N 个电话不安心。他好像在看着你，怕你有一天也消失了。"

妈妈听着已是泪流满面，"我现在能为孩子做点什么？"

接下来的事情是咨询师和父母一起来讨论怎样帮助孩子面对焦虑情绪。

这仅仅是咨询师一个家庭咨询的开始。咨询不是简单的精神分析，也不是给"药方"，重要的是观察、聆听和同理的回应。教师不是心理咨询师，但若教师也学习和掌握在心理辅导或咨询中观察、聆听的技巧，能够具有同理心，也许教师在教育教学工作中会有事半功倍的效果。有兴趣的读者，可以参考关于倾听的训练。

沙盘沟通法（训练 3-3）

我们每个人都有想和别人交流的想法，都会遇到问题，但有时用语言不太容易表达清楚。夫妻沟通、亲子沟通也是一样的。现在各地大中小学校的心理室大多配备了沙盘。不妨选择一个全家空闲的时间，携丈夫或妻子，若有孩子（5 岁以上儿童即可）也请带上，在心理咨询师的带领下，全家人一起在沙盘室里进行一次家庭心灵之旅，共度一小时的美好时光。全家人通过 6～8 次的轮番摆放，在不能相互交流的情况下，通过沙盘室里的沙具摆放，家人彼此了解和沟通。咨询师是见证者，也是记录员，对于每次各个家庭成员摆放的物件以及怎样摆放要记录下来。具体步骤如下。

1. 指导语：请让我们借用这些玩具在沙盘里共同做作品，这不是心理测试，所以不需要考虑好坏对错的问题，只要将自己想放的玩具放上，将自己的想法表现出来就可以了。

先来决定全家人排放沙具的次序，即谁先第一个摆，谁最后摆。顺序也可以由抽签决定。

每人每次只允许一个作业：放一个玩具或完全相同的几个玩具、挖一条河、堆一座山。

不许拿走他人已摆放的玩具，但可以挪动。挪动自己或他人玩具算作一次。

最后摆放的人还可以有一次修饰的机会，对整个作品进行一些调整，当然也可以放弃。在制作过程中某成员不想摆放也可选择放弃一轮。

成员之间不可以进行任何形式的交流。在制作完成之后，成员间进行讨论，谈自己摆放每个玩具的意图，对他人摆放玩具的感受，以及各自对作品主题的命名。

2. 事先规定全家人摆放的总次数，如 8 轮次，依据人数和时间而定。若有爷爷奶奶等多人参与，可以少些次数。

3. 每个人触摸沙，体验沙，融入家庭作品制作的情景中。

4. 全家人按顺序依次拿取沙具，并依次序在沙盘中摆放。期间不允许家庭成员之间的语言交流。

5. 按顺序，经过 8 轮次摆放后（没有时间严格限定，一般 30 分钟），并由最后摆放者做些修改之后，不能再移动沙盘里的沙具了。全家人围绕沙盘作品语言讨论（约讨论 25 分钟）。

参考提问题目：

在实施排放中不许讲话，你的疑惑问题是什么？

在全家人的这个作品中你最满意的地方是什么？

家庭作品中的哪个部分是你最喜欢的？

家庭作品中的哪一个沙具最能代表现在的你？

通过沙盘游戏，你对家人有什么新的了解？

你现在最想对其他家庭成员说什么？

现在让你给这次家庭作品起一个名字，名字会是什么？

如果意犹未尽，下周还可以继续一次。

6. 全家人与沙盘作品合影。

本方法可以用于家庭成员间的沟通，也可以用于教研室教师团体、学生团体成员之间的相互了解与沟通等。

三　久旱逢甘雨——鼓励与称赞

20 多年前，有位中国女学者到欧洲某国做访问学者，这在当时是非常令人羡慕不已的事情。一天访问学者应邀到当地同事家做客。一进门看到主人的女儿高挑的身材、金发碧眼，活脱脱一个可人的洋娃娃，她在与女孩打招呼时情不自禁地说："你好！ 你真漂亮！"女孩子离开后，同事对中国学者说："你要对我女儿道歉。"中国女学者一脸疑惑，自己做错了什么呢？ 外国同事说："你说我女儿漂亮，可漂亮不是她自己的努力结果，而是爸妈给的，你说她漂亮是对她的不尊重。 或许她就学会不用对自己负责任。"

我在第一次听到这个的故事时有些吃惊，吃惊之余又觉得有道理，观念的不同可能带来我们民族的集体无意识。

学习夸赞： 坐热椅训练（训练 3-4）

本次活动我常常用在连续几日或多次团体活动的结束阶段。

第一步：在团体小组围坐的圆圈中，另外摆一把不同的椅子，如红色的椅子。请学员依次坐在红椅子上，（指导语：时间到了团体就要结束了。每个人要争取坐上一次。）请坐上神奇椅子的人，依次转动椅子，面对组里的每一个成员，请大家对其进行夸赞。当然是实事求是的言辞，少用泛泛之词，不用"你很漂亮"等。多用自己的语言，表达内心的感受。例如，"我欣赏你_____（说出这个同学的两个特征），因为在团体中我看到你_____（举具体事例，说明你欣赏他的原因）。"坐在红椅子的当事人不能说话，只要默默地用心听，用心感受就好。（此时说话常常是头脑理性层面的谦虚或检讨般的话语。）

第二步：要求每一个被夸赞者在被所有组员都夸赞后，回到自己的座位上，看着刚刚坐过的热椅，用最简洁的话表达出自己在做热椅时的感受。然后有请下一位组员抢座椅子，大家再继续真诚地夸赞。依次类推。

每当此活动进行到这里时，各组成员都兴奋地停不下来，似乎有说不完的话。需要主持人不停地倒计时提醒。

第三步：兴奋之余，请学员闭上眼睛，深吸气，慢慢地吐出来，调整呼吸，反复多次。待大家安静下来，请大家想一想刚刚坐热椅的感受，确信自己刚刚从热椅上下来时的感受，就请大声喊出来。

这一步不是每个人都可以一下子说出口的。在鼓励之下，有人带头喊出："爽！""激动！""美美哒！""脸热心跳！""幸福！""初吻一样！""开心！""我很棒！""世界真美好!""组员们,我爱死你们了!"……

第四步:请大家睁开眼睛,看着自己同组的伙伴并感谢大家刚才的陪伴。

第五步:请做过教师的成员思考,你的学生缺不缺刚才坐热椅的感受?我们在教室、在学校怎样给予学生我们刚体验过的感受呢?

"我相信好孩子都是夸出来的,我可以做的是_____"

(四) 春天的枝丫需要提早修剪——教育与惩罚

我大学毕业留校做了 10 年青少年教育研究工作,20 世纪 80 年代的单位只有四通打字机,没有个人计算机。研究资料只能用手抄或复印资料。我当年有两个卡片箱,里面都是我的手抄卡片。随着计算机时代的到来和知识信息的更新,许多卡片都被我丢掉了,仅留下的少数卡片在今天来看就成了"古董"。其中一张"古董"是名叫《小偷》的外国教育故事,今天读来仍耐人寻味。

故事是这样的:

"老师!"头枕双手伏在案前的唐拉法埃尔听到有人叫他。

他抬起头,赶紧把眼镜戴上,原来自己身旁站着一个二十来岁的青年。

"什么事,小伙子?请坐吧!"

"不,谢谢!我不坐啦,我不是来拜访您的。瞧,我……"他脸红得更厉害了,"请您看看,您有没有少些什么。不,不会放在口袋里,也许会搁在桌子上。"

唐拉法埃尔摸着衣袋,正有些不知所措,经他这么一讲才醒悟过来,他慌忙拉开抽屉,不禁叫了起来:"我的钱包!"

他倏地跳起来,一步奔到青年面前,"我的钱包?我的钱包不见了!"

"别急,先生。钱包在这里,我正要还给您呢!"

"在您身上?哦,原来是您偷了我的钱?"他又慌忙改口,"请原谅,我说了些什么呀!该不是您拿走了我的钱包吧?要不怎么还会送还我?要知道这些钱的用途啊!这是我省吃俭用积攒起来,准备送我那患心脏病的孩子去疗养的呀。"

小伙子平静了下来,但脸色苍白,沉默了半晌才说:"先生,我是个小偷!怎么?您不相信?是这样的,昨天下午,在一辆拥挤不堪的电车上,我从一个十四五岁的小孩身上偷了一个大钱包。里面有 3800 比塞塔和您儿子的来信,另外还有您的几封信。钱包里还有一张卡片,那是学生的乘车证。不知道是不是您吩咐他做什么事而把钱包交给他,还是他自己从抽屉里拿走的。"

老师沉默着,不知说些什么才好,他拿起卡片来,想看看那上面的姓名,但又突然放下，随手交给青年，断然地说："请您帮我把它撕掉。 我不想知道小偷是谁。"小伙子照着他的吩咐把卡片撕得粉碎。 老师感激地说："啊，上帝会报答您的。"说着一把握住了对方的右手。

"可别这么说。 我今天做了一件好事，可我以前做过多少坏事呀。"

还没等老师明白过来，青年就已悄然离去。

唐拉法埃尔坐在椅子上，久久地注视着钱包，眼前浮现出班上每一个学生的面容。 谁会是小偷呢？ 谁都知道这钱是老师含辛茹苦积蓄起来给儿子治病的。 当然，他完全有法子知道谁是小偷，可是，为什么要知道呢？ 没有这个必要！

他想到了那张撕碎的证件。 丢失人一定要来补办，这样，小偷岂不自我暴露了吗？ 怎么办呢？ 他沉思片刻，便朝外面叫道：

"玛丽亚，到教室来一下！"

女儿来到父亲跟前。

"这是学生的花名册和新的乘车证。 你把名字填在上面。 该给他们换新的啦。"

"旧的要收回吧？"

"不必啦。 让他们自行处理吧！"

第二天早上八点，唐拉法埃尔已经带着新的乘车证来到教室。

学生们都到齐之后，他开始分发证件。

"我女儿挨个叫名，你们来领取新的乘车证，要妥善保管。 旧的自行处理，不收回啦！"

大家对这突如其来的决定感到意外，但有些学生却为此而满心欢喜。 不到一刻钟，40 张乘车证就发完了。

已经十点了，可老师却什么也没做。 他既没有叫学生们朗读课文，也没有布置他们练字。 他双手平放在讲台上，久久地凝视着学生们。

他脸色苍白，站起身，然后做了个手势要大家安静，尽管这纯属多余。

"孩子们！ 你们知道我为什么今天给你们换乘车证吗？ 那是因为你们之中有人偷了我的钱包！ 然而这钱包又被别人扒走了。 当那个小偷发现这些钱是一个年薪只有 4000 比塞塔的教书先生为了给儿子治病而节衣缩食积蓄起来的时候，他的良知发现了。 于是，就在昨天下午，他把钱包送了回来。 钱包里还有一张乘车证，那上面写着名字，只要看一眼就会知道这事是谁干的。 可我没有这样做。 我当场就把它撕毁了！ 我不愿意知道乘车证的主人，尽管他对我无情无义。 但是，他应该懂得，我是原谅他的，并要求他改邪归正，不再重犯。 这就是换乘车证的原因。"

他讲着讲着，竟喉哽语塞，泣不成声。 他的女儿不得不把学生都打发出教室。 此刻，他们的眼里都噙满了泪水。

"你也去吧，孩子！ 让我自己待着！ 我要独自待会儿！"

他摘下眼镜独自待在教室里。 正当他准备站起来时，忽然听见一阵朝他而来的脚步声。 紧接着他听到一个抽泣着的声音：

"老师，是我偷的钱包！ 看看我吧，老师！ 我再也不做坏事了，我以母亲的名义发誓。"

老师伸出双手迎住了他，激动万分地重复道："我的孩子，我的好孩子！"

由于没有戴眼镜，他只能看到个模糊的影子，影子后面是四月里的一片迷人的春光。

从钱币的名称上我知道这是一个西班牙教师的故事。

"假如人生没有错，铅笔何必带着橡皮，改了就是了。"这是挂在北京师范大学心理咨询中心门口的宣传橱窗里的有关心理健康的名言警句，被学生认为是最耐人寻味的有意思的"心灵鸡汤"。 这条学生最爱的名言警句，是我在台湾访问时，偶然从一所学校的墙上抄来的。

教育惩罚的度是什么？ 在不伤害学生的自尊的情况下，唤醒学生的羞耻心。

我曾在雪绒花热线中听到一位小学四年级学生家长的讲述。 孩子在听写英语单词时错了 10 个，用老师的改错方式，不，应该是惩罚方式，错 1 个单词，所有的单词重写 10 遍，若错 2 个单词，所有的单词写 20 遍。 而不幸的孩子错了 10 个单词，意味着所有的单词写 100 遍。 暂且不说孩子需要多少纸张才能完成惩罚作业。 听孩子妈妈讲，孩子翻到本子中间，开始在本子上画小人，并在小人的心脏位置上扎几枚大头针。 妈妈真担心孩子的心理出现残忍的暴力倾向。 我与家长沟通，让家长看看孩子在改错本上一开始的写字状态，妈妈翻着本子说一开始还是工整的，翻了两页，看到字体越来越潦草，再翻两页，看到已经有反复涂改的黑疙瘩，再往后就出现画小人的那一页，而惩罚作业才仅仅是开始，孩子和妈妈都发现这是一个当天不睡觉也无法完成的作业。 我们与孩子沟通了解到，写前几页时，孩子认为是自己的错，谁让自己没有在听写练习中正确地写出来，惩罚是应该的，当孩子发现作业总也写不完，越生气急躁，越写错，越错越生气，不仅生自己的气，也生老师的气，觉得自己被老师耍弄了，由此产生出愤怒。 画出小人，用大头针刺之，发泄"被耍"的愤怒情绪。我不由地想到看过的阿瑟兰老师的故事（参见第一讲中的故事）。

有的教师在面对学生作业、考试中的错题时，采取错一罚十，甚至错一罚百的方式，更过分的还有错一罚千的不可能完成的"奇葩作业"。 在当时的情境中，当事的老师都会一脸无辜地说着相似的话："我是为学生好，我没有别的办法啊！"看似过度惩罚是解决问题的一部分，但其更可能是在制造新的冲突。

认真分析：表面上教师把留惩罚作业当作个人情绪的发泄场，与惩罚教育无关。 教师还给学生传递一种当自己有情绪时可以惩罚别人的错误信息。 深层情绪是教师缺乏与学生沟通的能力和解决冲突的能力而产生的焦虑、无助情绪的外化。 读者朋友，如果你也认同我的观点，感谢你的理解，我们一起思考教育的智慧。 如果你有兴趣，可以继续阅读第四讲。

第四讲

用情呼唤情的教育

——教师情感心理与训练

多年前，我去学校医院就诊，大夫看到我的工作单位与心理有关，就对我说："你说现在的学生怎么那么木，研究生入学体检，我对学生说'把表拿来'，学生摘下手表就放在桌子上。你说可笑不可笑？"话未讲完她人已经笑得前仰后合了。

我却一点儿都笑不出来。大夫疑惑地说："现在的学生只会学习、考试，人都学傻了吧！"

我无奈地笑了笑，说："这位学生的真实感受我们不得而知。但入学体检对学生很重要，一个重要体验数据不合格就有可能被退学，所以他们来医院体检时十分紧张，担心有问题。人在情绪紧张时，注意力、思维能力就会狭窄，没有领会你说的'拿表来'是指拿体检表，或许也可能理解为体检戴手表会影响仪器。学生紧张的背后甚至可能是害怕，害怕自己万一身体有问题，多年的付出就会白费，他无法面对研究生录取被淘汰的后果。"医生的脸晴转多云，连连说："这么一说还挺复杂，背后还有这么多的学问？学心理学后真能猜出人是怎么想的？"我简单解释了一下，离开了诊室。当我穿过熙熙攘攘的大厅走出医院的时候，我知道自己作为患者常常还能体会到，医生工作量大，难免会把压力写在自己的脸上，每当患者看见医生的脸色难看时，未免产生紧张感。学生表现出对"表"的紧张，就是表层情绪。

情绪是在人的生理需要基础上产生的态度体验，它反映客观生活条件与人的需要之间的关系。情感则是在人的社会需要基础上产生的态度体验，这种情感是人的社会物质、精神生活条件与个体需要之间关系的反映。而情操则属于高级情感形式，它是在人的社会精神需要的基础上产生的，反映着社会集体与人的精神需要之间的关系。这些是人类情感的基本类型，在此基础上各种专门化的情感形式才能得到具体发展。

一 教师的情感及对教育的作用

教师的专业活动条件与他们特有的内在需要，形成了教师情感的特殊性。现代化大生产造成的职业分工，使从事教师职业的人首先是为了谋生的需要，这是一种较原始的教育情绪。没有基本的生活条件满足原始的生理需要，教师情感的发展便失去了基础。所以改善教师生活条件，让教师更安心地从教是非常必要的。当然，教师的专业特殊性职责，又要求教师不仅仅为谋生而从业，否则会带来职业伦理等一系列问题。

教师所特有的教育情感是在社会性的教育需要基础上发展起来的。教育需要是社会集体需要的一部分，它是教育培养下一代，延续社会物质与精神文化的反映。这种客观的社会需要一旦变成教师的个体需要，就会成为教师情感赖以产生与发展的基础。当外界事物满足这种需要时，他就会产生愉快的教育情感；而当外界事物排斥这种需要时，他就会产生不愉快的教育情感。而且这种教育情感是教师这一职业所特有的。

情操是在社会需要尤其是社会精神需要的基础上产生的高级情感。心理学习惯把人的情操分为道德感、理智感、美感三种。从"情操"的字义上理解，它是情感和操守的结合，操守即人的坚定的行为方式和品行，它被高尚而稳定的情感控制着，所以人的情操与人的思想、世界观、个性等密切相关，比一般情感具有更高的概括性、稳定性和倾向性，在人的行动和心理活动过程中起着核心的定向与协调作用。当自己的学生遇到危险，无论是晨练时学生队伍被司机疲劳驾驶的大货车冲撞，或是在学生处于将要被汽车碾轧的危急时刻，都有身旁的教师奋不顾身地保护，有的教师献出自己的双腿，有的甚至献出自己的生命。

为了正在成长中的学生，教师要担当的责任——在日常学习生活中培育这种意识，并逐步发展为自己的自觉行动。这种教育情感也是推动教师终生从教的内在动力之一，它属于一种高尚的教育专业点的理智感。林崇德教授在谈到自己的教学风格时说："我的风格就是有激情。"的确，我在北京师范大学 30 多年间听过林先生不同内容的课程与讲座，始终不变的就是他那很有底气、充满教育感情的精气神——对教育事业热爱的情感的外化。正是在这种情感的推动下，教师才能坚持在平凡的教育岗位上为培养下一代而奋斗终生。

⼆　教师情感效能的转化与情绪调节

有一位教师新接受了一个班的教学任务，虽然教材难度较大，但教师备课认真，了解学生深入，讲课非常出色。下课时很多学生依依不舍，不愿离去，有的学生给教师鼓掌表示赞许。对此，教师心情十分愉快，这是自然的。但是在这种愉快心情支配下，这位教师产生了松劲、麻痹的不良情绪，后来一节比较容易的课程却教学效果不佳，前后对比判若两个教师的课堂。连学生也惋惜地说："上次课讲得多好，这节课不知为什么老师不行了？"

那么，愉快的教育情感是怎样变成消极的呢？紧张教学或工作后的愉快情感是一种兴奋剂，也是一种"松弛剂"，后者使教师处于身心缓解状态，这种在教学或工作后的缓解如果仍处于教师的有意识控制下，就会在暂时的情绪缓解之后，重新恢复原有的情感力量甚至还有所增强（当然不是超强），从而表现为积极性情感；反之，如果这种情绪的缓解导致有意识控制的瓦解，就会由积极的情感状态转变为消极的情感状态。

不愉快的情感是由伤害性的刺激物引起的，这种刺激物首先引起机体的防御反应，在防御反应时，机体发生一系列的应激性的生理变化（内分泌增强、血液循环加速等），随着这些生理变化而来的是情绪力量的增加。在这种情况下，教师如能有意识地加以控制，这种被防御性反应动员起来的情绪力量，就会由消极的性质转化为积极的性质，因愤怒使教师变得意志更坚强了，因悔恨使教师变得头脑更清醒、思维更敏锐、注意力更集中了。平时人们常说的"坏事变好事"，就是指人们自主地转化消极情感使其成为积极行动的内部力量。在心理学的研究中，把由消极情感向积极方面转化的事实称为情感的升华。转化的关键在于能否完成对情感的自我控制，失去这种控制，就会导致行动的瘫痪，或使人的本真行动目标淡化或迷失，甚至走向消极方向，由此产生的愤恨、悲伤等情感只能是消极的。

升华进取法（心理升华法）（训练 4-1）

心理升华现象的发生必须以升华者认知结构的改变为前提。在受到挫折后，人们要在认知上重新解释挫折或困难的意义，不仅要充分认识运动挫折的不利方面，而且要看到自身存在着克服困难、战胜挫折、利用挫折进行锻炼的条件，还需要从外部对挫折者给予支持，使其获得对抗挫折的力量。当运动员在心理升华训练中取得某些积极效果时，要使他们有意识地认识这些效果，使其成为鼓励性反馈信息。

升华转化，就是发掘调动思想中的积极情绪，抵制和克服消极情绪，将痛苦、烦恼、忧愁等消极情绪升华转化为积极有益的行动。

也许令人难以想象，2016 年四川第二届"书香之家"特别大奖的获得者，竟然是一位自称"没有知识"的山区拾荒老农，他的名字就叫陈光伟。的确，他没有多少知识，初中没毕业，没有满腹经纶，但他爱书如痴，隐于乡间，30 年如一日，拾荒购书，居然藏书 5 万册，捐书千册，用他的手拾回的是一座知识的宝库。因此，在四川第二届"书香之家"评选中，他才更引人注目，备受尊敬。然而，陈光伟老人最可敬之处，却不在倾其一生，拾荒藏书。他无偿捐赠给四川省图书馆的千余册线装书，大多为清中晚期刻本，涉及经、史、子、集诸类，都是比较珍贵的文献资料，对研究地方刻书历史具有重要的保存及研究价值。有人出 300 万元高价，想买走他所有的藏书。300 万元对于一个拾荒者来说绝对是巨额财富了，但他丝毫不为之动心。

陈光伟说，"我自己没有知识，对知识一直很渴求。而且，我们生活在一个文化历史悠久的国家，我们有博大精深的文化遗产。"他还表示，"我的愿望是，希望能办一个图书馆，让更多人看到我的藏书，能代代相传下去。"这是陈光伟老人对书的价值最朴实的认识，也是对祖国文化历史最深刻的理解和责任。

是什么激活了陈光伟心中实现理想的渴望？原来他这样做源于 20 世纪 90 年代的前后几年间，父母亲、妻子先后因病离世，带给陈光伟的是孤独、无助的沉重的精神打击，他吃不下饭，睡不着觉，体重骤减，一度险些失去活下去的勇气。他曾被诊断神经官能症（抑郁状态）。在悲伤、痛苦挣扎中，陈光伟想到自己苦难的前半生，家庭的境遇让他渴望读书的愿望未能实现，他只读到初中且没有毕业，亲人又纷纷过早离开自己，这一辈子太苦自己了。无奈中，对知识的渴望激发了他活下去的勇气，自那以后，他用 20 年的时间，用每天拾荒的方式，集腋成裘，拾回了 5 万册图书，办了个图书馆，供孩子或其他有需要的人免费借阅。

高尔基说过："书是人类进步的阶梯。"莎士比亚则讲："生活里没有书籍，就好像没有阳光；智慧里没有书籍，就好像鸟儿没有翅膀。"书在人类的文明史上发挥着不可替代的作用。读大师名言，更能让我们理解老人藏书的良苦用心，真的是万金不换。陈光伟是中央文明办 2017 年评选的"中国好人"之一，也成为我在写作中渴望找到升华法的最佳事例。当年陈光伟多位亲人短时间的相继离世对他来说是重大的人生丧失，险些打垮这位不幸的农民。但他绝处逢生，不仅用拾书藏书的方式救赎了自己，也实现了自己的理想。

书是民族文化无价之宝。愿我们的社会有更多的像陈光伟老人一样的爱书者，读书者，书香中国才会真正书香四溢。

三 应激与教师情感表达训练

（一）什么是应激

古阿拉伯学者阿维森纳，曾把一胎所生的两只羊羔置于不同的外界环境中生活：一只小羊羔随羊群在水草地里快乐地生活；而在另一只羊羔旁拴了一只狼，它总是看到自己面前那只野兽的威胁，在极度惊恐的状态下，根本吃不下东西，不久就因恐慌而死去。

这个动物实验告诉我们：小羊每天生活在恐慌之中，处于应激状态。长时间的应激状况下恐惧、焦虑、抑郁、嫉妒、敌意、冲动等负面情绪会持续，长期被这些破坏性的情绪困扰就会导致身心疾病的发生。

对应激这个词，中文有不同的翻译，如心理紧张、心理压力，根据全国科学技术名词审定委员会的规定，正式翻译为应激。

应激（stress）是一个很普遍的现象。一般多指广义的身心机能状态的剧烈变化，这里专指在危机时引起的情感状态变化。

当外界环境出现危险信息时，有机体处于紧急动员状态，内腔器官发生一系列的变化。由于大脑接受强烈刺激，信息传至下丘脑，分泌促肾上腺激素释放因子（CRF），然后又激发脑垂体分泌促肾上腺因子皮质激素，使身体处于充分动员的状态，心率、血压、体温、肌肉紧张度、代谢水平等都发生显著变化，从而增加机体活动力量，以应付紧急情况。应激时在心理活动方面则表现为注意力集中、思维敏捷、意志果断和情感的充沛等。

应激状态可以是积极的，也可以是消极的。在十分紧急的状态下，由于强烈的身心力量的迸发，可使机体免受伤害，超限完成平时难以完成的艰巨任务，也可能因身心力量过度紧张，出现无能为力的瘫痪现象，连平时很容易做到的事情也毫无办法。更有甚者，由于应激能力的匮乏，机体消耗过大，导致生命危机。例如，在强烈地震发生时，有人迅速做出躲避的应激反应，不仅自身免遭伤害，而且救出他人，但也有人临危失去反应能力，不幸罹难。在当代生活变化迅速的社会里，研究并培养人的应激能力具有特殊且重大的意义。

（二）教师的情感应激特点

一个人在生活中对自己的认识与评价和本人的实际情况越符合，他的社会适应能力就越强，越能把压力变成动力。让我们来了解一下教师的应激特点。

1. 应激的表现形态

教师的情感应激一般表现为不愉快的形态，即在突发事件发生时伴有的强烈恐惧、愤慨或悲痛的情感状态。因为应激是个体在面对紧急而危险事物时的反应，只有产生危机感才能动员自身的应变力量，所以确定应激情感多表现为以不愉快的形态为主导，但有时也表现为愉快的形态，如得大奖时的欣喜若狂。

2. 应激的性质

教师的情感应激的性质是指它所起的是增力性质还是减力性质。有些教师在难以预料的情景下，情感的应激表现为增力性，即动作迅速，头脑清醒，意志顽强等。有一位教师在一场校舍倒塌事故中迸发出了巨大的应激力量，不仅自己从倒塌的房屋中挣扎出来，而且组织学生抢险，使全班学生化险为夷。而另一个教师则在危难中，目瞪口呆，手足无措，自身处于休克状态，全班同学由于缺乏组织者造成很大的损失。由此可见，以不愉快、恐惧为主导的情感应激形态，所导致的结果可能截然不同，关键是在应激发生后，教师是否能够加以自我控制，使其发生增力作用，减少消极作用。

一般认为愉快的情感应激形式总是积极性质的，但事实上也不尽然。 有些情感的应激状态尽管表现为愉快、高兴、狂喜等形式，但是当其情感的强度超过控制能力时，就会产生乐极生悲、惹人肇事等行为。 在这种情况下，教师积极的应激形式也会产生消极作用。 例如，一位老教师的儿子从军多年未归，来自多方面的消息是其凶多吉少。 这位教师忍痛坚持教育工作，以儿子的牺牲为动力做出了卓越的成绩。 然而突然一天，儿子来到她面前，使之狂喜失控，在一阵大笑之后全身瘫痪，一连持续几天不能正常工作，亦不能进食睡眠。 原来，在喜出望外的意外刺激下，大脑中枢引起的兴奋扩散促使机体代谢加快，达到超强程度，人的认知水平下降，注意力分散，自然会影响工作效果。 对于教师来讲，他们应当注意不使情感应激水平超强，无论是不愉快形态的应激还是愉快形态的应激均应如此。

(三)教师情感应激的分类

李建周对此研究认为，教师情感的应激事件主要来自三个方面：一是来自学生方面，二是来自教学方面，三是来自个人方面。 在这三个方面，由于事件的性质和特点不完全相同，教师的情感应激状态表现出不同的特点。

1. 学生事件的应激

来自学生方面的情感应激事件有两种：一种是人身伤害或疾病，另一种则是心理异常。 对于前者，教师一般比较重视，在突发性事件发生后能够调动自身力量，果断采取措施，对学生进行善后处理或抢救。 这是一种带有惊恐情感色彩的积极性质的应激表现，是绝大多数教师的情感应激的主导方向，它可以保证学生在难以预料的事故发生时，最大限度地减少损失。 但也不排除有个别教师临危过度紧张，心理水平降低，手足失措，延误对事故的处理时间，使损失扩大。 学校对此类事件要具有充分的心理准备和防范、培训等措施。 值得提及的是，有些学校和教师对此类应激事件存在恐惧心理，为了避免出事故，宁可不组织学生旅行、体育比赛和化学实验等活动，这无疑是因噎废食，会使学生失去正常的集体学习和锻炼机会。

对学生中出现的心理异常事件，一般教师比较麻痹，没有像对待身体伤害性事故那样敏感。 原因在于，对学生的内心伤害刺激源有些是无形的，如别人无意中的一两句话、一个鲜为人知的信息等。 这些刺激虽然导致学生在心理上某些异常变化，但其整个心理结构暂时尚未发生巨变，在行为上也还处于某种隐蔽性的表现阶段。 教师对这类情况的应激往往缺乏心理准备，不能防微杜渐，提前进行必要的心理疏导。 心理危机一旦爆发，教师则处于情感应激的消极被动状态。

一个学生因打架受到不公正的处罚，其内心存有报复动机，由于他表面行为尚无异常，教师便习以为常，失去警惕，当该学生负面情绪的堆积、冲动再次激发时，教师毫无应激准备，不仅伤害了他人，也使行凶学生精神崩溃，长期处于医疗监护状态。当然也有不少教师善于对学生发生的心理异常事件进行应激处理。仔细分析对处理此类事件的成败经验，人们不难发现，教师情感应激特点是不同的。

第一，对于来自学生方面的身体伤害事故的应激，教师的情感可以直接向外表露，这既可以增加自身的应激水平和速度，又可以通过外露表情动员在场学生和其他人员共同采取应激措施。教师的临场情感显露越强烈，越能感染和动员他人。在这种意义上，我们肯定，教师的应激外显特征是预报危机和组织集体力量的无声信息，这种无言有形的表情动作，有时比言语的呼唤更有作用。在一次旅行翻车事故中，一个学生被压在车下，焦急而果断的教师从车下向脱险的学生一挥手，几十个学生上百只手一起用力竟把车抬起来，救出了被压的学生。事后一个学生说：当时我们顾不得想什么，只见老师一摆手就像是得到了无声的命令，用出了我们的最大力量。

对于学生的心理事件的情感应激，教师的情感力量一般不显露于外部而是表现为内心力量的激发上。心理应激需要采取机智的有时是较隐蔽的应激手段，若此时大呼小叫，慌乱言行外显，就会无助于对心理事件的应激。例如，一个学生由于同伴不负责地议论男女生正常接触的问题，形成心理负担，长期积累下来已到一触即发的程度，如果教师当众点明此事，表面上看是公开批评了议论者，然而由于当事学生缺乏心理准备，教师简单的外显情感应激会起到催化剂的作用，使学生的心理矛盾更加激化，酿成出走、轻生或伤残等悲剧。

为什么教师的行为与其原发的动机相反了呢？教师的动机是好的，是为了减轻学生的心理负担，但他采用的方式是不当的，他把当事学生不愿述之于外的内心痛苦公布于众，在这种情况下教师的所谓善意却在无形中起了渲染、刺激作用，使在场的学生由于好奇更加议论纷纷，给当事学生造成更大的心理压力。正确的应激处置应当是在尊重学生的原则下"外松内紧"，即以外静而内动的表情形态，从内心激发心智潜力，提高应变能力，提出有策略的应激措施。为此要求教师以其强烈情感的内化作为控制其言行的力量，采取不露声色而又急速地谋划处理危机的心理策略。只有这样才有可能引导学生疏通心理症结。

第二，对于来自学生的心理事件应采取不同于对身体伤害事故的手段。对于外伤事件，一般可采用医疗、救护或经济善后等有形应激手段。这些手段可以是公开进行的，当事人有目共睹，教师若处理恰当可以起到安全教育的作用。 因为人身伤害在外，宜于有形的应激处理，以免事态扩大。 而心理性应激危机，不能勉强公开处理，应当采取心理干预。 心理应激手段具有隐形而迂回的信息特征，通过当事者的感官在内心深处进行诱导、疏通，其作用大于有形手段。

写到这里，我不由地记起刚刚走上心理热线工作头几年亲历的一件"早恋"事件。 下午有体育课，因此老师要求学生穿球鞋，因家离校较远，八年级的女生小薇，便约几个没带鞋的同学中午一起去买鞋。 最终如约去买鞋时只剩小薇和一个男生了。 购鞋回到学校，校门已关闭，他们只好在校门口附近坐等。 下午课间，班上就传出"咱班男女生在校门口花园约会"的描述。 小薇听到"添油加醋"的传言没往心里去，只管津津有味地看自己喜欢的课外书。 第二天，班主任在班会上讲道："听说班上有人在外面约会，我可不容许一块臭肉，搅坏我们的班风。"同学们面面相觑。 小薇觉得老师"捕风捉影"的事与自己无关，哪儿有自己的书有趣。

周末有家长会，小薇父母因出差在外未出席。

星期一一早，小薇在教室外遇到班上的好友晓碧，刚要上前打个招呼，对方却神秘地用手指竖立在唇前一嘘，手指一横，指向旁边的方向。 彼此会意地来到女卫生间。"什么事让你神神秘秘、鬼鬼祟祟的，快说。"面对小薇的疑惑，晓碧悄悄地道出原委。 家长会上，老师告诉晓碧的妈妈，小薇早恋，让晓碧与其保持距离，别被带坏。 小薇如五雷轰顶，原来最近班上传言都是起因于自己的"球鞋风波"。 两人悄悄地议论着，老师说的坏女孩最坏是什么样的？"抽烟、喝酒，与男孩子鬼混呗。""好，既然老师已经给我贴上标签，那我就给她真演一场。"就这样，小薇从此真的开始学抽烟喝酒，让男生为自己打架等。可当夜幕降临，小薇在灯下又痛苦不已，常常对着镜子抽自己的嘴巴。"老师道听途说，在班上空穴来风的几句话，你就这样糟践自己，值吗？"处于委屈、悲伤中的小薇甚至用刀子割手腕，想用死证明自己的清白。 所幸小薇的恸哭惊醒了家人。 就医抢救后搬家、转学才使小薇找回了自己。

小薇的故事到此并没有结束。 升入高中，小薇学习进步，文艺才华崭露头角。 正当她顺风顺水，准备参选校学生会文艺部部长时，一位同学无意中知道小薇在八年级时就读的学校，便问小薇认不认识一个人，那正是小薇不堪回首的记忆中的同学。"现在的同学认识他，我所有的过往都可能被'揭发'。""如果同学们都知道了会怎样？""你曾经是那样的人，还在这里充好人，竞争学生会部长。""最重要的，若是现在的班主任知道了，会不会也来一场……"小薇不敢再继续想下去了。 由于害怕、担心，对未来的焦虑、恐惧，小薇病倒了。在病床上她过电影似的回忆了八年级时的一个个不眠之夜。 心在隐隐作痛，难道老天真要绝我？ 一夜的辗转反侧，小薇几次爬起来，这次不是找刀子，而是想起来开学时学校分发的一张绿色小卡片，正面是空白课程表，背面是一个学生心理热线的电话号码和地址。 也许这个机构可以帮助我。"4015043 中小学生电话帮助你"电话拨通，还真有人应答，只是小薇没敢讲真故事，核对了一下地址就挂断了电话。 在接下来的几天，夜深人静，球鞋风波又被唤起时，小薇就用笔记下那些记忆片段。 经过几天晚上，小薇痛快淋漓地写满 6 页信纸。 真发出去吗？ 写真名吗？ 用这么多时间写下来，不就希望得到帮助吗？ 这封求助信就算是给自己的一个机会。

几天后，这封文笔流畅、字迹成熟的求助信就落在了"4015043 中小学生电话帮助你"热线的第一批志愿者手中！

有志愿者说："这洋洋洒洒 6 页纸，文笔流畅得像范文，不是考问我们咨询员的试卷吧？"

"在咨询电话里编故事，想要支招的案例够多的了。"

"这落款是真校名、真姓名吗？ 是'逗你玩'的游戏，还是不要轻信！"

"要是真的呢，没有人回应，她会在再次失望中绝望！"

"回信也不妥，被别人拆看了更是帮倒忙。"

怎么办？

我急中生智，想了个办法，乔装打扮，深入学校，一探究竟。

就这样，第二天中午，11 点 40 分，我在忐忑中，站在了信里所写的中学校传达室门口。 我顺利地找到高一（2）班教室。 当下课铃声响起时，我感觉自己既紧张，又兴奋，好似在执行一次"地下工作者"的重任。

最先走出教室的是个男生，我上前问："请问，小薇在吗？"男生打量一下我，又似回想了一下，说："来了，我去叫。"

"小薇，外边有人找！"听着呼唤声，我深深地换了一口气。 心里踏实了一些。 幸好这位男生帮忙。 要真是小薇第一个出现我也不认识呀，再和其他人一起出现，就太尴尬了。 我正想着，真的一下子从教室里同时走出来三四个女生，我愣住了，哪个是小薇呀？

只见其中一个女生左顾右盼地张望。 我心想，应该是她。

就这样，我与小薇第一次见了面。 她非常感激，感到自己被重视，同时也主动讲了自己的近况。 还好，她担心的事情并没有发生。 但谈起夜晚的害怕、恐惧，小薇还是心有余悸。 她愿意继续咨询。

就这样，经过多次电话咨询和面谈，小薇度过了高一开学初的坎坷。 几年后，我意外地接到一个电话，说是一定要找 20 号咨询员。 当我拿起电话时，听到的竟然是小薇的声音："告诉您一个好消息，我考上心仪的大学的中文系了。"我由衷地为小薇高兴。"我知道在心理咨询中有保密原则，也知道您有机会接触到中小学教师，我有一个请求，请您有机会把我的故事，讲给天下所有老师听，告诉他们不要主观武断地给学生轻易扣上'早恋'的帽子，从学生信任的老师那里甩出帽子是会压死人的。请帮助更多的老师学习一点心理学，多一点对学生情感的理解和信任！"

我与小薇的这次通话内容，渐渐变成我后来深入中小学校做教师心理培训的一个初衷：让更多的教师学习一点心理学，多一点对学生情感的理解和信任！

学生心理发展中的问题不能简单运用"外科"手术治疗般的方法。要了解他们的特点和内心感受，与学生沟通交流，不能凭主观臆断，而忘了我们教育的初衷，我们是协助学生健康成长而不是让他们永远背负着沉重的包袱爬行。

第三，对来自学生心理事件的情感应激应当针对个体特点采用不同的方法。各级学校班主任、辅导员可能由于各自专业背景不同，对学生心理辅导能力有限。面对学生心理事件，教师的工作重点为：关注学生当前的睡眠、饮食情况的变化；寻找学生人际关系的资源，如当事人可以信赖的同学、朋友、家庭人员等；了解学生对自己生活、生命意义的感受；必要时请心理咨询或精神卫生专业人员协助评估当前学生的精神状况。

2. 教学事件的应激

在教学工作中，有不少情景需要教师的情感应激。例如，观摩教学、教学实验事故、组织学生参观、旅行事故应激等。这些应激事件一般不涉及上述学生个体身心伤害方面，只限于教学工作损失。例如，在教师进行公开观摩教学时，听众不仅有原班学生，还有教师、领导、来宾等。在这样的场合中进行教学，教师需要具有非寻常状态的情感应激能力，否则就会应激失利而导致教学失败。有一个学校的校长，为了组织好一次观摩教学，事先就让教师进行了试讲并用录像机现场录像。试讲的结果令在场听课的人（领导、教师、学生）欢欣鼓舞，都认为这是一堂成功的课。但是这名教师在正式观摩教学时讲得不理想：面对几十个学生和领导、来宾，讲课的教师临场紧张过度，说话声音变调，出现口吃，板书动作僵硬，口误笔误不断，甚至讲乱了教材系统，连平时十分熟悉的学生也不敢正视。与试讲相比，简直判若两人。最后还是机智的校长提议让大家看一遍那位教师的试讲录像带，然后再开评议会。观看录像的来宾似乎不相信自己的眼睛，他们一边看一边议论，这是那位教师上的课吗？太好了！但为什么正式观摩课又这般紧张呢？很明显，观摩教学失败的原因绝不是教师业务水平低，而是缺少教学的情感应激能力。只有具备这种能力，才能控制情感过度紧张状态，使各种心理因素（思维、记忆、注意等）处于最佳配合状态，才能对课堂上可能出现的突发事件做好心理准备。

有一位教师上一堂实验演示课，听课的人很多，然而由于教师经过临场性情感应激训练，因而毫不怯场。 教师有条不紊地讲课和举止恰当的教态，使在场的其他教师、领导都感到会是一堂成功的观摩课。 然而考验教师的应激水平的事件突然发生了：在实验演示过程中仪器出了故障，操作仪器的学生手足无措，呆望着教师。 教室里的气氛变得十分紧张，近百双眼睛注视着上课教师的一举一动。讲课的教师若有所思地沉默了一下，然后慢慢地抬头面对学生，从容地说："这个实验应该出怎样的结果呢？"一个学生给出了正确回答。 "现在为什么实验不出预定的结果呢？"学生们小声议论而无人举手回答。 接着教师又继续提问："是仪器出了故障？""故障在哪里？"……教师和学生一问一答，平静了学生紧张的心理情绪。 然后师生仍是边问边答地检查仪器，并且让学生拿来备用零件，修好了仪器。 排除故障的时间只用了10分钟。 在演示课接近结束时，教师除了对这次课进行理论分析之外，还指出：进行实验操作不仅仅要学会物理原理和使用现成仪器的技能，而且要学会修理仪器的技能。 几句话使在座的师生都认识到排除实验中出现的故障也是实验课教学的一个重要任务。 这次演示课的成功，是教师遇事不慌，具有临场情感应激能力的结果。

人在受挫后，一定会有情绪性反应。 如图4-1所示。

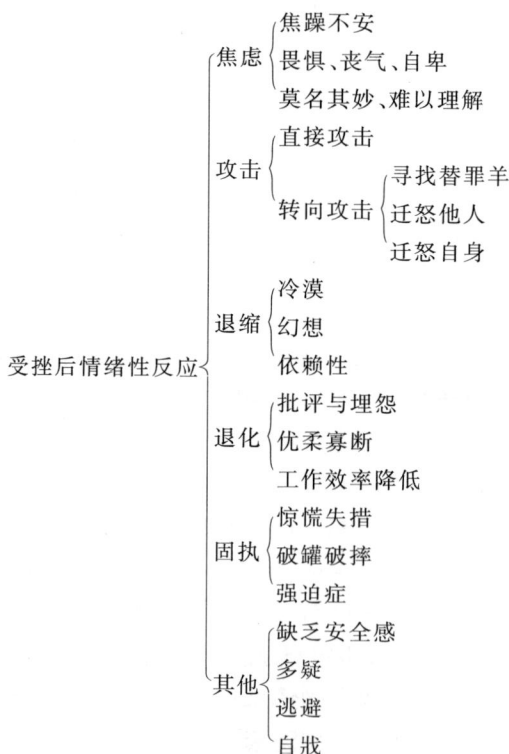

受挫后情绪性反应
- 焦虑
  - 焦躁不安
  - 畏惧、丧气、自卑
  - 莫名其妙、难以理解
- 攻击
  - 直接攻击
  - 转向攻击
    - 寻找替罪羊
    - 迁怒他人
    - 迁怒自身
- 退缩
  - 冷漠
  - 幻想
  - 依赖性
- 退化
  - 批评与埋怨
  - 优柔寡断
  - 工作效率降低
- 固执
  - 惊慌失措
  - 破罐破摔
  - 强迫症
- 其他
  - 缺乏安全感
  - 多疑
  - 逃避
  - 自戕

图4-1 受挫后情绪性反应图示

　　应对应激，教师要学习接纳自己的情绪反应，不让负性情绪持久地影响自己的理性思维。

3. 个人事件的应激

　　教师个人事件的情感应激，是指教师个体的身体和心理伤害事件的情感应激。没有对此类事件的应激能力，就会妨碍教师对学生和教学应激事件的处理。教师这种职业要求教师应有不同于一般人的应激形式。

　　第一，教师的个体情感应激应以心理应激为主，以有形动作应激为辅。

　　第二，教师的个体情感应激，应多以有意自控的方式进行，尽量减少无意自发的应激举动。

　　第三，教师个体情感应激效应的考虑，应不限于教师个体，还要考虑相关的学生群体。

　　应激对教师个体与学生群体的身心效应，是制约其情感应激形式的内在因素，不同于其他人的应激特点正是由此引发出来的。教师在情感应激过程中，不能单从个体受损失或获益去衡量应激的成败，因为他们的个体应激成败往往寓于对学生群体的教育之中。例如，教师突然得知亲人病故的消息时，如从个体应激效应来看，在闻讯后抱头痛哭有利于悲伤情绪的宣泄，而采用封闭式不露声色地抑制内心悲伤，则不利于教师个体身心健康，因为心理卫生学的研究指出，对于内心痛苦的宣泄最能消除痛苦。然而教师马上面对正在听课的学生群体，则不宜采取开放式应激方式，只能采用封闭式。从教师个人情感来讲，自身的日常修养，情绪的控制与调节方法的多样性，就显得尤为必要，如转移法，升华法等。我个人的情感经历：2014 年 10 月的一天清晨，我乘出租车奔赴首都机场准备去教育部直属院校的一个辅导员培训基地授课。我在刚上车不久就接到家人的电话，得知再有 1 个月就满 96 岁的婆婆去世了，虽然我有心理准备，但没有想到是在我要远离北京去千里之外的当天，而且是两天的课程。我马上让司机师傅调转车头去医院。在早间拥堵的高速公路上，我们很难找出口调头，而且一定会误机，要改签，还可能没有其他航班可乘，会延误讲课。我当时泪水止不住地流，婆婆是获得过北京市劳动模范奖章的小学退休教师，我与婆婆相处了 30 年，她有着丰富的毕业班教学经验和人生阅历，有着自己的个性，好干净、整洁，对我宽容。经常的交流让老人在晚年把我当作可以知心交心的人。我怎能不见老人家最后一面？车子继续前行，家人通过电话劝说我：那么多学员，无人可替代，继续去机场吧。

　　最终车子没有调头，我含泪登上了南行的飞机。在上课前，我知道当天上午是给老人送行的时刻，我登上附近公园的高处，遥望北京的方向，默念着婆婆对我的恩情，我为老人三鞠躬。之后，我平静地走下山，走进辅导员培训的课堂。我知道婆婆也一定会支持我，原谅我，我把她的爱也注入我对教育工作的热爱中。

当然，其他人的情感应激也经常处于和周围人相互关联的群体关系之中，其应激形式也会对周围人产生这样或者那样的影响，然而这种影响不像教师对学生的影响那样是教育性的，两者的影响性质是不同的。接纳应激情绪的出现，才有内在空间处理情绪，才能理性面对当前的事件。

自我情绪描述（训练 4-2）

1. 当时_____，我会很生气；

2. 当我生气时，我常常会有_____感受；

3. 当我生气时，我常常会做_____来平息内心的怒火；

4. 我是一个在情绪上_____的人。

我在训练课堂上，让小组分享自己的填空内容。之后，在大组分享小组里的发现，如什么时候生气：常常是，自己的好意不被理解，被曲解，被误会，并被欺骗，被操纵；自己的好心、美好的心愿不被理解。生气的背后是碰触到深层次的自我：自尊、渴望、期待、信念、自我价值。在这里用萨提亚的个人内在冰山图更形象地呈现，如图 4-2。

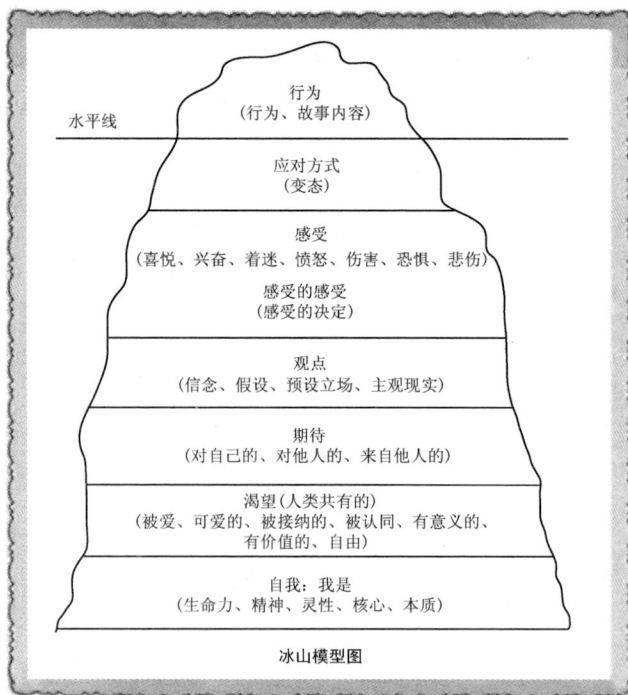

图 4-2　个人内在冰山图

当我生气时，我常常会有_____感受。常常回应的有：心悸、脸热、手发抖、头痛、腿软、想上厕所、声音颤抖、口吃、想骂人、目瞪口呆、难过、伤心等。

当我生气时，我常常会做_____来平息内心的怒火。分享的内容有：骂人、吃东西、购物、找朋友倾诉、做运动、写日记、砸东西、听音乐、撕纸、摔门、生闷气、找人打架，有时会写满一块黑板。

表 4-1　不同性质的选择

适当选择	中性选择	不当选择
听音乐	吃东西	骂　人
运　动	购　物	找人打架
写日记	撕　纸	摔　门
找朋友倾诉	喝　水	生闷气
做深呼吸		以牙还牙
哭		砸东西

这些方法没有绝对的对或错，好与坏，但有些方法比较恰当，对自己对他人没有伤害，如表 4-1 所示。有些方法对自己对他人可能会带来不利的影响，如找人打架、以牙还牙、生闷气等。有些方法是在一定条件下才适度，如购物需要钱做基础，吃东西过量对人身体会有伤害等。做运动既可以锻炼身体，又可以在运动中激发大脑快乐情绪因子的增长，从而达到调节情绪的目的。饮水对人有减压作用，教师在找学生谈话时，若能先为学生递上一杯水，可以令学生缓解身心的紧张感。

(四)教师情感心理训练方法

在对人的心理现象进行专门性训练中，没有任何一种心理现象像情感一样难以控制，因而更需要进行训练。情感和情绪是人的内心世界的晴雨表，通过人的表情可以看到内心。正因为情感和情绪如此灵敏地表达各种心理状态，故在心理学中，把情感和情绪的心理训练放在突出的地位上，对其训练的方法多种多样，主要方法有以下几种。

1. 教师情绪脱敏训练

"脱敏"顾名思义，就是摆脱敏感状态。这种敏感状态，起源于对某事或某人的一种情绪厌烦的反应。例如，一个教师对某一个调皮的学生产生情绪过敏反应，一见那个学生就心烦意乱，气不打一处来，因而对该学生总是粗声粗气，很少冷静对待。这是一种典型的教育情绪过敏的表现。

李建周总结教师的情绪过敏反应具有三个特点：

第一，过敏的情景性。情绪过敏属于原始的低级情感状态。它和机体的生物反应类似，如人对某种药物过敏的皮肤反应，对某种颜色、形状的恐怖反应。"一朝被蛇咬，十年怕井绳"正是这种过敏反应的概括。这种反应具有明显的情景性，是一种自发的触景生情的产物。只要脱离引发的情景，其过敏反应就会消失，但是再次重复原来的情景时又会自发地复生。心理学称这种情绪状态为"自发过敏"。

第二，过敏的超强性。教师的情绪过敏反应的第二个特征是其强度超过需要。本来学生对教师提出一个问题，教师完全可以心平气和地回答，他却发脾气，言词激烈地质问学生："你是从哪里找来的问题，想难我？"不服气的学生也不示弱，回敬老师："你是老师，不问你问谁？"本来是一件极平常的事情，但教师的情绪反应超过了教育工作的需要，因而扰乱了自己的心理平衡，进而影响了教育、教学工作。

第三，过敏的消极性。过敏的超强反应还只是说明教师的情绪正在发生量变，而过敏情绪所伴有的烦躁色彩则表明过敏反应的消极性质。这种消极情绪直接影响教师的心理状态，间接影响学生的心理状态和学习效果。

由于教师情绪过敏反应的上述特点，心理学研究认为不能采取讲道理、说明利害的办法解决教师的情绪过敏，因为过敏者事后也明知其害，只是苦于无法抑制，因而必须采用专门性的情绪脱敏方法。对于教师的情绪过敏反应，在国内外多采用系统脱敏方法。

系统脱敏训练法（训练 4-3）

系统脱敏训练法又称交互抑制法，是沃尔普于 1958 年首次提出，属于行为治疗的一项基本技术。沃尔普认为人的焦虑情绪与肌肉放松相互抑制，即这两种状态相互制约，一种状态出现，另一种状态就会被减弱。系统脱敏训练法正是根据这个原理，让来访者在治疗师的协助下，在放松训练的基础上，循序渐进地接近和暴露在导致其焦虑的环境之中，让来访者学会某种肌肉放松技术来对抗焦虑情绪，从而使恐惧或紧张反应逐渐减弱，直至最后基本消失，完全消除对恐惧对象的异常敏感性。

采用系统脱敏法克服社交恐惧的关键五步骤：

第一步，认清引起恐惧或紧张反应的具体刺激情境，是某种具体的场合还是某个特定的对象。

第二步，将以上各种情境按照程度轻重，由弱到强排出恐惧等级或紧张等级。

第三步，按照放松训练的方法，将身体主要部位进行放松，如颈、肩、臂、胸、大腿、小腿等富有肌肉容易带来肌紧张的部位。

第四步，按照恐惧等级或紧张等级，由弱到强地想象或具体呈现引起紧张反应的刺激情境。

第五步，在由弱到强的紧张反应出现时进行身体放松，以松弛对抗紧张，最终使松弛反应彻底抑制紧张反应，达到去敏感性的目的。

系统脱敏有几个重要的关键环节。首先，每次脱敏的数量不宜过多。一般每天进行1~2次脱敏训练，每次所涉及的紧张等级控制在3个以内，这样才能达到循序渐进的目的。其次，要做到全身主要部位完全放松之后，再转入下一个紧张等级的刺激情境。其中需要占用一些时间进行身体放松，不要过于急切地跨越紧张等级。再次，刺激情境的紧张等级划分十分重要，既要分出等级，也不要划分得太细，使等级过多，在自我训练时一般控制在8~10个等级以内为宜。比如，对上台演讲的恐惧，可以从"听到自己要承担演讲任务"开始，一直到"站在讲台上准备讲第一段话"，中间为由弱到强的不同情境。可以完全是想象的情境，也可以部分是实际呈现过的情境。见表4-2，请每次根据自己的实际情况填写。最后，在每次新的脱敏进行之前，一定要先做一遍放松训练。只有在全身都处于松弛的状态之下，才可进行脱敏过程，否则起不到脱敏作用。

表 4-2　焦虑程度等级表

刺激引起焦虑等级	不同焦虑等级对应的事件	躯体反应
①	我听到自己要承担演讲任务时	
②		
③		
④		
⑤		
⑥		
⑦		
⑧	我站在讲台上准备讲第一段话	

2. 教师情感的对比训练

情感对比是消除教师临场情绪过敏的方法，即用积极性的情感消除消极的过敏情绪反应。这种方法不同于系统脱敏，后者着重解决过敏情绪太强的问题；而前者则解决情感性质的问题，即解决消极情感，如恐惧、悲观等。这种脱敏的方法属于有形心理训练，不是结合工作或生活的自然脱敏，而是在专门条件下进行情绪脱敏。

第一，让受情绪脱敏训练的教师处于清静、舒适的房间里，进行3~5分钟的放松训练（初学者需延长时间至10~15分钟）。放松手段主要是肌肉和骨关节韧带的松弛、呼吸减缓以及精神放松等。

第二，用言语暗示手段引导受训练者，有意想起紧张、恐惧的事物，使消极情绪产生并达到足够强度（以个体最大承受力为限）。

第三，待人为引起的消极情绪达到足够强度时，采取诱发积极性情感的手段，让受训练者想生活、工作中愉快、轻松的事例，同时做放松运动，使消极情绪被压制下去。

教师情感对比训练与系统脱敏训练不同，它不是单纯靠消极情绪的反复出现达到脱敏，而是靠有意引导出来的积极性情感排除消极情绪。人的情绪变为受意识支配后的高级形式，不再是低级自发的情绪状态。从情感对比训练的手段来看，它是依靠两类有形心理训练的手段完成的：其一是先用言语暗示引起消极性情绪产生（非暗示放松）；其二是用言语暗示回想愉快性事件，引起积极情感，同时采用放松手段。可见，此种训练自始至终是在有形的专门性手段控制下进行的，是有意识的专门训练，不是自然脱敏。例如，一位教师对某一个学生情绪过敏，一见到那个学生就心烦，表现为思维不清，注意力不集中，行为失控，甚至还伴有心跳加快、血压上升等生理过敏症状。对此，如果采用系统脱敏方法，就是让他强迫自己多去接触那个学生，在长期接触中自然消除情绪过敏反应；如果采用有形的情感对比训练，则是要教会该教师引发与控制情绪状态的具体手段，然后按上述手段和程序进行情感对比训练。采用情感对比方法进行脱敏训练，时间短、见效快，被训练者消耗精力较少，但其技术手段比较复杂，要求临场实验控制条件严密。一般要在专职人员辅助下进行专门性训练。

整个训练过程应注意下列事项：第一，进行训练前必须取得受训练者的同意，受训练者需愿意承担消极情绪冲击带来的心身不适反应；第二，在进行此种训练前必须先学会两类情感对比调节手段，尤其诱发与转换消极情绪的内心想象手段；第三，学会诱发消极性过敏情绪，是训练成功的关键，而此种诱发难度大，反应强烈，需要他人监护，最好采用生物反馈仪器监护；第四，选择训练时机，一般不宜在进餐前后或睡前，以免引起机体的消极反应；第五，在专门性的训练完全成功后，再移植到教学中应用，运用时切记只采用积极性情感消除消极情绪，不能人为地诱发消极情绪，以免消极情绪的失控。

（五）教师情感应激模拟训练

对教师情感应激的模拟心理训练，既不同于系统脱敏训练，也不同于情感对比训练。教师情感应激模拟训练是设计一种能引起临场情绪紧张的情景，让受训练者在此情景中诱导出消极性紧张情绪，然后再在模拟训练中采取放松等手段消除过度紧张的情绪状态。例如，让上课怯场的教师或师范生进行应激模拟训练，可事先有意安排他们在全体教师面前试讲，组织者故意增加临场紧张气氛，如有学生提问，有人录像，领导到场以及发公告通知全校等。这一切都是为了诱发出试讲人的过度紧张的情绪状态，然后由训练师采用类似情感对比的手段消除紧张情绪，从而获得情感应激能力。与系统脱敏、情感对比的心理训练方法相比，情感应激模拟训练具有下列特点：第一，情感应激训练是在人为的模拟情景中，让教师进行应激训练，它具有专门性有形心理训练的特点；第二，由于模拟的情景近似实际教育现场，因此教师能从中获得重复消除过度紧张情绪的机会，这近似于无形心理训练方法；第三，在情感应激模拟训练过程中，使用的心理调节手段，既有有形手段，又有无形手段，前者如放松手段，后者如自然重复消极情感等；第四，情感应激模拟训练，属于结合教学实际进行的综合性心理训练，训练结果不限于心理适应能力的提高，还可兼有训练专业能力的作用。

对教师的情感应激训练，可以广泛地应用于教师工作的各个环节，不限于课堂中的情感应激。例如，模拟处理学生紧急事件，模拟考试，模拟主持学术讨论会议，模拟组织运动会，模拟指导课外小组以及模拟学校领导职务等。在模拟训练中，关键是设置的情景逼真、条件严格、有一定难度，能足以引发教师消极性紧张情绪发生。为了使受训练的教师进入情感应激训练角色中，没有演习做戏的感觉，一般多采用单盲方法，即由主持训练的人，背着受训练教师进行情景设计和安排，然后作为一项工作布置给教师去完成，而且一次不成要多次进行。受训练的教师始终不知道自己在进行模拟心理训练，而以为是进行实际教育工作。

虚拟现实暴露疗法及虚拟现实技术（VR）训练法（训练 4-4）

虚拟现实暴露疗法是治疗恐惧症的新方法。与传统的暴露疗法相比，虚拟现实暴露疗法集合了实体暴露疗法和暴露疗法的优点，避免了二者的不足，具有灵活、高效、安全、可重复和易于操控的特点。研究者们利用数据头盔、双通道立体声耳机、追踪设备、感应器等给当事人呈现实时的计算机动画、双通道立体声和听觉刺激，使之沉浸在虚拟情景中，从而激发出当事人的恐惧情绪。在虚拟现实暴露治疗的过程中，治疗师根据当事人的情况使之逐步暴露在不同等级的刺激性情景中，经反复练习逐渐耐受并适应这些情景，最终克服不合理的恐惧。近年来大量实验研究表明：虚拟现实暴露疗法能有效地治愈恐惧症，在临床上具有良好的应用前景。

将虚拟现实技术应用于教师技能培训，通过参与式教学及训练，通过一堂虚拟的教学示范课让学生体验教师这一职业的基本特点，在虚拟教室场景中，学生可以体验教师的导入技能、讲解技能、提问技能、板书技能、变化技能、结束技能、课堂组织技能等基本能力，了解教师的整个教学过程以及教师需要具备的职业素质和职业能力，更好地明确自己的职业特点和职业倾向。

神奇的情绪树——情景训练（训练 4-5）

神奇的情绪树是使用一款电子产品进行的情景训练。以一种近似游戏的形式来训练用户的情绪调节能力。心情树的特点是通过"放松指数"值控制大树的生长。让大树由枯萎变得枝繁叶茂。用户通过调整自己的心理协调能力，达到控制自己的"放松指数"值。心情树主要是训练用户在产生积极情绪后将其保持下去的能力。在训练开始前，用户需要引导自己产生愉快的积极情绪，同时保持呼吸的平稳和身体的放松状态，并将这种状态作为主导自己的力量。因为只有一直保持着积极和愉快的情绪，原本枯萎的大树才能够逐渐生长，并渐渐枝繁叶茂，情景画面也会变得令人赏心悦目，丰富多彩。即使面对树枝枯萎、树叶下落的情况，用户依旧能够主动调整自己的状态，继续诱发出更加积极向上的情绪。树木在潜意识里代表着"生命力"，从一开始枯萎逐渐变得枝繁叶茂的大树也象征着新气象、新面貌，可以使用户感受到生命的力量。渴望再见自己的生命力就要重整旗鼓，再接再厉，再次调节情绪。

第五讲

教育唤醒智慧

——教师自信心、意志品质与训练

一 自信心是教师职业生涯的魂

常常看到那些名师站在讲台上，在从内到外的精气神中洋溢着自信。他们的自信来自哪里？ 总结优秀教师的成长，我认为，坚定的专业信仰应占第一位。

教师不是能够穷尽真理的人，但教师应是不断学习的人。 教师应努力为学生探索真理做示范，教师的学习态度和求索精神就是学生的榜样！

自信亦称自信心，是一个人相信自己的能力的心理状态，即相信自己有能力实现自己既定目标的心理倾向。 它是建立在对自己正确认知的基础上，对自己实力的正确估计和积极的肯定，是人的自我意识的重要部分，是心理健康的一种表现，是人成就学业、事业发展的有利心理条件。 自信心对于教师职业需要、个人生涯发展都是不可或缺的。 受学生喜欢的教师必定有一个充满自信的态度，这种态度影响着教师对学生的态度，支持着教师努力做好教育教学，让自己以更好的心态去面对学生。

教师若不够自信，怀疑自己的教学能力、教学方式和教学效果，就谈不上创新，就不能很好地安排教育教学活动，不能做到积极地影响学生。 教师积极培养自信方能在教学活动中更好的发挥自己的教学才能、教育机智，让教学活动良性循环。

(一)教师自信的源泉

1. 教师的自信来自坚定的专业信仰

选择教师这一职业，不仅是人的职业谋生之道，更是在广阔的教育领域里拥有一片属于自己的天地。 一个具有专业精神的教师，首先应该尊重的就是自己的专业，而这种尊重，甚至应该用专业信仰来概括，即相信科学的教育可以让人性变得更美好。 教师通过努力工作，传递教育理念、专业知识与技能让学生热爱生活，学会生活，尊重生命，活出自己的价值。 从这个意义上讲，教师并不是普通意义上的专业人员，因为教师最大的特点就是他们面对的是正在成长中的学生，要有爱心和爱的能力。 教师的专业功底是否稳固直接影响其教学与教育的成败，也直接影响所教学生的成长。 因此，教师的教育专业水平事关每个学生的未来。 而一个不尊重、不热爱自己专业的教师做不到尽力提高自己的专业水平，不能做到为每位学生的未来负责。 若教师本人满腹经纶，博古通今，才高八斗，学富五车，却只为饭碗而站在讲台上，不仅是他的个人命运的悲哀，更是他面前的学生的不幸。如果用简单的几个字来概括合格教师的专业信仰，那就是爱生敬业，爱与责任。

2. 教师自信来自阅读带来的丰厚学养

某名牌大学的毕业晚会上，德高望重的老教授向同学们提出了一个期望："希望你们毕业后，尽量能做到每年读一本书。"学生们听后都颇不以为然：教授似乎太小看我们了，一年何止读一本书呢？

十年后，这些学生开同学会，又请来了这位老教授。当老教授问他们：十年前我提出的要求你们都做到了没有时，绝大部分人都沉默了。走出校门之后，生活的奔波，工作的压力，导致这些昔日的名牌大学毕业生现在每年能读一本书的已经不多了。不可否认的是，在现在互联网普及、手机阅读信息的时代，很多老师，甚至语文老师也读书稀少，这已成普遍现象。

读书是为了什么？有人总结阅读的目的有几点。①为生命打底色，创造幸福人生。一个不读书的人可能生活得很简单很快乐，而一个不快乐的人，其不快乐的原因很可能是他还没有读到能够拯救他的书。②建构合理的知识体系，适应社会生活。要适应现代社会的发展，教师必须以自己专业为出发点，建构尽可能合理的知识体系，才能适应日趋变化的社会和教育的发展。③提高自身专业水平，做一个学习型的教师，才能满足在社会发展进程里学生对教师的需要。也可以说，教师阅读的目的首先是为了建构生命，最后才是为了提高专业水平。从某种角度说，第一点是一种生命阅读观和幸福阅读观，而后两点则是功利阅读观。

真正的阅读，其目的应该是超越职业的，也正因为这种超越，阅读给职业生活带来的正面影响才可能是强大而深远的。只有学风踏实、作风勤勉的教师，才有可能在自己的专业领域里找到真正的价值所在，建立起超越世俗标准的专业自信心。拥有这样的自信的老师，就是博学的老师，智慧的老师，神采飞扬的老师，当然也会是学生们喜爱的老师，是用自己的生命智慧影响学生一生的老师。

3. 教师的自信来自对生命的关切与尊重

因校园心理危机干预工作的需要，我多次为那些痛失学生的教师做哀伤辅导，不断地听到教师在痛失学生的悲伤之中痛定思痛的反思：我怀着美好的理想，从师范学校毕业，来到生源欠佳、教学条件也较差的学校工作，在这样的情况下，我和我的同事们艰苦努力、创造了学校的升学奇迹。在奇迹发生之后，一时间，我似乎已经成了学校乃至全区教学的能手，学生的喜爱，同事的肯定，家长的期待，让我似乎已经看到了"名师"的曙光。直到我的学生因为第一次高考没有考上重点，选择回来复读，却在第二次高考后服毒自杀这件事，彻底惊醒了我。 我经常在问自己：我们到底在干什么？ 我到底在干什么？ 对学生的死，我应该负有什么样的责任？ 除了分数之外，我们还应该对孩子的什么负责？！ 这也许正是每位教师职业生涯中的一份必答问卷。

这位教师还谈道，回顾我走过的教育之路，分数是时时刻刻在场的，有时候"表现"在场，有时候"态度"在场，这些构成了我教育的整个评价体系，也成为别人，特别是学校和家长对我的评价依据。 学生在成绩上失败，就是我的失败，我被迫在学校和家长的压力下开始怀疑我的教学，以分数为依据改变我的教学。 其实，成绩是不可靠的，将自信建立在成绩上的教师，会因分数的失利而自信全无；领导是不可靠的，将自信建立在领导评价上的教师，也会因领导不尽正确的评价而否定自己；甚至学生也是不可靠的，将自己完全建立在学生评价上的教师，也许不会意识到，学生也正处在成长之中，他们的评价往往是建立在个人好恶基础上的，对教师的辛勤付出，他们的反应往往是厌恶而不一定是感激，而所谓好学生，他们的评价标准甚至会比专搞应试的领导还苛刻。"不畏浮云遮望眼，只缘身在最高层。"只有超越了现实功利的教师，才能超越现实压在我们头上的阴霾，才能置身于云层之上观察教育。 身下的云层永远是温暖而雪白，头上的蓝天永远是湛蓝明澈，站在这样的高度的教师，怎么会没有教学自信呢？

4. 教师的自信来自独立的思想与批判精神

教师的任务不仅是向学生传授知识，更是要培养学生的独立人格，培养他们独立思考能力、质疑精神，激发他们的创造能力。 然而，在中国教育体制下的学生的创造能力不容乐观，这固然与教育体制有不可分割的关系，但是，教师缺少独立的思想与批判精神无疑也是十分重要的原因。

为什么我们的教师缺少独立的思想？ 首先，愈演愈烈的考试竞争将教育拉入了旋涡中，应试教育与现实社会脱节。 教师的付出、学生的努力被异化为统计表上的一个个数字。

其次，当在校的学生都变成独生子女的时候，中国父母对孩子的爱已经达到了令人匪夷所思的地步。 许多学生在学校出现的缺乏教养、喜欢暴力、自我中心的问题，很明显是家庭教育环节出现了疏漏，但是似乎现在所有的问题矛头都指向了教师，而似乎也有些教师心甘情愿地背负起了所有的责任，包括本不该自己背负的家庭教育的责任，自愿为学生的一切错误买单。

这些都压着教师们，使他们没有独立思想的喘息空间，谈何教师的自信。

5. 教师的自信来自正确认识教师工作的有限

目前各地教育发展不平衡，多数学校班级规模较大、教育收费飞涨、就业环境不景气等，让基层学校甚至是教师成为替罪羔羊。 同时，由于网络以及其他媒体对教育负面新闻的过多报道，使教师社会地位急速下滑，抑制了教师的独立思考能力，致使部分教师不知道自己该做什么，也不知道自己能够做到什么，把很多原本不属于自己的职责也揽了过来，但是由于自身力量有限，又缺少知识更新和技能培训，因此教师的教学自信受到严重打击。有些教师的专业化水准甚至下降到红线以下。

教育专家王晓春在《做一个聪明的教师》中，对一位教师的案例进行点评时有这样的论述：孩子又不是您一个人教育出来的，有那么多人在影响他，凭什么他教育不好要您一个人负责任？这没道理。您只能负您应该负的那部分责任，请您不要把别人的责任揽在自己的身上，那样只能破坏您的身心健康，对工作没有丝毫好处。

教师的工作是有边界的。教师是学生学习的促进者，而不是承包者。真正的教育自信绝不是教育者把自己当作超人，总揽一切。真正的自信不是自负，大包大揽的自负只会造成失败之后更深的自卑。真正的自信是对自身能力的合理评估，并以此决定对自己工作成效的评估方式。如果未能发挥自己应该发挥的能力，即使成功也等于失败；如果自身已经尽力，但是由外界的诸多不合理因素而导致自己的工作成效不尽如人意，那么，即使失败，也就是成功。一个自信的教师必须要有这样的判断能力，即使这种判断可能与外界相矛盾。

很多时候，自信也就意味着同外界压力的抗争。也唯有自信，才能促使自己与这些压力进行抗争。

（二）教师自信心的锻炼

锻炼本有锻造或冶炼之意。锻造即用捶击方式，使在可塑状态下的金属工件具有一定的形状和尺寸，并改变它的物理性质，如韧性和强度。教师的自信心有先天气质特点的影响，更主要的是后天的锻炼与打磨。特别是当教师的心中有对学生的爱，对事业的敬重时，才会焕发出自己的意志努力，矢志不移地通过各种方式训练自己的能力，提升自己素质，完善自己的人格。

1. 不忘初心，加深知识与经验的积累，奠定爱的教育自信心

教师职业生涯本身需要不断学习，在实践中加深知识与经验的积淀，形成自己的教育理念。教师不仅仅是自己所教学科课程的"教书匠"，而应是不忘初心，做有大爱的教师，有教育思想的教师。像陶行知等老一代教育家本着教育救国爱国的信念，新中国的师范生许多是读着意大利作家亚米契斯的著作《爱的教育》而感悟敬业精神，看着苏联电影《乡村女教师》而思考教师职业，他们是怀抱着做人类灵魂的工程师的理想而度过师范生涯的。电影《音乐之声》的女主角在20多年前启发我怎样做一个有智慧的教师。

新一轮基础教育课程改革已经对教师教学行为提出新要求：教师不再仅仅是"传道、授业、解惑"者，而是上升为学生学习的促进者，教育教学的研究者，课程改革接受者和开发者。 面对当前社会发展变化较快的环境，教师自身更需要不断学习教育学、心理学等有关学科新的研究成果，提高自身综合素质，转变观念，以学生健康发展为本，做自己力所能及的教育渗透工作，只有这样，教师才能问心无愧，自信地面对学生。

延伸阅读

《爱的教育》这本风行全球、脍炙人口的著作，是由意大利作家亚米契斯耗时近10年完成的。无论哪一章、哪一节，都把"爱"表现得精髓深入，淋漓尽致，大至国家、社会、民族的大我之爱，小至父母、师长、朋友间的小我之爱，处处扣人心弦，感人肺腑，使得全世界各国都公认此书为富有爱心及教育性的读物而争相翻译出版。

苏联电影《乡村女教师》诗情画意地向观众展示了一个平凡女教师不平凡的精神。那首"挺起了胸膛向前走/天空、树木和沙洲……/社会就是一所大学校"的诗还能令我记起当年那股青春的血液在身体里燃烧时的激情。《乡村女教师》以它跨越时代的力量影响过我国好几代人。许多学生正是看了这部电影以后才立志投身到教育事业中的。

2. 超越自我，在平凡的岗位上做好自己，建立自信心

教师教学的特色并非是出类拔萃、与众不同，而是要有自己的思想意涵，有自己行之有效的特点。 教师工作平凡，是因为教师可能循环往复地讲授同一年级、同一套教材多年，还要面对可能自己不是十分喜欢或接纳的学生个性，一教就是一学年，甚至更长。 教材就一套，学生个性形形色色，教学方法万千，怎样在这种条件下，探索让更多学生受益的教学模式，这就像厨师在原料相同的条件下，既做出适合你的学生能接受的口味，又有利于学生身心健康的菜肴一样，需要有自信地去创新。

3. 培养自己的想象力，在教育实践中享受自我价值实现的快乐，体验自信心

教育有规律可循，教学需要创新。 寻找适合的规律，探索创新的过程无疑都需要想象力。 想象力指对头脑中的表象加工、改组，从而创立新思想、新形象的能力。 其形成依赖两个条件：一是在获得感性材料的基础上，在大脑中形成丰富的表象；二是通过分析、综合，对脑中已有的表象进行巧妙的、独特的加工改组，产生新的形象。 因此，想象力也是高度发展的认识能力。 想象力可分为再造想象力与创造想象力两种，它们是人的创造活动的必要条件。 科学、艺术、文学、设计等任何创造性活动都离不开想象力。 教师的工作也是创造性的活动，同样离不开想象力。

人的想象力是在实践活动中逐渐形成发展起来的。 在教学中可以运用想象力训练，亦称内心演练，它是在教学前进行心理准备的主要方法之一。 教师或师范生在头脑中演练未来教学的情景，对未来教学进程、教学情景进行内心准备。 想象训练是对未来事物的预想过程，以固有的教学材料为基础，形成新的形象。 它可分为教学前的动机激发、教学中的心理调节、教学后的自我形象的修复和心理障碍的治疗等多种内心演练方式。

4. 教学相长,在和谐的师生关系中发展自信心

教学理论与实践充分证明，教师在和谐、融洽的师生环境中，教学效果宜佳。 教师教学自信心不足，与师生关系不甚融洽有很大关系。 良好的师生关系是教师教好书、育好人的必备条件。 新课程改革提倡要建立民主、平等的师生关系，教师要爱护学生，要善于与学生平等交流，善于与学生沟通心灵，在师生良好互动的人际氛围中教师自然自信心倍增。

教师要转变学生观，明白"青，取之蓝，而青于蓝；冰，水为之，而寒于水"的道理，时刻有被学生在课堂上问倒、辩倒的心理准备，豁然大度，从容应对，虚心学习。 只有这样，才能逐渐建立民主、和谐的师生关系，才能教学相长，逐渐提升自己的教学自信心。

5. 把握标准,深挖教材,增强自信心

课前教学准备不足常常是造成教师自信心不强的一个重要原因。 由于对课程标准的要求不明，对教材的编写意图理解不清，对教材挖掘不深，教师容易出现教学的盲目性、随意性，只能按教材教，照教案讲，教学十分呆板，不敢越雷池一步，更谈不上创新了。

教师若深入挖掘教材，理解教材，创造性地使用教材，就可使教学减少盲目性、随意性，久而久之，就会增强教师教学的自信心。

6. 反馈信息,有效驾驭课堂,提高自信心

教师教学的最终目的是为了学生的发展，现代教学要求师生互动，学生互动，合作学习，探究学习，主动发展。 因此，教师需要牢固树立"以学生为本，以学生的发展为本"的教学理念，明白"教学有法，教无定法"的道理，不断收集、分析在课堂上学生反馈的各种信息。 根据学生的实际，教师应及时调

整自己的教学，努力做到既不限制学生的思维，又使教学工作紧紧围绕教学目标，向着有利于学生的方向发展，在不断的教学磨炼中，提高自己驾驭课堂的能力，由此而不断提高教学的自信心。

二 自信心的源头活水

一位智者门下有许多弟子。智者看到弟子们都即将成才，心中自是高兴，但他感到自己来日可数，便将弟子们招集来，露天设坛讲授最后一课。"你们看田野里长着什么？""杂草"，学生们不假思索地回答。"告诉我，该如何除掉这些杂草？"学生们愕然，这问题太简单了，学生 A 先开口："我只要有一把锄头足够了！"学生 B 接着说："还不如用火烧。"学生 C 反驳道："要想让它永不再生，只有深挖才行。"智者站起来说："这堂课就讲到这里，你们回去后按照各自的方法除一块杂草，一年后在此相聚。"

一年后学生们回来了，他们都很苦恼，因为无论采取什么方法，杂草总是无法铲除，甚至更多了。他们急于请教，而此时智者已经不在了，只给弟子们留了一段话："你们的办法是不能将杂草除尽的，因为杂草的生命力很强，除掉田野里的杂草的最好方法是，在上面种庄稼。有没有想过，你们的心灵也是一片田野。"

静静地想一想，真的，每个人的心灵也是一片田野。世界五光十色、五花八门，我们的心就生出了数不清的欲望，有些欲望是杂草，它们来自原始的生物本能，不用浇水施肥也能疯长，如果我们只一门心思除掉它就会事倍功半；有些欲望是庄稼，需要栽种，需要精心呵护。庄稼越多，杂草的生存空间就越小，庄稼越茁壮，杂草就越孱弱，这时我们再清除杂草，田野就干净如初。教师培育的这些庄稼，我以为一定有美德、自信与勇敢。

德为师传道之本真。美德被社会广泛认同为教师具有美好而又珍贵的性格品质。

人的大脑结构巧妙绝伦，人的心灵更加浩瀚，是大海和星空都无法比拟的。要清楚地了解人的心灵，却非易事，可人类还必须不断探索自己的心灵，因为人类近代发展的历史反复证明，仅有科学技术带来的物质上的成就并不一定会给人类带来幸福。没有人们心灵的进步，人类的贪婪、仇恨，会使物质上的成就加剧人类的危机——贪婪地索取破坏了自然界，武力的竞争是悬在人类和平、幸福头上的利剑。只有更了解心灵，我们才能知道什么是人真正的需要，才能知道如何减少贪婪、仇恨和不明智的行为。更为重要的是，人的生命是有限的，我们无力去增加生命的长度，人却会因了解自身，而更积极地开发自身的潜能，体验到更多的人生快乐，这就等于增加了生命的宽度。

当今社会，信息泛滥，从众心理无界，欲望无止境，校园人已经难得平静地站在讲台上。

教师不仅是在课堂上传播美德，更要学习并在行动上践行美德。尊老爱幼、敬畏生命；尊重自然，热爱生活。

（一）耕耘自己的沃土：学习，实践，再学习

教师不读书，不读一些经典的书，不读一些教育学、心理学的书，好比心灵荒漠化。在贫瘠的土地上，你用什么来满足学生成长的需要？在这个意义上把教师比喻为沃土是非常贴切的。

教师是学生成长的最初土壤，贫瘠的土地育不出自信的苗。教师只有不断耕耘自己——认识自己，充实自己，调整自己，才能更加自信地面对成长中的学生。

读书使人的心灵得到净化和丰富。教师除了丰富自己的学科知识之外，还应多读一些书籍，如教育学、心理学等书籍，对自己与学生都会大有裨益。

现代心身医学指出，阅读疗法的作用就在于使读者内心的冲突外化，而人的心理活动又使文学作品的情绪内容内化，成为人的总体行为的一部分，这种整合最终便产生了顿悟。对于那些因为抑郁、焦虑、紧张等不良情绪引发的身心障碍和心身疾病，阅读是具有双向调节作用的养生术。

我国南宋文学家、史学家、爱国诗人陆游精通医药学。陆游曾对一位患头风痛并向他求药的老者说："不必更求芎芷药，吾诗读罢自醒然。"读诗比服用除风止痛的药品更具有醒脑宁神的疗效。诗人将"诗歌疗法"阐释得何等绝妙生动。

清代青城子的《志异续编》中载一则医案：白岩朱公患气痛，每当疾病发作时，取杜诗朗诵数首即止。书中分析说："取所爱读之，则心恬神适，疾不觉自忘。"读诗是修养心灵、健美精神的自然疗法，是美读后的陶冶情操、排遣情绪的心理治疗过程。

"最是书香能致远，腹有诗书气自华。"央视的诗词大会唤醒了人们对中国古诗词文化的敬仰和滋养的渴望。人们的物质生活丰富了，精神生活的发展激发出丰富情感和激情。看到在百人团里不乏教师、农民、快递员、普通高中生，甚至还有小学生，他们不分年龄，不分行业，饱含对诗词的热爱，才能让古诗词得以传承。正是普通人的热爱，才让我们民族的灵魂与精髓代代相传，生生不息。

简单概括各类书籍对阅读者的影响：哲学可以启迪人生，心理学渡人助己助人，教育学教人学会工作，文学则令人的情感丰富，历史学帮助我们从过去

中体悟与借鉴，美学能领我们感受世界之美、生活之美，音乐令人感受生命的律动。 让我们在有限的生命里有计划地多读一些书吧，读书能唤醒我们的智慧，让我们知晓一些未知而又令人感兴趣的事情，还能愉悦我们的精神，拓宽我们生命的宽度。

漂书阅读法： 与学生一起读书训练（训练 5-1）

目的：推荐学生喜欢的不同类别的书目各一本，也可与学校图书室（馆）合作，促进师生阅读好书。

组织流程：教师或学生自发组织，以学生小组或学生宿舍为阅读单位，在约定时间内，团体自选两本书，放在组内传递阅读。可以让学生自荐一位漂书管理员负责传递与管理。每位阅读者要将自己所选读的书的读后感发到班级阅读分享网络平台上，或在书籍的最后部分装订由学生写的真实的推介留言，才算团体漂书成功，可以开启第二批漂书活动。小组成员自律相互监督。阅读后在班级内交换，看哪个团体阅读书目多，也让有限的图书漂动起来。教师也参与其中，有机会与学生一起在班会上交流。当然教师自己也要抽时间阅读或浏览，才能与学生分享与对话。

（二）教育的勇气与教师的意志行动

面对不理想的教育环境，一定会有人坚持，有人堕落，有人选择离开。 每个人都有自己的兴趣和动机，有选择的权利，没有绝对的正确与错误。 但教师需要做到初心不改，一往无前地坚持。 面对个性鲜明的学生，没有一成不变的教育方法，需要因材施教，需要耐心，需要克服困难，需要学习，需要寻找教育资源，可见意志努力也是非常重要的教师心理因素。

意志是人们根据自觉目的支配行动的过程。 意志是人类特有的高级心理过程，它是人类意识能动性的集中表现。 意志过程一般分为两个阶段，即采取决定阶段（包括选择动机、确立目的和选择方法）与执行决定阶段。

（三）教师的教育动机

动机是意志过程中最早出现的心理因素，它是由外界事物引起的内部需要的活跃状态。 例如，一名教师回到家里吃过晚饭后，与家人一起看电视节目。这不是教师休息娱乐的重要动机，他看了一会儿电视就离开了。 原来他在看电视时，一眼看到了放在桌子上的学生作业，顿时改变动机去改学生作业。 很明显，后者是一种教育动机，他是由教育性的事物唤起的教师特有的动机，即教育职业动机。

动机是激发和维持个体进行活动，并导致该活动朝向某一目标的心理倾向或动力。 人的动机分两种：内部动机和外部动机。 如果按照内部动机去行动，我们就是自己的主人。 如果驱使我们的是外部动机，我们就会被外部因素所左右，成为它的奴隶。

在课堂上，讲到动机这个环节，我常常要讲个小寓言：

一群孩子在一位老人家门前嬉闹，叫声连天。 几天过去，老人难以忍受。

于是，提出来给每个孩子 25 美分，对他们说："你们让这儿变热闹，我觉得自己年轻了不少，这点钱表示谢意。"

孩子们很高兴，第二天仍然来了，一如既往地嬉闹。 老人再出来，给了每个孩子 15 美分。 他解释说，自己没有收入，只能少给一些。 15 美分还可以吧，孩子仍然兴高采烈地走了。

第三天，老人只给了每个孩子 5 美分。

孩子们勃然大怒："一天才 5 美分，知不知道我们多辛苦！"他们向老人发誓，他们再不会为他玩了。

在这个寓言中，老人的算计很简单，不经意间，他将孩子们的内部动机"为自己快乐而玩"转变成了外部动机"为得到美元而玩"。

他操纵美分这个外部因素，所以也操纵了孩子们的行为。

请问读者朋友，寓言中的老人像你求学生涯和教学生活中的谁呢？ 你的学习动机、教学工作动机又是什么？

在社会发展进程中，人的众多欲望可能被扰动，当我们有机会面对自己时，当我们有机会静思时，教师要考问自己：

我做教师的内在动机曾经是什么？ _____

我现在做教师的动机是 _____

我做教师的动机变化原因是 _____

面对自己做教师的动机变化，此刻的心情是 _____

三 教师自信与教师意志的心理训练

能否忍受一定强度的焦虑，是教师心理健康与否的重要标准之一。 教育工作是做人的工作，是塑造学生心灵的工作，这样的工作需要教师具有最大的决心和耐力。 遇事要能控制自己的情绪，保持镇静，能忍耐挫折和困难的考验。处逆境时不气馁，逢险情时不失措，这就是教师心理健康的表现。 有的教师，在教学工作中，缺乏魄力，遇事缩手缩脚，前怕狼、后怕虎，调皮的学生不敢管，老实的学生不愿管，一切任其自然，唯恐引起麻烦，害怕承担教育责任；也有的教师急于求成，对学生简单急躁，不能控制自己的情绪冲动，这都是在教育焦虑方面，不能承受心理压力的表现。 前者不能承受教育工作的焦虑，后者不能控制自身内部过多的焦虑，习惯在顺境中进行工作，结果自己敢于进取、革新教育的动机水平很低，满足于现状，教育工作成绩一般。 尤其在班级发生问题时，他就束手无策，不敢接受艰巨的任务和承担重大的责任。

心理学的研究指出，适度保持一定程度（与工作相适应）的焦虑水平是有积极心理学意义的。 不少研究发现，人们最大的心理压力，首先表现在对待挫折和困难的焦虑水平上，包括自然焦虑强度和自控能力。

一般地说，教师的焦虑越小越好。 特别是在教育工作中对自身利益的焦虑应该越小越好，因为它会妨碍教育工作。 但是，教师毫无对焦虑的负担能力，也是不实际的。 因为教师的工作不可能没有一点困难和挫折，一遇到困难就影响自己的教育工作，是无法当教师的。 设想一位教师，在工作、思想和生活上受到学校领导的照顾，学生家长的配合，学生的拥护，教师完全可以无忧无虑地工作。 其实不然，这种近乎无焦虑的教育环境并不利于这位教师创造性的教育、教学工作，也不利于他的各种心理品质的形成和发展。 适度焦虑，不仅无害，反而有利于教师加强教育责任心和义务感，也有利于教师心理品质的锻炼。 当然，焦虑的性质应当是为了教育事业，为培养社会主义建设人才而焦虑。 这种事业性的焦虑是不可缺少的。 因为，对教育事业的内心焦虑是促进教师工作的动力之一。 如果教师焦虑的性质不是指向事业的，而是指向个人生活的，那么这种焦虑会给教育事业带来阻力。 处于自身的狭隘利益的焦虑水平越高，越有碍于事业的发展。 因此，我们主张要分清教师焦虑心理的性质。从科学心理学的观点来看，不分清焦虑性质，一律反对教师的焦虑心理，是不对的；不根据教育事业的需要，无限地提高焦虑水平，对教师施加精神压力，人为地制造焦虑，也是反科学的。 这两种倾向都不利于教育事业的发展和教师的心理健康。

（一）心理"远征"策略

在教师的教育专业活动中，绝大多数都是要求集中注意力、全神贯注才能完成的。 例如，讲课、对学生谈话进行思想教育、接待学生家长、批改作业、备课等。 这些教育、教学工作，一般都是内容丰富、意义重大的。 对此，教师比较能够兴致勃勃、集中全力，不会产生腻烦情绪，而且能够在这些工作或活动中吸取有利于心理增强的力量。 所谓爱不释手、废寝忘食、越干越爱干、越干越有兴趣，就是指这种不断增力的心理状态。 然而并非教师的工作都是如此。 有些工作则不是这样。 例如，教师坐在办公室里值班、陪学生做作业、独自远足家访、在会客室等待客人等，一般都不需要教师集中高度的注意力。 由于这些工作比较空闲或单调，只需要教师较少的注意，教师如果仍然采取全神贯注的态度，不仅无益，反而会产生相反的效果。 例如，有的教师看护患病的学生，在陪床时学生已进入康复阶段，虽然仍需要教师留意他们的身体变化、情绪反应，但绝如学生初发病时那样需要教师注意力高度集中，全神贯注，只需要安静地守候并细心地观察。 此种工作当然无须消耗很大的精力，所以教师一人坐在床边是不容易保持高度注意力集中的。 有的教师很自然地产生精神松弛现象，带有倦意地打瞌睡。 然而，一颗慈母般的爱护之心，是不允许她完全进入睡眠状态的。 为此，教师只能一边安静地观察学生，一边采取心理远征策略，在脑中回忆患病学生的身体状况和学习品德成长史，进行心理漫游，靠内心丰富的再现能力保持自己的情绪状态和注意强度。 如果教师不是这样，而是单调地观察熟睡中的学生，或者无事可做，就会产生不能自控的心理疲劳现象。 病房内的一切事物都会因不断地重复扫视而令人感到乏味，在这种情况下，如果教师完全失去意识控制，进入无意状态，就可能失去觉察患病学生身体变化的时机。 错过了测量体温、喂药、喂水的时机。

心理学的研究还指出，为了克服心理疲劳，最好的方法是训练自己的注意分配能力，即当不需要高度注意集中时，将注意的中心转移到自己感兴趣的事物上（内心思想情绪或外部动作），而将注意的边缘留守在无须高度注意的事物上。 这样，脑中的两个兴奋点各司其职，就会维持较长的情绪稳定状态，不致发生因注意中心完全转移（不同时地从一个注意点转向另一个）而顾此失彼的现象。 在心理学研究上经常重复一个古老而典型的例子，是讲一个磨坊的主人，他可以在磨转动的隆隆声中熟睡，而只要磨子一停，他就会惊醒，即在他的头脑中始终保持着两个注意分配点，一个是磨转动声，另一个是无声。 当然，心理漫游是在注意合理分配的基础上进行的，进行漫游巡回的部分正是人们应当充分利用的注意中心，而留守的部分则是注意的边缘。 对于教师来讲，当需要集中注意观察学生、处理问题时，就需要集中注意的心理策略（一般只存在一个中心）；而当自己的教学工作的某些环节无须高度集中注意时，就可以采取心理运用策略调节自己的注意和情绪，并且随时利用留守的注意，适时地结束心理漫游，恢复正常心理活动。 还有一些心理疲劳现象，也可以采用心理远征策略。

心理远征法（训练 5-2）

如独自走路（尤其远路）或者值班时，教师可以采用注意分配（积极主动分配而不是被动分配），即让一部分注意力放在不太费力的走路或值班上，另一部分注意力分配出去进行心理活动的"远征"。所谓心理远征，并非心理活动离开大脑远游于外部空间，而是在脑内，在心理环境中进行遨游。其目的，一方面是借以减弱当前活动的意识强度，另一方面可在心理远征中寻求兴奋，提高心理活动能量，从中学会自我控制，从而支持本来容易厌烦的呆板活动。进行长距离赛跑的运动员，奔跑在无观众和少感官刺激的路途上，最容易产生身心疲劳现象。为了维持自己的步速，有经验的田径运动员多采用心理远征策略，将少部分注意转移到内容丰富、引人入胜的表象回忆或想象活动中去，如回忆发奖时的胜利景象、回忆过去创纪录场面等。这样，由于部分注意力的转移，使运动员完全摆脱了长跑带来的疲倦、厌烦感觉，因而兴致勃勃，精力充沛，完全忘记了肌肉运动的劳累，越跑越有劲，在不知不觉中接近了终点线，最后还有余力冲刺最后的赛程。

有时运动员会在这种心理远征策略下创造出运动纪录。这种奇迹是怎样发生的呢？从心理学的角度来看，其力量的来源有两个方面：一方面是来自运动员本身的内在生理潜力，这种潜力在未采取心理远征策略时，因厌倦心理的阻碍，不能够动员出来，而在意识转移到心理远征时，则机体的内在潜力可乘机爆发出来。生理学的研究指出，人在正常情况下，只能动用部分或极少部分肌肉力量，而其潜在力量只有在特殊情况下，用特殊方法才能启动。心理远征策略正是为身体潜力的调动创造了这种特殊状态。另一方面，由于心理远征，在新的空间（内心愉快的世界）中，焕发出了心理能量，这种能量又会偷偷地输送到正在跑步的肌肉活动中去。教师的工作不可能都需要高度注意力，在那些看来烦琐、单调而又非做不可的工作中，教师要想坚持工作，保证精力合理使用，就必须采取心理策略，以防止心理疲劳出现。心理远征策略正是为教师从事这些工作而设计的。

教师的心理远征策略用于在某种场合中可以分配一部分精力坚持岗位，另一部分进行远征，以充实自己的心理生活内容，这样能做到合理运用心理能量，既不发生上述注意完全分散（做其他事情），又不会因过分集中于单调的活动而疲劳、烦闷。例如，这一策略用于值班、照看学生做作业等活动，都可以收到良好的效果。当然，教师的心理远征策略绝不是注意力的简单分散，也不是不负责任的疏忽职守，它以留守部分意识坚持当前活动为特征，而不是将全部意识中心分散到其他对象上去。注意的分散是消极心理特征，它以缺乏自我控制为基础，完全放弃当前工作，尽管是暂时性的，但其危害很大。许多事故就是在注意力分散时发生的。教师的心理远征则是使意识主动转移，这种意识状态的部分转移，正是为了使留守的部分意识能够坚持下去。心理学关于熟练动作的研究表明，已经熟练的动作、简单重复的活动，无须高度集中的注意，相反，高度集中的注意有害无利，它会干扰自动化的技术动作。可见教师对某些简单动作采取心理远征策略是合理的，也是积极而主动的心理策略，是一种心理健康的表现，而注意分散是消极的、不健康的表现，两者有原则性的区别。心理远征既是教师用来调节自己心理状态，使其增强健康的策略，又是衡量心理健康的标准。能够采用心理远征的教师，其心理状态是健康的，缺乏心理健康的基础，则不能设计、也无法使用心理远征策略。

（二）心理暗示策略

心理暗示是用言语信息为手段，影响人的心理状态，使其发生相应的变化，以达到提高活动效率的需要。心理暗示可以由他人进行或自己进行，前者称为他人暗示，后者称为自我暗示。对于教师来说，作为增强心理健康水平的策略，主要是由教师自己进行自我暗示。当然，他人从旁暗示也是必要的，是不可缺少的。而且无论教师愿意与否，他人总是在进行各种暗示，这种暗示有时是有形的，可觉察到的，有时是无形的，教师本人意识不到的。我们主要阐述教师自我暗示问题，即用自我暗示作为提高自己心理健康的策略。例如，当有一位教师遇到学生犯了错误而又不接受教师的批评时，内心里会灰心丧气，因而对学生放任不管或者发火训斥、处罚学生，这时可以采取自我暗示策略，对自己自言自语地施行言语命令："不能发火！发火于事无补，要冷静点，也许会有新方法出现。决不泄气，要有信心教育他，他在考验我的教育能力，而不是挑战我这个人……"在这样的言语自我暗示下，教师的心理状态得到调节，由急躁或泄气变为情绪镇静、思维深刻化、信心充足。许多有经验的教师，在多次教学、教育或生活中自发地使用过自我暗示并取得不少成功的经验。教师心理学的任务在于使这些经验上升为理论，在教师中进一步推广，使其变为自觉的教育行动策略。

言语暗示策略的使用，一般具有两种作用。一种是提高教师的心理活动水平；另一种是降低心理活动水平。前一种是当教师心理活动强度不足时采用，后一种则是教师心理活动水平太高，超过工作、学习需要时采用。前一种情况，如教师情绪低落时，多用激励言语暗示自己："要振作起来，我精力充沛、信心很足。"后一种情况，如教师情绪太激动，心理活动激活水平太高，不利于思考问题、采取教育措施，或造成内心浮躁，不能安心备课、上课或进行学生教育工作遇到困难，此时教师可以采用抑制性言语暗示自己："要镇静下来，要控制自己完成当前教学任务，要认真备课、仔细批改作业。"上述暗示策略是更高层面的情感归因的升华，是更积极的心理策略。无论采用哪种言语暗示心理策略，都是为了保持或提高教师的心理健康水平，其作用的性质都是积极的、肯定的。事实上，在言语暗示中还存在一种消极的形式，对心理活动起着反作用。例如，有些教师在工作碰到困难时，悄悄对自己说："算了吧！何必自找苦吃？硬坚持原则，会引起麻烦，不如少一事好。"这些言语暗示，在实际生活中确实存在，偶尔为之，可能会使人暂时从糟糕的情绪中走出来，若长期使用，变成一种处世哲学，会对教师心理活动起负面作用，必须注意克服这种消极言语暗示的频发。

教师的言语暗示心理法，是自我调节的方法。 在采用时，必须全心全意地进行，不能三心二意。 一位教师在使用言语暗示策略时，抱着试试看的心理，结果效果很差，因为暗示的力量来自暗示者的内心自觉与渴望，若缺乏自信的命令，会因口是心非而使命令失去固有效能。

心理训练的研究发现，采用暗示心理策略有两种状态，即清醒状态和半睡眠状态。 经验证明，暗示效果最好的是在半睡眠状态下，即当大脑处于半抑制状态时，暗示效果最好。 其原理是在半睡眠状态下，教师的自我意识控制作用降低，最容易接受暗示言语刺激，暗示对大脑皮层的被动状态作用最大。 因此，在应用心理学中大多在催眠状态下进行特殊的自我暗示训练，这在体育心理学、病理心理学中也得到了验证。

在教师或其他人的生活中，都有这样的心理经验，如成语"抚躬自问"即自我反思的经验。 一个人做了亏心之事，白天当众不敢公开承认（或认识不到），到了夜晚，夜深人静、卧床合目反复自省时，则良心发现了，第二天去找受害者承认过错。 这种心理生活的经验取自善良者的自我暗示结果。 在进入半睡眠状态时，扪心自问，即自我暗示，用暗示心理策略改变自己的不健康心理状态，使其恢复正常。

类似的心理经验还可以列举许多，可以说明自我暗示的最佳时机是半睡眠状态（或近似睡眠的休眠状态）。 一个青年教师，在教学工作上出现了问题，如果领导者当面指出，有时效果并不好，明智的领导者总是机智而策略地说：你先回去休息一下，回头我们再讨论，有时间你先想想。 为什么先让教师休息呢？ 原来休息可以使人兴奋不已的神经安静下来，而且在卧床进入瞌睡状态时，最容易进行自我暗示，所以校领导让教师自己先考虑考虑，从心理学角度看来，正是让教师进行自我暗示。 这些实际经验与心理暗示策略，在原则上相同。 只是有些领导者缺乏明确的心理暗示概念而已。 心理学的概念不是无本之木，无源之水，它来源于人们的生活，教师的自我暗示心理策略及对学生的暗示教育策略均来源于教师的实践经验。

（三）心理恢复策略

教师心理健康水平的下降大多数是由心理疲劳引起的。 教师的职业劳动是脑力劳动形式，教师在积年累月的备课、上课、实验、批改作业、考试、思想教育、业务学习以及必要的家访和参加会议等活动中，耗费心理能量。 如果在这些教学、教育工作遇到困难时，其心理能量的消耗量将会成倍地增加。 据有关心理能量测定表明，人在从事脑力劳动时的心理能量的消耗最大。 如有些年老多病或身体衰弱的教师，主动地要求去做学校里教辅性的事务工作，在进行一段时间的事务性工作之后，身体和精力得到了恢复，领导总是又把他们重新分派到教学第一线上去。 不同的教师对此产生不同的心理反应。 有的不愿再回到教学第一线了，他们说："我做后勤工作身体好了，精神快活了。"有的人则说："我已经精力体力健壮了，恢复我的教学工作吧。"反应各异，但是都说明，工作生活有张有弛，身心健康。

正是由于教育家们懂得教师劳动的特点，所以学校传统的习惯是给教师较多的假期，还规定寒暑假让教师充分休息。 也有些不了解教师劳动特点的领导者提出相反的观点，随意取消教师的合法休息日，甚至无限制地占用教师的休息时间，安排繁多的社会工作。 其后果则是教师的心理健康水平下降：使他们的注意力不集中，讲课、批改作业丢三落四；感觉、思维迟钝，对教材的理解和认知水平下降；记忆力衰退，情绪不稳定等。

有研究统计，教师群体属于当今社会的高压力人群，抑郁症、焦虑症在教师中占有较高的比例也就不足为奇。

明智的学校管理者，应该设法为教师减压。 掌握教师心理活动特点，主动为教师恢复体力和脑力创造有利的条件，不要只从教师活动的外形上看他们的劳动结果，还要从他们的心理发展上看他们的劳动成果。 在健康心理的状态下取得的教学、教育结果是双重的，既表现在外部（学生成绩方面），又表现在内部（教师越教越有信心，精力越充沛）。

作为教师个人，如何利用恢复性心理策略提高自己的心理健康水平呢？ 一般人对此有一种误解，认为恢复身心力量不算什么问题，用不着小题大做，只要有时间，不工作，吃好、睡好就行了。 其实不然，停止工作、加强营养、睡眠休息，只是一种消极休息——自发性的恢复，这种恢复方式，对于一部分人，特别是从事体力劳动的年轻人，可能是效果较好；对于另一部分人，特别是从事脑力劳动的老年人，就不一定有效。 例如，有些人在做过一次紧张的外科手术工作后，或进行一次公开观摩课教学或进行一次科学实验，或一次繁重的演出之后，回到家里仍然吃不好、睡不着，久久不能安静下来。 躺在床上翻来覆去，白天工作的情景，一幕又一幕地在头脑中重演出来，有的是紧张和担心，有的是期待和疑虑，也有的是胜利的喜悦和幸福，浮想联翩。 再好的食品也吃不下，再舒适的房间也睡不着，一分钟，一小时甚至整个假日白白过去了。 当他们重新走上自己岗位时，精神仍然疲惫不堪。 从心理学的角度来看，上述现象，不单纯是身体疲劳问题，而是心理的疲劳和恢复问题。

在现代实用心理学的研究中，对属于心理疲劳的人多采用心理训练的方法，这种针对脑力疲劳采用的心理恢复训练方法，不同于自发的自然休息或睡眠。 从本质上说，它是一种人工的心理恢复的特殊方法，包括一系列独具特色的技术手段，被世界各国誉为心理调节的最新技术。 根据教师所从事的教育、教学工作的特殊性和教师工作的心理疲劳特点，我们认为教师心理疲劳的恢复可采取下列几项心理策略，这些策略有些是与其他工作相同或近似的，有些只适合于教师。

1. 教师自律训练策略

教师在心理疲劳时，经常表现为全身肌肉紧张，呼吸短促，睡不着、躺不稳，头在枕头上放不平等。这是由于心理疲劳过度引起的一种反常的虚假兴奋造成的。它和昏昏欲睡的心理状态相反，是心理因素干扰机体肌肉、骨骼关节的放松造成的心理性的失眠症状。对此，国内外多采用以骨骼关节、肌肉放松、呼吸减缓为主的训练方法。教师在训练自己安静下来进入睡眠或休息时，不是消极地等待自然睡眠（有时白等到天明）的来临，也不是在床上着急下令让自己快睡（有时越想快睡越睡不着），而是心平气和地做肌肉和骨骼关节的放松动作。使全身肌肉动作处于低消耗的抑制状态，与此同时控制自己的呼吸频率，使其减缓到近于入睡的程度。这种以训练自身动作和呼吸为手段的方法，称为自律训练，即自己训练、控制自己。由于肌肉、骨关节的放松和呼吸的减缓，会带来整个机体生理活动的降低，以此为契机反过来影响大脑神经活动，使其因低级神经系统的抑制而减少活动，从而达到控制心理活动强度，减少并积蓄心理能量的目的。这种训练的机制被称为生物反馈，或者称为心理反馈机制，即用自身肌肉、骨关节放松和呼吸减缓的信息，来调节教师的心理活动强度，使其符合教师休息或睡眠的需要。不少教师和学生以及运动员、演员等，采取此种心理恢复训练策略，解决了因失眠造成的心理疲劳问题，而且不少人经常用此策略调节和恢复自己的身心力量。它可在睡眠前练习，在课间休息时练习，也可以在较简单的工作中进行，即在那些不需要高度集中注意的事情（如等人、值班等）中进行自律训练，以达到部分、全部恢复身心力量的目的。待教师精力完全恢复之后，再去从事较紧张的教学工作。当然，采用人工性的自律训练策略，必须进行专门性练习，掌握基本要点。

2. 改变教师注意焦点的策略

心理疲劳的教师，注意焦点始终离不开他的教学、教育工作对象（并不排除生活方面），在白天工作时，注意中心点指向外部对象（学生或其他）；休息时，闭目冥思，注意中心虽转变为内部，但在白天工作时的热烈、活跃景象仍以内心表象的形式重新成为注意中心。在这种情况下，教师必须采取心理策略摆脱这些内部形象的干扰，将注意集中焦点改换到与休息、睡眠有关的对象上。

一般是采用机体的一个放松动作或呼吸运动作为注意中心，随着教师自律练习的深入，注意力自然会因面对需要学习动作的集中，而逐渐降低强度，直到入睡为止。 许多人的练习表明，教师要真正掌握自己的注意，完全自控地摆脱内外干扰，并不是一件容易事。 在某种程度上它比自律训练方法还要难一些。 为此，必须进行反复练习，并能根据自己的特点找到注意主动转换的中心点，达到熟练程度。

3. 教师的恢复性言语暗示策略

恢复性言语暗示，是专指帮助肌肉、骨骼关节放松和呼吸减缓的暗示方法。 进行暗示的言语应当属于使教师心情平静的。

例如，伴随缓慢呼吸和肌肉放松说："太松啦，软极啦，舒服极啦……"或者自言自语地说："我身体重极了，我要睡了，一定睡得好。"这种言语暗示刺激和自律训练动作不同，它不是直接从放松肌肉、骨骼关节开始，而是由言语直接刺激大脑皮层，在脑中引起神经过程抑制，而后再由脑中的抑制性信息反作用于肌肉和骨骼关节，以及呼吸系统等组织器官，使教师整个机体产生放松状态。 比较一下肌肉、骨骼关节、呼吸的自律练习和言语暗示两个手段，其生理、心理机制不同点如下：

自律练习：由肌肉、关节（外部）开始→产生低级神经中枢抑制→刺激大脑皮层产生心理放松效应；

言语暗示：由言语刺激（内部）开始→产生皮层心理放松效应→影响低级神经中枢→产生肌肉、骨骼关节放松（外部）效应。

由于这两种心理恢复方法的机制不同，在掌握时，应当注意的关键部分也不同。 自律训练关键在于肌肉、骨骼关节和呼吸的放松、减缓动作；言语暗示的关键在于控制动觉（或低声言语）言语刺激，使其具有调节心理活动水平（主要指强度）下降，而不是上升的性质。 有些教师在不能入睡或休息时，往往自发地向自己进行相反的暗示："我今天不能睡不着、不能失眠，明天还要……快点睡吧！"这种自发的暗示言语，表现了教师心理疲劳时的焦急情绪，不仅不能带来肌肉、骨骼关节、呼吸及心理活动放松，而且会以焦虑情绪为信号使机体处于相反的兴奋状态。 结果事与愿违，教师在主观上想让自己放松休息，却引起了全身的紧张和焦虑，心理活动的激活状态。 原因在哪里？ 在于无意中使用了相反的言语暗示。 为此，教师在心理恢复训练中，克服来自自发的相反言语暗示干扰，才能正确使用这一策略。

4. 教师的恢复性活动策略

上述三个方面，是教师进行心理恢复的特殊策略（或称方法），这些策略具有专门的人工训练的性质，需要多次练习，待完全掌握基本方法后，才能应用。 除此之外，还可以采取恢复性活动，如体育、文娱活动以及轻松愉快的散步、聊天等。 这些恢复性的活动，虽然对教师心理能量的恢复只能产生部分效应，还要消耗一定数量的精力，但是，与繁重、紧张的上课、批改作业、备课等活动相比，所消耗的精力大大减少，同时，由于教师对这些恢复性活动具有兴趣，可以调动自身潜在的身心力量，补充脑力活动的消耗，这样"收支"相抵，仍会有较多的结余精力，可以为继续从事较繁重的教育、教学任务等提供基础。

对于大脑两半球机能分工的研究表明，单纯使用一个大脑半球（教师的活动主要是左半球，技术、文娱课例外）工作的人，因左右半球负担不均而易导致心理疲劳。因此，从事理论知识教学的教师，应根据自己教学的特点，从事以另一大脑半球为主的文体活动，这对克服心理疲劳，促进精力恢复是有利的。由于教师职业的天然特点，他们经常接触教育对象，如果能把教师自身的积极休息——恢复性活动，放在学生课外活动中，同学生一起参与歌咏、体育运动，参加科技小组以及参观、旅游等活动，将会收到双重的效果，既恢复了精力，又进行了教育。而最重要的是，教师在与青少年或儿童一起进行的活动中，学会让对方的情绪感染自己，令教师的心态更年轻。

（四）教师的自信心培养与训练

教师自信心是教师在教育、教学的决策和意志行为中表现出来的良好个性品质之一，是教师依据足够的外界信息与自己已有的处理问题信念、知识与教育教学经验，不屈服于周围人们的压力，不受外界偶然因素的影响，独立地规定自己行为举止和进行教育与教学决策的能力。教师的自信心与个人的知识水平、经验的多少，以及早期的经历都有密切关系。

自卑是对自我评价偏低。人格心理学家阿尔弗雷德·阿德勒认为，自卑感在个人的心理发展中有着举足轻重的作用。阿德勒认为，每个人都有先天的生理或心理缺陷，这就决定了人们在潜意识中都有自卑感存在。每个人解决自卑感的方式影响他的行为模式。许多精神病理现象的发生与对自卑感处理不当有关。自卑感是阿德勒《个人心理学》中一个基本概念，而人的自卑感发端于幼年时的无能。儿童对自卑感的对抗叫"补偿作用"，是推动一个人去追求卓越目标的基本功。

提高自信心，在本质上就是使人通过改变对不利环境的认识来增强对自我的良好感觉。换言之，自信心来源于积极的自我肯定和自我悦纳，它不是自欺欺人，而是实事求是。一般说来，自信心包括个人对于周围环境的价值感、成功感和归属感，它也是人平衡自我心态的突出表现。

王瑜元在《教师心理素质培养——做个快乐的幼儿教师》中总结一些教师

在生活体验中培养自信的 4 个日常好习惯，不妨一试：

①开会往前坐，争取多发言。 一些研讨会开始前，我们常常可以看到这样的场面：主持人周围的椅子空着，参加者都挤到第二排甚至更远的一个角落里。 组织者只好反复提醒"往前坐，往前坐"，甚至需要点名"邀请"。 在"增强自信心"的活动中，请大家有意识地改变这一习惯，主动坐到主持人旁边，引起他的注意，争取发言。 假如你开始还有些不好意思讲出"我说点儿吧！"这句话，不妨用"注视主持人"的方法表达愿望，相信他会很快领悟你的意图。 其实发言越多，锻炼的机会就越多，你的能力就越容易提高，你也越能体验到当众表达的自信与快乐。

②改变走路的方式。 平时你可以适当加快走路的速度（25%），抬头、挺胸、快速摆手臂等方式。 试一试，体验一下自己的感受，这种走路方式也会使你感到信心倍增。

③养成主动与人说话的习惯。 大家在生活、工作中不论碰到熟人还是不大熟悉的老师，主动上前打个招呼，问个好，可以表现出你的礼貌和风度。 这种做法不但会增强你的自信心，而且可以使你的朋友更多，人际关系更和谐，我们何乐而不为呢？

④开怀大笑。 俗话说"笑一笑十年少""一笑解千愁"。 遇到不如意的事，就故意想点高兴的事，并让自己一边想一边笑出声来。 请相信：笑声一定能赶走忧愁，战胜沮丧，使你满怀信心地迎接挑战。 为了使人们在巨大的工作和生活压力下"解放"出来，英国有人开办了一个"开怀大笑俱乐部"，人们在俱乐部的活动就是"笑"，彼此看着"傻笑"的千姿百态，大家会越笑越开心。

镜子技巧——自信心训练法（训练 5-3）

镜子技巧是一种简单有效的自信心训练方法。找一个不被打扰的时间，独自站在能看到自己半身或全身的镜子前，身体站直，想象着在头的上部，似有一个下垂的吊钩拴在头发上，向上牵引着你昂首挺胸，感到自己有一种力量，调整呼吸，像在平时正常状态下那样均匀地呼吸。然后凝视镜子中自己的眼睛 2 分钟。刚开始可能不好意思或不习惯，中间老想看时间。如果坚持不住，就重新调整呼吸，鼓起勇气，再次尝试凝视自己的眼睛。每天坚持练习 3 次。一个月以后你会感觉到对目光接触的恐惧缓解很多，对自己的自信心也会有所增强。还可以将镜子中的自己想象成使你感到紧张的人，如上级领导或异性同事。凝视他（或她）的眼睛，保持目光接触 2 分钟。这样反复练习之后，当再见到本人的时候，你的紧张感也会减轻很多。

当与真实生活中的同学、学生、其他教师、校领导对话交流时，因种种原因目光交流出现局限时，在凝视对方眼睛产生不舒服感觉后，我们可以有意减慢语速，悄悄把自己的目光向对方眼睛的两侧，如耳朵、头发侧移动，待自己调整好心境后，再次凝视对方的眼睛，如此反复几次，眼睛移动减少了、语言自然表达了，自信心也会慢慢地提升。

镜子训练对于普通人的自信心训练也很适用。实际上，很多普通人也经常回避目光接触。我们在与朋友握手或与陌生人初次见面时，常常不去注视对方的眼睛。这里有一个行为习惯的问题，也有自信心缺失的问题，因为我们与自己的孩子和家人见面时就很少这样躲闪目光。其中的道理在于，人的自信心是通过眼睛这两扇心灵之窗体现出来的。习惯性的不自信必然以某些习惯性的行为、动作表现出来。如果这些外露的不自信行为能有所改变，自信行为反馈回来的积极信号必然会使自己的自信心得到积极的强化和增强。

羞怯心理属于内心焦虑状态，是在各类教师工作中都普遍存在的心理障碍之一。例如，一位教师初任校长工作，每次在众人面前讲话时，常因羞怯心理产生情绪紧张，经常出现口吃，词不达意，甚至眼面肌痉挛等。又如有一位师范生缺乏当众抗羞能力，每次听到点名，他就失声，只张嘴不出声音，为此曾遭到老师的批评。然而批评并未改变该生羞怯的心理障碍，反而更甚。两人在参与抗羞训练后，很快消除了心理障碍。

抗羞训练法（训练 5-4）

抗羞训练分为三步骤。

第一步：学会心理放松技术。

学会心理放松手段（如前所述，包括动作放松、呼吸减缓和言语放松暗示、注意放松身体），这是有形训练的方法之一，必须学会并能熟练运用。

第二步：进行抗羞模拟训练。

可采取让教师临时主持适合的会议，在大会上发言、在公众场合表演节目、公开教学、实习班主任工作以及接见来宾等活动形式。对于师范生，我采取的是在课堂上设置"今日班长"的方式（详见后面的团体辅导内容）。在模拟抗羞训练中应注意控制受训练者的羞怯强度，在观众人数、公开暴露的场面等方面逐步加强，不要使抗羞训练超过限度，导致失败。尤其应注意羞怯心较强的当事人，不适宜采取过量训练。要小步骤地前行。

第三步：在实际工作中进行演练。

抗羞训练的第三步是在实际教育场合进行训练，这种训练是对第一步、第二步抗羞训练结果的应用，对此应使受训练的教师处于主动地位，在训练过程中进行心理反馈（依据效果进行调节），使抗羞训练经常化、有效化。

教师的抗羞训练属于改变个性消极特征的训练，训练的目的在于完善教师的个性，以适应教育工作的需要。目前在社会上出现一些来自西方社会的丑恶现象，不少人盲目模仿，还冠以"成功学"的标签，以刺激当事人一味冒险，去做别人不敢做的事情为训练项目，只注意抗羞的强度，不注意抗羞的性质和方向，使受训练者失去人格尊严，以敢于尝试"技压群雄"的行为为成功，那不是心理学所主张的健康的抗羞训练。抗羞训练是指训练人们的积极心理状态，以尊重当事人的自尊为宗旨，如敢于当众表演技艺、讲演或主持公道抗议强暴等，它是一种克服个体怯场心理的积极手段。这种训练是专门组织进行的，是符合社会和当事人利益的。

抗羞训练也可以结合系统脱敏训练法，见训练 4-3。

第六讲

教室是师生共享的舞台

——教师课堂管理能力与
团体辅导训练

　　教室和课堂不是教师独享的舞台，而是学生的青春团体舞、师生合作共鸣曲，只有这样才能彰显出教室里的朝气和生命力。　交往是一切有效教学所必需的要素。　任何先进的传播媒介之所以不能取代教师，其中一个重要的原因就是教师能创造富有情意的氛围。　它与师生之间、学生之间的交往有共生关系，富有情感的氛围既是交往的条件，也是交往的产物。

　　现代教学模式论认为："教学就是环境的创造。"这是一个十分有意义的观点。　创造一个有利于培养学生健康、丰富个性的环境，强调教学中师生的民主、平等、友善与合作，把教学过程视为学生个性发展与完善过程，在教与学的过程中，利用学生之间的影响力来促进学生成长与发展，是教学中实现培养学生健康、丰富个性这一首要目标的基本条件。　这种限定在一定规则下的平等交流环境是家庭教育和社会教育都无法替代的。

　　现代教师的作用正是在班级中共同互动，推动班级发展，促进团体影响个体，营造与促进团体的氛围，借助师生教学关系，促进师生合作，并且发挥学生之间的影响力，促进生生合作，感染学生，鼓舞学生，激励学生健康发展。

一　耕耘春天般的教室——团体辅导与咨询

　　我走过不少大中小学校，学生们很喜欢心理健康课，对内容感兴趣，认为这种课程形式活泼，好玩，少有作业，在轻松愉悦的氛围中还学到一些对生活有用的技能。　我在各级学校督导中发现，一线教师或一些新教师对心理健康教育活动也非常感兴趣。　活动时，学生的积极性被调动起来，学生有兴趣，热情高涨，教师也轻松。　但也有教师把心理健康课程变成多个活动的堆积。　课程结束，学生情绪平复后，内心沉淀下来的东西并不多，致使部分心理辅导老师以及班主任、各科教师对团体辅导的效果持有怀疑。　如何让团体辅导发挥出应有的作用，在班级中营造出春天般温暖的集体氛围，让学生在教室中自信地交往和学习，教师学习和掌握团体辅导、团体咨询的理念与技术，以及教师自己体验性的训练是可以助其一臂之力的。

(一)团体辅导担当社会化学习的功能

　　人的成长和发展从来都离不开团体。　人从一出生就在团体中生活与成长。家庭作为社会的细胞，也是社会中的最小团体，因核心家庭只有父母亲与孩子两代人的普遍情况，且经历了独生子女时代，青少年从伙伴那里获得的支持比过往时代的人要少，使得原本可以通过家庭教育获得的经验学习，常有缺位。

学校是学生接触社会、学习社会交往的最初的真实场所，自然担着学生完成社会化学习的大部分课程。 用团体的形式帮助人，这一过程更自然、更真实、更有效。 在我国的教育体系中，始终重视学校班集体的建设，并成为我国教育的一大传统特色，是西方教育家们羡慕的"传统舞台"。 学校班级建设在促进学生个体社会化，促进学生个性完善而自由地发展方面有着不可替代的功能。 教师使用好班级团体的力量，师生共舞，舞出人生的精彩，能够最大功效地发挥班级组织管理功能和教育功能，即学生伙伴之间的正向影响力。

西方虽然缺少各级各类学校班集体建设制度，但团体辅导和团体咨询的技术，是我国学校的班主任、辅导员和学生工作者可以借鉴学习的。

（二）合作学习可以营造春天般的教室

在社会生活中家庭、企业、商业、军队的一个自然法则是合作。 研究表明，合作学习能更有效地促进学生的社会性发展和提高学生的学业成绩。 现代社会，学生从不同家庭中来到学校一起学习，但他们常常彼此孤立。 我们希望学校促进学生社会化，鼓励学生相互对话和交流。 我们假设通过严格的学科训练，学生能获得更高水平的技能和批判性思维，可是当我们的学生不能自己做出决定时，他们又会感到困惑。

每一个学生都带着自己的知识和经验走进课堂，他们必须通过教师的传递，才能将这些知识和经验与他人分享。 学生在刚入学时常常充满了热情，但慢慢地有的学生丧失了学习动机。 除了课堂管理之外，教师和家长们关心的是学生的学习成绩。 学生对此常常会表现出消极的情绪，出现冷漠的态度，有的沉溺于网络、物质，甚至导致抑郁、辍学、自杀等。 在大多数学校中，学习是一种孤独的经历，学生必须安静地坐在教室里听别人讲，难得有机会参与有意义的对话和活动。

卡尔·罗杰斯把合作学习的目标定位为：帮助学生发展人与人之间的积极互依、面对面互动、个体学习和小组学习，以及人际交往技能和小组学习技能。

这种"以学生为中心"的学习方法产生出来的效果多令人印象深刻。 有研究报告表明，如果教师能扮演学习促进者的角色，并且课堂学习由个体学习转化为合作学习，那么学生的学业成绩会有很大的提高。 更重要的是，相关研究表明，合作学习与传统课堂相比，最大的收获是学生动机的提高，表现在"同伴支持、自尊和自我归因"等方面。 人们越来越认识到，在课堂上相互学习是激发学习动机和提高学习成绩的可行方法。 合作学习也提供了机会，让学生可以学习和实践人际交往技能，包括适应社会所需要的跨文化交流。

我在北京师范大学师范生心理素质训练课上加入了"今日班长"的设置，

反响非常好。各个专业、各年级的学生在团体中是平等的，没有唯一的班长，人人可以争取当"今日班长"。"今日班长"课前与教师沟通，以当日训练内容为目标，带领全班同学在课堂"大舞台"上进行 10 多分钟的团体活动，之后组织大家分享感受和心得，并进行讨论：如果我带领同类的学生团体，我可能的改进方向和注意事项。

摘录学生训练日记片段：

> 2016 年 11 月 1 日　星期二　天气：阴
>
> 　　今天一上课，与第一次课不一样的是两位今日班长开始进行今天的活动——"心结难解"。
>
> 　　游戏规则很简单，就是每位同学记住自己左右手拉的人是谁，然后闭上眼睛在小组范围内随意走动，等组内所有人都停止走动后，睁开眼睛，要重新拉住自己之前拉住的人。不过这时候每个人的脚是不能动的，且左右手拉的人也不能错。我在睁开眼时，惊奇地发现我之前左右手拉的小伙伴隔得比较远，等我们好不容易拉好手后，今日班长又告知我们下一个要求：我们得通过小组成员之间的合作把拉好的手解开，让大家回归到原来的位置上，看哪一组用时最短。话音刚落，六个小组的同学都争先恐后地开始解，我们组也不例外，不过由于我们大家刚开始不太熟悉游戏规则，所以都有点懵，不知道该怎么解。不过幸好有郭同学的帮忙，在她的指挥下，我们解开一个结又一个结，虽然看起来很慢，不过由于我们准确度高，所以最终我们组取得了第二名的好名次。
>
> 　　欢乐的游戏环节结束后，老师又和往常一样开始耐心地引导我们说出自己在这个游戏中受到了哪些启发或有什么感受。好几位同学都认真回答了老师提出的问题，至于我个人则是觉得从这个游戏中体会到了合作的力量之大。当一个团队的人都在为达到同一个目标而奋斗努力时，合作意识显得尤为重要。只有大家都心往一处想，劲往一处使，才能达到事半功倍的效果。当然，也有同学提到自己在这个游戏中体会到了"当局者迷，旁观者清"这句话的正确性。对此，我也觉得很有道理。
>
> （文学院　杨同学）

（三）教师是学生团体学习的促进者

任何人的成长和发展都是在一定的时空、情境、过程中实现的。正如教育心理学家林格伦所指出的："人有一种使自己成为有能力和有效力的持续的内驱力；能力和效力主要是学习的结果；能力发展有赖于学习，而这种学习是被环境中所觉察到的变化激起的。"

我们不妨在此借助美国心理学家欧文·亚隆提出的团体辅导与治疗中最有疗效的 12 个因子的一些理念来认识真正的班集体的作用，营造春天般的班级氛围的正向变化。

我按自己对团体的理解，将 12 个因子在团体中对人际关系的重要性进行重新排列。

①人际学习—输入：个体成员通过其他成员的分享来获得个人洞察；

②人际学习—输出：团体给成员提供一种环境，允许成员用更具有适应性的方式互动；

③情绪宣泄：允许成员在团体中表达对过去的或此时此地经历的感受；

④普遍性：成员意识到其他成员也有与自己相似的感受或问题；

⑤灌注希望：成员意识到其他成员的进步和团体的作用，成员对自己的进步持乐观态度；

⑥提高社交技巧：团体给成员提供一种环境，允许成员用更具有适应性的方式互动；

⑦传递信息：团体带领者或同伴提供有建设性的建议；

⑧团体凝聚力：由团体提供，其成员体验着在一起的感受；

⑨利他主义：成员通过向团体其他成员提供帮助获得积极的自我认识；

⑩存在性因素：成员最终认识到自己必须对自己的生活负责；

⑪行为模仿：成员通过观察他人的学习经历来学习；

⑫原生家庭的矫正性重现：成员通过与团体其他成员的互动，矫正性复现了一些重要的熟悉事件。

团体性质和带领者的受训经历等决定了上述 12 个团体有效因子的深度。教师可以通过筛选团体成员，如学员都有一些人际交往的困惑、学习暂时困难，或渴望摆脱"拖延症"的"志同道合"者，或抑郁症康复期的多个学生面对回归校园生活及他人眼中的自己等问题，将同质性较强的人作为一组，即"自己人帮助自己人"。

在中小学校的班级中，一般是按学生入学时的一些信息因素，如按居住地就近入学，按学习成绩均衡分配等因素分班。目前我国的小学教育也在提倡融合教育班，即把一些显性智力落后生和普通学生放在一起，"有教无类"，让学生接受社会人的自然多元化，接纳人与人的差异。只有学生在融合中发展，接纳自己，融入社会，爱的教育才能落地生根。在自然班级中，教师也可以根据学生的需要，如学习暂时落后、与其他同学交往困难等问题，在有专业训练资质的教师带领下，组建学习讨论小组。在安全的小组氛围中，组员畅所欲言，分享克服困难的经验，表达自己的情绪困扰，寻找新的资源。

这 12 个因子在团体发展进程中为什么有效？

不妨先通过一个活动来进一步体验和认识团体是怎样影响个人的？

自我探索训练法： 我的五样（训练 6-1）

在北京师范大学师范生心理素质训练课程的第一堂课上，来自全校不同学院不同班级的 50 个学生聚集一起，教师通过一个小游戏将学生分成由 8 人组成的小组。大家在 6 分钟时间内彼此自我介绍，并尽量快速记忆小组其他成员的名字。此时组员之间的印象大多是集中于专业、年级、籍贯、姓名等信息，之后就是下面的神奇小活动——自我认识。

指导语：请大家认真填写下面的句子，内容没有对和错、好与坏，只需要你认真地遵从自己当下的内心真实的感受去填写。

第一步：每个组员独立填写完成下列句子。

假如我是一种花，我希望自己是_____，因为_____；

假如我是一种动物，我希望自己是_____，因为_____；

假如我是一种乐器，我希望自己是_____，因为_____；

假如我是一种食物，我希望自己是_____，因为_____；

假如我是一种交通工具，我希望自己是_____，因为_____；

第二步：制定小组分享规则并实施。

在小组中，每人提出自己渴望其他成员分享上面所写内容的方式方法，之后按照大多数组员认同的分享规则开始分享。只要绝大多数组员认可，则容许各小组有自己的独有方式。制定小组规则的目的在于小组团体凝聚力的建立，而不仅仅是看哪个小组特立独行。有的小组经过讨论后愿意横向分享，即一个人讲花，下一个人依次都讲花，待大家分享完毕，再进行关于动物的分享，以此类推。有的小组讨论后，一致通过纵向分享的方式，即每个组员都要连续地从花讲到交通工具。

第三步：自我觉察与神奇的发现。

在 20 分钟的分享活动后，学员在小组中自由、自愿地自我觉察，而不是组员之间的相互心理分析。这一点非常重要，否则会让组员之间产生不安全感，进而产生心理防卫。若有发现这种情况，团体带领者或教师一定要及时制止。自我觉察的内容包括以下内容。

1. 自我发现：通过自己写下的五样，你对自己有什么发现？即自己是怎样的人？

2. 通过分享环节，你对小组成员有什么发现？即此刻你感觉他（她）与分享前有什么不同的感受？切记，不要对组员进行评论分析。

3. 假如组员之间有关联关系，你发现自己与几个人有了联结？

许多学员会发现：我在花上与张三有关联，因为我们都喜欢同一种花；与李四和王五在乐器上有关联，三人都选择古筝、笛子等中国民族乐器；在食物的选择中，不少人选择了最普通不过的馒头、玉米、土豆等，它们因为普通，所以容易获得，方便人们充饥。更神奇的是组内许多人在交通工具上有关联，有人写下自行车，因为渴望自由，有些人虽然写下的是帆船或是雪橇，但写下的理由是非常相似的："因为渴望自由！"大家发现彼此的心灵似乎贴近了，彼此相互凝望感觉到亲近了许多。分享活动进行到此刻，一些组员不由自主地将椅子向前移动，团体的座位圈子越来越小，他们渴望能够更清晰地听到对方的心声！

创设轻松愉快、生动活泼的教学情境与重视教学过程的探索性，二者是内在统一的。良好的教学过程应该是充满智力挑战、怡人性情、益人心智、变化气质、滋养人生的精神漫游。而只有这样的教学过程，才有益于个体精神世界的丰富、个性和创造力的培养。

(四)团体是怎样影响个人的

在团体中有个体与个体之间的影响，也有团体对个人的以及个体对团体的影响。我们不妨先做个训练。

价值观探索训练法： 我的郑重选择(训练 6-2)

训练中提到的是一个假设，热爱和平的人们希望这样的假设永远不会发生。

地球上发生了核战争，人类将要灭亡。但是，一位科学家发明了一个特别的核保护装置，如果谁能进入其中，谁就能生存下去。现在有 10 个人申请，名单见表 6-1。但是核保护装置里的生活必需品、空间有限，只能容纳 7 个人。也就是说，人类只能有 7 个人生存下去。请您决定谁应该活下去，谁只能面对死亡，为什么？并请排出先后次序。

表 6-1　申请进入保护装置的 10 人名单

	名单	顺序	理由
1	小学老师		
2	小学老师怀孕的妻子		
3	职业棒球运动员		
4	十二岁的少女		
5	外国游客		

续表

	名单	顺序	理由
6	优秀的警官		
7	年长的僧侣		
8	流行男歌手		
9	著名的小说家		
10	慢性病住院患者		

　　注：在具体的团体活动中，小组成员常常会提到在这份名单中的几个人物没有明确的性别、国别和职业等，因此自己不知道如何选择。我的回答是，在现实真实的社会里，就可能需要你在信息不明朗、不全面的条件下工作，而此时你会怎样面对这些不确定性，而又忠实于自己内心的价值观做出选择呢？

　　团体活动步骤

　　第一步：将团体分成7～9人的小组，请每人按照自己的内心，郑重选择7人登船，填表排出上船的顺序，并说明自己的理由。

　　第二步：小组内成员分享讨论10分钟。每人充分讲出自己的选择理由及顺序，也认真聆听其他组员的想法和选择。

　　第三步：在限定的20～30分钟里，充分讨论并最终形成一份代表小组大多数人选择意愿的上船名单并说明理由。在讨论前，我建议先制定出小组讨论规则，即当成员之间有冲突时怎样选择。

　　此处讨论过程是热烈的，争论也是最激烈的。

　　"为什么让不明确国籍、职业和年龄的外国人上船？""那是为了人类基因的多样性！"

　　"妇女、儿童、老人、病人就应该优先！在全船人的大局条件下，也要放弃一些局部原则。"

　　"警察代表正义，就应该上！""警察保护人民他会主动放弃！"

　　⋯⋯⋯⋯⋯

　　教室里各组间出现此消彼长的阐述声、辩论声。我身处其间，感受到在课堂讨论中呈现出的是人们在现实中的价值选择的种种碰撞。在活动倒计时的催促下，各组最终交出小组决议的最后登船名单。

　　第四步：请各小组派代表，分享在小组讨论决议过程中最激烈、最有趣的地方，以及小组原则的制定及修改、选择的最终结果。

　　第五步：大家自由发言，谈谈在活动中自己的感受。团体带领者，一定要关注一些依然坚持自己观点的人，邀请那些小组决议与个人初衷不一样的组员谈谈此刻自己的心情，邀请在制定"必要时少数服从多数"规则的小组中，直到此刻依然坚持自己初衷的组员谈谈感受。

带领者促进组员之间交流，大家一致认为：这只是团体的一个活动，但大家都非常投入。选择活动的背后是每个人价值观的考量与讨论，价值观是我们每个人看重什么，看轻什么。此刻活动内容、选择的结果已经不重要了。它让我们争论得面红耳赤，忘记了课间休息，忽视了时间，留下的是思考。这个活动让我们今天对自己有了新的发现，在平等的安全的条件下，我们可以通过讨论来相互学习，心悦诚服地再认识，再调整。这个过程是一个神奇的团体辅导之旅，是同伴互助教育的过程，也是一次自我教育的历程。让我们占用一点时间，用几句话把感受写下来，不是为了说给其他组员听，也不是写给团体带领者看，而是写给你自己。

从一篇"心理素质训练课日记"中也许会对本训练的意义有些许了解。

"我是谁"，这是一个古老而又难解的话题，还记得我在小时候看过成龙演过的一部电影，他在里面饰演一个失忆的人，在找寻自我的过程中发生了一系列喜怒哀乐的事件。其实对于自我的探索，我很早就思考过，之前一直在思考自己和他人之间的关系、与亲人之间的关系。而我作为一个独立的人，也不能脱离社会生活，即使是生活在桃花源里的也是一个村庄的人呢。

如果单单只看我自己呢？我又是什么呢？在高中生物课上描述的人，也就是我，我是一个由细胞、组织、器官、系统等组成的生物，也就是说我不仅仅是我，我是一个好大好大的集团呢。每次一想到我肩负着这么多细胞的生活和思想，我就觉得要好好地活。记得我第一次知道人的一些细胞会以 7 天为一个周期循环地衰落死亡，当时真的很震惊很感动。为了我这么一个个体的存在，每周都有那么多细胞为我的存在而努力地工作，它们也是生命的最小单元，为了我这个个体前仆后继、按部就班地工作着，生命真的很值得敬畏。

如果单从我这个总体的人来看，我又是一个怎样的人呢？

一直觉得自己很矛盾，真的很想自由，很喜欢艺术，喜欢音乐，甚至喜欢舞台，但又不敢去尝试，一直在应该走的路上走着，我心里想的是等到我老了，就可以去学画画，我脑海里曾经有一个画面，就是在阳光下，广场上，我带着画板，裹着毛衣，吹着秋风，喝着温热的咖啡，随意地看着来往的人群，给一些陌生人画着肖像，画出他们的幸福，画出他们的状态。然而我也不知道这是我的幻想还是我真实的渴望。所以其实我对于想成为什么样的人这一概念的认识还是有些不清晰，现在只能想着先活下去，先活好。现在我在努力学习准备跨专业考研，就是想着让自己变得更强大，因为自己越强大就越有选择的权利。

如果抛去生活的那些责任和一定要做的事情呢？如果给我无限的自由和选择的权力呢？我想老师在课上让我们做的就是真的放开我的思想，如果我不是一个人，而是一朵花、一个小动物，甚至是一种食物，我终于可以毫无顾虑地想着自己的样子。如果我是一朵花，我想成为路边的野花，因为我觉得它最自由最浪漫。如果我是一个动物，我想成为一只猫，因为它可以很高傲也可以很可爱地撒娇。如果我是一件乐器，我想成为口琴，因为我觉得人们在自由自在的状态下随意吹出的旋律是最动听的。如果我是一个交通工具，我希望成为自行车，因为它会毫无保留地记录下岁月的痕迹，它可能有些掉漆，可能会发出嘎嘎吱吱的声音，让我觉得很温暖很有感觉。通过这些回答，让我发现其实我的内心是真的向往自由，喜欢怀旧和沉淀。而我希望无论我以后变成社会上的哪种标签下的人，我都可以拥有这份向往，当然我记得有句话叫"在笼子里就舒服一些，在天空中就自由一些"，我现在就像一只准备展翅的鸟，努力地练习各种技能，相信有一天我会飞入天空，展翅翱翔，留下自己的痕迹。

通过此练习，不仅组员之间相互增进了了解，而且每一个成员在团体中对自身有了新的觉察，如对自由的渴望，对利他行为的觉察，对自身性格的了解等。

读者朋友，你也不妨约上家人、朋友、同学一起填一填，彼此分享，看看有什么新的感觉发生。

（五）雪绒花使者的诞生

下面摘录的是我在 2000 年初冬的一篇咨询手记。

一早，我刚到咨询中心办公楼的楼下，就见两个女大学生早早等待在楼门口。

原来她们在不同年级学习不同专业，是同乡。 刚刚开始读研究生的阿蕙，发现正读大二的小老乡阿蓉因为学业成绩、家庭经济困难等压力，近来常常心情烦躁、唉声叹气。 阿蓉总说羡慕阿蕙命好，有理解她的父母，关心她的同学。 她常常流露出自己的苦恼："我长得不漂亮，又没有魅力，现在学习成绩又这样糟糕，几门功课亮红灯，很有可能将来拿不到毕业证书，成为父母的负担，社会的废物。 我活着还有什么意义？"阿蕙耐心劝导阿蓉，多次主动与她聊天、陪她散步。 可就在昨天晚上，阿蕙在晚自习时怎么也不见阿蓉的身影。有不祥预感的阿蕙最终在学校里的一座高层楼上找到阿蓉，原来阿蓉正欲寻找自我解脱的位置，幸好阿蕙及时出现，苦口劝说，形影不离地陪伴了阿蓉一宿。 天一亮，阿蕙陪阿蓉一起到学校心理咨询中心的大门口。

看到她们手牵手的样子和阿蕙充满期待的眼神，我为阿蓉感到高兴，有这样关心她的同乡姐姐，还有什么困难不可以战胜。 当我从阿蕙手中接过阿蓉被握得温融融的手时，我由衷地钦佩阿蕙，如果我们的学生都能像阿蕙一样，献出一点爱，手牵手地面对困境，生活中的乌云势必很快消散。

若能在学生中"复制"更多的阿蕙就好了！ 他们应该是怎样的人？

对，一定不是学生中的"特务"——只为帮助老师收集有异常的学生信息，那是对学生的伤害，最终让他们自己成为孤家寡人。 对，他们应该是一群心理健康教育的参与者、爱好者，爱花，护花，播种心理健康之花，是朋辈互助的志愿者。

雪绒花是一种生长在高原，绽放在石砾地和草原上的花。 在日照强、温差大、风速高的恶劣条件下，这种小小的长着绒毛的花儿顽强地、愉快地、默默地微笑着……生命脆弱，必须顽强。

雪绒花的名字最贴切心理咨询事业与心理咨询中心的成长历程。 这正是我为北京师范大学心理咨询中心选择"雪绒花"为形象标识的寓意。 真诚希望所有的学生在面对困难、挫折时，能够像雪绒花一样顽强勇敢。

使用"雪绒花"的另一层含义，取自其谐音"雪融化"，希望通过我们的爱心与专业服务，消融来访学生内心中的冰雪，让阳光心情永驻心房。

"雪绒花使者"——我们的护花人，从自我开始，怀着阳光心情，用爱心去爱花、种花、护花，消融同学内心的坚冰，播种心灵健康之花，在互助中传递同学间真挚的友爱之情，正所谓"予人玫瑰，手有余香"，助人自助，共同成长，让阳光遍洒我们每一个人的心田。

经过自荐、推荐，在全校每个班中产生的雪绒花使者，经过 32 学时"雪绒花心理健康大讲堂"的培训及考核，雪绒花使者就这样诞生了。 而且他们有一个统一的徽章，如图 6-1 所示。

图 6-1 雪绒花使者徽章

雪绒花使者需要践行的三大积极理念。

第一，宽容是关爱的基石。 没有人是完美的，"当土包容了水，水也就滋养了土"，人们通过相互理解、彼此宽容，营造一个温暖的世界。

第二，互助是和谐的序曲。 "人"字一撇一捺，相互支撑，我为人人，人人为我！ 予人玫瑰，手有余香！ 让我们为曾经获得过别人的帮助而感动，为曾经帮助过别人而自豪。

第三，接纳是自信的开始。 当你学会接纳自己的不足时，你才能看到自己的优势，才更有勇气面对自我和他人。 人生总有起起伏伏，心理问题的出现在所难免，忽视和逃避是弱者的表现，面对和求助才是强者的特征。

雪绒花使者在课余相互讨论、扮演，当遇到有同学独自流泪时，遇到宿舍同学之间有冲突时，当发现有同学无故旷课沉溺于网络时，雪绒花使者都会用自己的方式来帮助身边的人。

雪绒花使者及心理、教育专业的部分学生，经过必要的上岗培训，有人参与雪绒花学生心理帮助热线的志愿服务工作，学习专业朋辈互助的技能；有人接受更专业的培训与督导，向着专业助人之路迈进。 不少大学生志愿者在毕业之后纷纷走上教师或其他助人的工作岗位，使雪绒花心理健康教育的理念在全国各级各类学校中得到广泛传播。

(六)"5.12"心理剧场陪伴地震板棚里的孩子成长

2008 年 5 月 12 日，四川汶川发生特大地震。 7 月中旬在四川都江堰的一个板棚里，震后的炎炎夏季，闷热难耐，板棚区的入口处有冷饮专柜，口袋有钱就可以买冰棍消暑。 小学三年级的男孩子果果在地震中不仅失去了妈妈，也失去全部家产，没有零花钱，果果总是躲在自家的临时的板棚里，不愿参加社区的儿童活动。 也许想免去眼馋冷饮的诱惑，也许还有失去妈妈的无助与痛苦，当北京师范大学师生志愿者出现，并带去社会各界人士支援的儿童 T 恤衫时，果果终于走出自家的临时板房。

志愿者问果果："除了 T 恤衫你还想要什么？"

果果低头想了想，说："金房子。"我怕听错了，追问道："是金子做的房子吗？"

"是！"

我们听到的人都忍不住地笑了。

志愿者继续问："如果有可能，你还想要什么？"

"金床。"

"假如还有可能呢？"

"金被子。"

我心里咯噔一下，这或许真的是果果的心愿，听说，他家在地震中连一床被子都没有抢出来。

接下来孩子们要演出熟悉的《白雪公主》主题心理剧，我和团队成员商量，决定为"小财迷"在剧中安排个最有钱的角色——老国王。

雪绒花心理剧场开幕了。

孩子们有扮演七个小矮人和众多小动物的，有扮演白雪公主的。七个小矮人和众多小动物帮助白雪公主战胜重重困难，隆重地邀请老国王出场。此时果果身披金黄色布料权且做王袍，头戴我们用报纸折叠的皇冠，站在椅子上自发而尽兴地演出。听着女儿白雪公主对众多朋友的感恩之语后，志愿者问老国王，作为现在最有财富的人，看到这么多人都在帮助白雪公主，你愿意为他们做点什么呢？

只见已经入戏的"国王"把"皇袍"向后一撩动，底气十足地说："感谢大家对白雪公主的真心帮助，我愿意拿出银两，帮助你们建现代化的住房，建一个大大的游乐园，让大家快快乐乐地生活和玩耍！"那一刻，我们志愿者都被"小财迷"豁达的胸怀所感动，纷纷留下喜悦的眼泪。我感动于在团体心理剧中，果果与其他孩子抒发了自己的担心、害怕和恐惧的情绪，表达了自己内心的爱与被爱的需要。从果果身上，我们看到人性的光芒！

神奇的心理剧是一种团体心理治疗，有助于个人成长。它是由奥地利精神科医生雅各布·列维·莫雷诺（Jacob Levy Moreno, 1889—1974）创立、发展起来的一种探索心理和社会问题的方法。它的参与者不使用简单的叙述，而是以表演日常生活中的相关事件来进行探索。其应用范围不只是在心理治疗的层面上，也可涉及教育、商业、社区、家庭等其他的情境。

心理剧是一个特殊的舞台，由当事人做主角，也需要有辅助的角色和观众，在导演创设的安全、自由表达的团体氛围中，疗愈着当事人。在雪绒花心理剧场中，孩子们在相互疗愈，也在疗愈着我们志愿者。这就是团体的正向力量！

现在有些学校在心理健康月如火如荼地开展心理剧大赛，应属于校园心理情景剧，是社会剧的一种，是由演员来扮演校园情景里发生的故事，像舞台小品一样在揭示校园心理现象，警示并教育学生。而学校心理剧应由学生、教师来演自己的生活困惑与心理冲突，在演的过程中自我觉察，自我疗愈，或相互启发。例如，宿舍人际冲突矛盾发生了，你会怎么办？看看他人怎么办，按照他人的方法又会发生什么，还可以有 AB 剧结局，看看当事人会有怎样的反应。

（七）世界上最重要的称呼——名字

当一份全班考试成绩单交到学生手上时大多数人最先想要看到谁的名字呢？肯定是自己。名字是人来到这个世界上听到最多的称呼，名字不仅仅是一个符号、一个称呼，它就是我们自己的代名词。

的确，你能够被别人记得，被心目中的重要他人记得，学生被老师记得、下属被领导记得、哪怕一面之交被他人记得，都会带来惊喜。戴尔·卡耐基曾说过："记住一个人的名字，对他来说，这是任何语言中最甜蜜、最重要的声音。"

在我的师范生心理素质训练第一次课堂上，都会有在短时间内记住他人名字的活动，每次都会产生识记人名的课堂冠军，我都会给他们小礼物作为嘉奖。因为我也很羡慕他们记名字的能力，那是做教师应有的基本功。

今日班长的设置，使师范生可以用"九宫格"的方式尽快认识更多的人，得到自我训练的机会。见表6-2。

表6-2　识记九宫格

1. 你印象最深刻的老师的口头禅是什么？	2. 你因为什么特别的事情被老师批评过？	3. 用一句话形容哪个瞬间让你觉得老师很美/很帅？
4. 请用三个词形容你的高中班主任。	5. 说说你最喜欢的老师让你喜欢的具体的点是什么？	6. 上课时你做过最奇葩的事是什么？
7. 你最喜欢的一门课的理由是？	8. 你有过什么特殊的请假/迟到的理由吗？	9. 你最难忘的老师的一个动作是什么？

姓名识记训练法：我有方法记住你（训练6-3）

第一步：填写识记九宫格，尽快请团体中的陌生伙伴如实回答问题并签上自己的姓名，每项一人。（若在其经历中没有发生过，就寻找下一位填写，直到填满9格。）若全班50人，活动约进行15～20分钟，填好的表格回收到今日班长手中。

第二步：20分钟后，每人在团体中分享自己印象深刻、有趣的同学及姓名，若没有人主动分享，可以由今日班长发现有意思的九宫格内容，邀请主人试着把新朋友介绍给其他组员。

第三步：请找出在现场你还不认识的同学，并努力记住他或她的名字以及其他你想知道的有关信息。时间10分钟。

第四步：看谁叫出以前不认识的同学的名字最多，评选出当天的冠军。并请被叫出姓名的同学谈感受。

各场次的高频词常常是"惊讶""激动""幸福""特别""没有想到"等。

第五步：请识记冠军分享自己记名字的"独门绝技"。

第六步：使用"头脑风暴"法进行讨论：假如你作为一名新班主任，你有什么方法尽快叫出更多学生的姓名？

常常公认可行的方法有：学生座次表对号入座法、翻阅学生档案照片相面法、学生名签一目了然法、学生自我介绍姓名意义法、姓名联想法、当面批改作业法、游戏重复叫名法、挂胸牌法等。这些方法可谓百花齐放，各有千秋，学生认真聆听，日后可用。

读者朋友，你识记人名的独家秘籍有：_____ _____ _____。

请你用心，在新学期到来之际，尝试一下你从上述他人经验中学习到自己可使用的方法。

（八）结构化练习的使用注意事项及选择原则

结构化练习是指团体遵循某些特定的方向进行的活动，是团体内的一项实验或措施，通常按带领者、咨询师或治疗师建议进行，偶尔由有经验的团体成员提出。结构化练习试图应用热身活动，以避免团体成员在起步阶段的犹豫和不自在，从而加速团体活动进程。通过分派互动性的热身活动，避免团体成员在初次见面时仪式化的社交行为。这种在团体中进行的事先设计的有结构的热身活动常常被称为团体活动。

结构化练习是加速团体活动进程的环节。使用者要小心，过于依赖这些技术反而会事倍功半，妨碍团体成员发展的自主感和能力感。当团体似乎漫无目的时，带领者或咨询师将结构化练习当成是有趣的事情来做，就喧宾夺主了。

欧文·亚隆和麦乐斯的团体研究表明，领导者的主动性、操作性、管理性功能的程度与团体的疗效呈曲线相关：过多结构化或过少结构化都与疗效呈负相关。过多结构化所导致的问题是以团体带领者为中心的依赖团体，太少结构化或放任式的方法，则会导致团体行为迟缓、缺乏活力、高度耗损。因此适度而不过度，与团体带领者的受训经历、实操经验的积累都有关系。

有专家在带领团体的实践中总结出 12 条选择结构化活动的动力学指导原则：

①根据团体的目标、主题和需要的结果来选择活动；

②选择活动时要有稳定的理论框架，与个人成长和人际沟通有直接的联系；

③多选择那些指导者用起来感到熟悉且舒服的活动；

④多选用语言层面的活动，而不是身体层面的；

⑤选择的活动尽量不使用术语和标签，用语不刻板，不带贬义，也不带负面的联想；

⑥选择的活动与团体成员的发展水平相适应；

⑦选择的活动与团体成员的生理条件相适应；

⑧选择的活动要允许尽可能多的团体成员参与；

⑨选择的活动要能够让团体成员自己掌握其卷入程度和暴露程度；

⑩对活动结果需要确定无论是团体还是作为带领者的你都可以掌控；

⑪活动达到效果所需要的时间是团体所允许的；

⑫选择那些更容易整合到团体互动中的活动。

二　"左右逢源"——团体动力理论

团体会创造出自己的心理动力。作为现代教师，特别是辅导员或班主任，了解团体辅导与心理咨询的一些理论和技术，对于学生团体的建设与管理大有裨益。

(一)群体动力学

群体动力学（group dynamics）亦称团体动力学，旨在探索群体发展的规律。它研究群体的形成与发展，群体内部人际关系及对其他群体的反应，群体与个体的关系、群体的内在动力、群体间的冲突、领导作用、群体行为等。群体动力学理论内容庞杂，理论演变的历史也较为悠久。群体动力学于 20 世纪 30 年代末期创立于美国，它的创始人勒温强调群体是一个动力整体，应作为一个整体来研究。他所研究的主要是小群体。

群体动力学的研究成果对团体咨询的发展有重要影响。例如，怎样的团体是有效团体？如何促进成员的成长发展？

团体咨询的指导者应当创设和谐的温暖的团体心理气氛，以使成员有强烈的安全感、肯定感、归属感。

(二)社会学习理论

社会学习理论（social learning theory）是一种在行为主义刺激—反应学习原理基础上发展起来的理论，着重阐明人是怎样在社会环境中学习的。最早在 1941 年由米勒（C. H. Miler）和多拉德（J. Dollard）提出。他们以社会刺激（他人的行为）取代物理刺激，运用刺激回报和强化的基本概念来解释人们的模仿行为。这一观点奠定了现代社会学习理论的基础。

(三)交互分析理论

交互分析（transactional analysis，亦称 TA）理论，是由美国精神分析学家柏恩在 1959 年创立的一种心理治疗的理论和方法。柏恩认为，"社会交往的单位称为相互影响。当两三个人或更多的人相互碰在一起时，迟早某人要说话，或者向他人的出现致意。 这叫相互作用刺激。 另外的人就会说一些或做一些与这种刺激有某种联系的事，那就是相互作用反应。"相互分析是以精神分析原理为基础创立的一种简便易行的治疗方法。

交互分析理论，就个人与他人的关系创立了四种生活度：我不好——你好；我不好——你也不好；我好——你不好；我好——你也好。

（四）人际沟通理论

人际沟通理论使用广泛，从个人的信息传递，到各种大规模的社会文化制度、大众传播及其影响等。 人际沟通是指人与人之间运用语言或非语言符号系统交换意见、传达思想、表达感情和需要的交流过程，是人们交往的重要形式和前提条件。

（五）当事人中心疗法与人文心理学

卡尔·罗杰斯是人本主义心理学的主要代表人物之一，从事心理咨询和治疗的实践与研究，并因"以当事人为中心"的心理治疗方法而驰名。 当事人中心疗法是建立在卡尔·罗杰斯人性观的基础上，致力于发展以人的尊严与价值的心理学，罗杰斯认为："心理治疗不是在操纵一个消极被动的人格，相反，是要协助当事人，让他的内在能力与潜质得以发展。"也就是说，人具有自我价值实现的内在动力。

香港中文大学林孟平教授总结当事人中心疗法的特点有：

第一，焦点不是"问题"本身，而是"人"，强调各种情况中人的情绪是问题的重点，目标是协助当事人成长。

第二，当事人中心学派是第一个强调治疗性的关系的理论，即真挚、无条件的尊重以及同理心，这种关系本身就是一种成长的经历。 咨询者在辅导过程中不是权威或专家，而是当事人的友伴，陪伴当事人，自由表达此时此刻的感受，探索自己，同时学习承担责任，自己决定目标，并朝着这个目标有所行动。

我在多年的学习与心理咨询应用实践中切身感受到，当事人中心疗法并非一套理论，更不是一套现成的教义，而是在个体咨询、团体辅导与咨询中，咨询师与学校心理辅导教师应具备的一套人文的信念和态度，并与上面几种理论或其他后现代的理论相整合，会在学生团体辅导、团体管理中发生左右逢源的奇效。

三　团体心理咨询的主要阶段及主要任务

香港中文大学林孟平教授根据自己经验提出团体发展四阶段说，见表 6-3。

表 6-3　团体发展四阶段

第一阶段	第二阶段	第三阶段	第四阶段
创始阶段	过渡阶段	委身阶段	终结阶段

（一）团体创始阶段的任务

在一个团体初次见面时，成员倾向于表现出：安静、局促不安，彼此不信任，担心自己能否被接纳、被别人喜欢和尊重，讨论集中在解决问题，成员喜欢提出意见和建议，倾向谈论别人而不对焦自己，对话流于他人他地，而不是此时此地。 对此，团体带领者的重要任务是创建信任的氛围，如果发生不信任的现象时，则要鼓励成员讲出令他们不信任的原因，并以接纳和尊重的态度引导其表达。 在自由表达环节，团体带领者不可要求成员轮流发言，因为那样会增加组员的紧张感和压力感，在被要求表达的情况下，团体成员勉强应对问题。 没有个人深层的真实参与，小组就会很僵化，无法发挥团体辅导与成长的作用。

（二）团体过渡阶段的任务

团体过渡阶段的成员，常常会怀疑其他成员是否真正明白和关心自己，质疑在团体中开放是否真的有用："我是否可以和其他人建立亲密关系？""组员之间是否也会有冲突发生？"在这一阶段，一方面团体带领者要积极促进成员间的彼此信任和关系的建立，协助成员建立自我表达的常模，提供鼓励及挑战；另一方面团体带领者应避免与成员出现对抗和敌视。

（三）团体咨询的成熟阶段的任务

团体成熟的标志是成员与成员之间已经产生了彼此间的信任，建立起了亲密关系，能够表达彼此内心的感受，彼此的冲突矛盾已经得到团体给予的建设性的处理，内部出现了凝聚力。 大多数成员能够主动发言，表达自己，并且帮助别人。 因此也称此阶段为委身阶段。 在这个阶段团体带领者的任务是适当鼓励成员彼此支持，并向别人表达自己对他的关注和兴趣，促进成员彼此之间的被接纳、被尊重、被关心，因此而产生很舒服和彼此信任的感受。

(四)团体咨询的结束阶段的任务

团体成员会对团体即将解散而感到伤感,会感觉还有一些未倾诉尽的事情。 此阶段面临团体结束,团体带领者的工作是帮助团体成员整理他们在团体中学到的东西;分享过去大家曾有的经验;肯定小组的价值;叙述小组对自己的帮助;尝试处理未完成事项;操练新的行为;组员之间彼此分享与反馈;鼓励成员坚定信心,把学到的东西应用于自己的日常生活中。 并且,团体带领者要使团体成员对马上到来的离别做好充分的心理准备。

四 团体心理咨询的基本技术方法

(一)团体带领者的主要职责

1. 注意调动团体成员参与的积极性

团体带领者应积极关注团体内每一个成员,认真观察他们的心态变化,激发成员大胆表达自己的意见、看法,鼓励成员相互交流,开放自我,积极讨论,引起大家对团体咨询活动的兴趣。

个体咨询或辅导是一对一的活动,如图 6-2 中的(a)个体咨询。 团体咨询或辅导不是团体带领者对每个成员的个体辅导,而是利用每个人组员之间的相互联结,如图 6-2 中的(b)团体咨询所示。

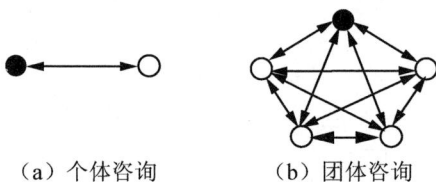

(a)个体咨询　　　　(b)团体咨询

图 6-2　个体咨询与团体咨询

注:●代表咨询师或团体带领者;○来访者或组员

2. 适度参与并引导

团体带领者应根据团体的实际情况,把握自己的角色,发挥带领者的作用。 在团体形成初期,成员之间尚不相互了解,团体气氛尚未形成时,带领者要以一个成员的身份参与活动,为其他成员做出榜样。 对不善于表达的成员给予适当的鼓励,对过分活跃的成员适当制止,始终引导团体活动朝向团体咨询目标方向发展。

3. 提供恰当的解释

在团体辅导或咨询中当成员对某些现象难以把握或对某个问题分歧过大而影响活动顺利进行时，团体带领者需要提供意见、解释。团体带领者不同于教师性的语言主动地按自己备课的内容进行授课。解释的时机和方式因团体活动形式的不同而不同。比如，在以演讲、讨论、总结活动形式的团体内，团体带领者可以在开始时就成员的共同问题进行系统讲授。团体带领者在提供解释时应注意表达简洁、通俗易懂、联系实际、深入浅出，避免长篇大论，避免使用过分专业性的语言。同时，整个咨询活动中应避免解释过多，像是在授课，而影响成员的独立思考。

4. 创造融洽的气氛

在团体咨询过程中，带领者最主要的职责之一是在团体中营造融洽气氛，使成员之间相互尊重、相互关心，使团体充满温暖、幸福感、安全感。在这种气氛中，团体成员可以真实地、毫无顾忌地、坦率地开放自己，在成员彼此互相接纳的气氛中获得自我成长。

（二）团体辅导的沟通及影响技术

研究人类的沟通层次有许多结论，根据沟通可以分为三个层次。

闲谈：谈些不着边际的话题，只表面浮动，无法深入。

讨论：对某事或某人有"你来我往"的各自观点的交流。

谈心：这里的谈心，不同于人们在一般理解中"我说你听，我打你通"的"强迫性"说服谈心，它是指交流的双方不但谈得来，可以就某个问题畅所欲言，还能感受到安全感、被尊重，愿意深入心灵领域进行探讨，表达自己内心深层的情绪情感和渴望。这时候是生命与生命的交汇，个人的想法和感受很自然地向对方敞开。由于双方已经到了"知心"的层次，所以不担心暴露自己的缺憾和短处，反而在相互倾听、彼此鼓励的过程中，得到调整和成长的机会。

同感——同理心（empathy），即心理辅导人员或教师在聆听学生的陈述后，在言行上放下个人的参照标准，设身处地地以学生的参照标准来看事物，从对方的处境来体察他的感受、心情和思想，了解他如何看待自己，看待周围的世界，由此而产生的独特的感受。

我们日常语言中的感同身受、设身处地、将心比心、换位思考就有同理心之意。在这个意义上可以说，人类有朴素善良的同理心。但同理心并不是与生俱来的，同理心也不是普通的了解。对于教师、心理咨询师等助人的工作者，同理心是重要的沟通技能与基本能力，需要在理论和技术层面上不断学习和训练才能掌握，达到更科学化的沟通，使教育工作事半功倍。

(三)欧文·亚隆团体理论

欧文·亚隆团体心理咨询与治疗是一种由一名或两名治疗师共同为一组来访者（7～8 人为最佳）提供心理帮助与指导的咨询与治疗形式，以团体为核心。在小组的发展过程中，治疗师提供引导和帮助，在接纳和共情的基础上，达到让成员的心理状态得到改善，症状减轻，实现个人成长目标的一种有效模式。

亚隆团体重视小组动力，强调在小组发展进程中从更深层的人文关怀和人性帮助角度来充分发挥团体的治疗功能。与个体心理咨询与治疗相比，团体心理咨询与治疗的优势在于：重现人际冲突，浓缩真实的社会互动。利用"此时此地"，强化积极、有效的人际互动模式，知晓并努力改变不良的人际互动模式，将自己在团体咨询与治疗中获得的成功经验迁移到现实生活中去，学会如何与别人建立关系，进而解决在现实中遇到的问题。

团体辅导的效果是可以评估的，治疗师根据评估效果进行改进。常用的评估法有行为计量法、标准化的心理测量法和调查问卷等。

五 枝丫需要修剪——教育惩罚的艺术

教育对学生良好品德的发展起主导作用。这种主导作用体现在两个方面：一是教师对学生品德施予有目的、有计划、有系统的影响，只有良师才能带出品德高尚的学生；二是学校集体是教育起主导作用的组织形式，集体以"从众"和"社会助长"的作用形式，在具体的舆论的压力下，使个体的认识或行为不由自主地同大多数人一致，使个体在众人面前从事某种活动而提高效率。

在日常生活中，人们的从众行为是常见的，特别是在信息模糊不清、缺乏明确判断标准的时候。从众不是盲从，不是没有目的的行为，而是同别人、同众人、同群体的行为取得一致。群体压力可分为以下两种。①信息压力，通常人们宁可怀疑自己的感知、判断能力，也要相信众人的意见，因为多数人正确的概率更高。②规范压力，正式群体都有一定的行为规范。任何违反群体规范的行为，包括同群体内的多数人不相一致的观点、信念、态度、意见等，都是群体所不欢迎、不允许的。群体有多种惩罚手段来制裁偏离行为。对惩罚的恐惧使人们采取从众行为。在一定意义上，从众行为对于人际关系的调节、群体规范的形成、个别行为的社会化等都具有重要意义。

社会助长是指个体与别人在一起活动或有别人在场时，个体的行为效率提高的现象。后来，有很多研究证实了社会助长现象的存在，但也有一些研究得出了相反的结果。 事实上，我们在从事一项行为操作时，他人在场的确可以使我们的行为效率提高，但有时他人在场不但不能促进我们行为效率的提高，反而会影响我们的正常工作，使我们的工作效率下降，也有人称之为"社会惰化"。 当群体一起完成一件工作时，群体中的成员每人所付出的努力会比个体单独完成任务时付出的努力偏少，这种现象一般发生在多个个体为了一个共同的目标而合作，而自己的工作成绩又不能单独计算的情况下。

教师了解学生在社会发展中的心理特点，了解学生在团体教育中的一些行为，便于更主动积极地引导他们。

教师制订的惩罚规则在一定程度上反映了教师对学生的了解程度，而了解程度又会反映出教师的心灵感悟力，这是评价教师教育能力的一项很重要的指标。 教师如果很了解自己的学生，那么教师制订的惩罚规则将会是学生能够承受的，能够接纳的。 很多时候在学生犯错时，教师就直接对犯错误的学生进行惩罚，并没有思考为什么学生犯错误。 而事实上教师首先应该运用同理心去思考为什么学生犯错误了。

我的一次面对迟到者的团体辅导经历或许对大家有所启发，我给这段经历命名为"我再也不会轻易迟到了"。

当学生第一次团体活动就迟到时，一般学生的做法是，不好意思地走进教室，看到同学已分成组，热火朝天地讨论着什么，便走到离教室门口最近的小组旁边悄悄地坐下来旁听。 其他同学也不知道他是谁，便使其一直游离于团体之外。

我在团体中的尝试是，当发现有学生在分组后迟到时，我会借机迎上去问他是谁？ 看到其他同学一起讨论喜欢吗？ 为什么迟到？ 我会适时地邀请他，与全班同学见面，做自我介绍，说明自己迟到的理由，表达看到大家在小组中亲密交流时的感受，并表达想参与小组活动的渴望。 之后，我会问各小组成员，你们刚才像家庭中的兄弟姐妹一样地热烈地讨论，营造出温馨的氛围，感染着这位来迟的同学，现在你们看一看这位来自某系、看着干练、说话有分寸的叫某某的同学，哪个小组愿意欢迎他到你们组中？ 常常是我的话音未落，就有同学喊着："到我们组来吧！""我们组欢迎！"有的小组成员干脆上来就抢人了。 在这种情况下，迟到的学生常常非常感动。 我会让他自己选择小组。 有的选择到距离自己所站之处最近的组，有的迟到的学生很机智，会说："各个组都这样盛情邀请，我都想去，分身无术，我只好用伸手指，闭眼转两圈的方法，指到那个组，就是我的缘分，好吧。"这种处理迟到的方式，常常令迟到者深有感触地说："我再也不会轻易迟到了！"

在课堂上我会使用一些团体练习来促进学员思考，或用头脑风暴法，或借助团体动力，促进学员之间相互倾听、说服，形成团体的决议。 偶然会有成员当众提出活动的前提有问题，我们无权改变别人想退出活动的决定。我在第一次遭遇这种情况时还有些尴尬。很快我就意识到强扭的瓜不甜，要给学生充分地自由选择权利。我让其当众说明自己的理由，在认真听取当事人的陈述后，我便尊重他的选择。当然这是课堂，选择不参与讨论，并不意味着可以离开课堂。我会说："太好了，我正想在你们组里设计一个观察员呢，你就来做这个重要的角色吧。条件是，你在小组里只能听，不能与小组成员讲话，有话说要等到小组讨论之后。充分放大自己的眼睛和耳朵，认真观察和倾听其他组员是观察员的任务之一，要留心观察组员们是怎样讨论的，组员们是如何解决矛盾冲突的。最后，我会专门采访你。"这样，学员更认真地对"观察员"的角色负责，甚至认真地做笔记。当然，在小组讨论后，我一定不会忘记让观察员分享在他独特视角下的观察与思考。这对于全体学生都是换个角度看世界的学习。

这个过程看似是成员因为不守团体规则而被惩罚，实际是教师打破常规，因势利导，在特立独行中抓住机会，设计教育内容，拓展教育内涵。而单纯的惩罚只能限制错误行为，只有教师循序渐进地鼓励，才能培养学生做出正确的判断并对自己的选择负起责任，心理学将此称为"行为塑造"。有的家长也用奖励来激励孩子学习，如"你要考第一名，我就给你买礼物。""你要考上名牌大学，我带你去国外旅游。"当孩子觉得目标太高，可望而不可即时，便会干脆放弃。外部动机最终不能替代内部动机。

在美国一部电影中的故事情节至今令我难忘：一位成年男子下班回家，对自己6岁女儿说："爸爸和你玩一会儿，好吗？"没想到小女儿却说："爸爸，你忙的时候就把我忘了，你没事了，就来找我玩，这公平吗？"这是强烈的公平观念。

罗杰斯所理解的"公正"是指，为了少数人的利益而牺牲多数人的利益是不公正的，为了多数人的利益，牺牲少数人，甚至个别人的正当权益，也是不公正的。

制度建设也需要智慧。制度是人们制定出来的，它可以被批判，也可以被重建，关键是教师要把公正公平公开放在首位。

第七讲

带着快乐进课堂

——教师压力管理与心理健康水平的提升训练

坐过飞机的人或许会记得，在飞机即将起飞时，会看到客舱播放关于氧气面罩使用的视频，空中乘务员的一句话让我很有感触："带小孩的旅客，请你自己先带好面罩再去帮助别人。"关于教师心理健康的议题何尝不是这样，教师情绪管理水平不高，对自身心理健康关注不够，又怎能帮助学生。没有心理健康的教师群体，又怎会有心理健康的学生群体。

一 教师需要为学生示范心理健康

随着高等教育的普及，教师的学历越来越高，博士毕业就职于中小学已经不是新闻话题。但在社会发展快节奏的大环境下，教师的心理健康问题日益提到议事日程。不仅有教师、博士生导师因抑郁症而自行结束生命的事件，更有教师对亲人施以家暴、用语言暴力甚至身体暴力对待学生。

教育是门智慧与艺术的学问。教师本人才高八斗，如果管理自己情绪的能力有限，缺乏人际沟通的能力，把课堂当作自己情绪的宣泄场，如有的教师放话："我从没有见过你这样的学生""你不配做我的学生"，一句句狠话让学生无地自容，却步在教室门外。有学生在心理咨询室里袒露过自己迷茫的心声："我花家里的钱来学习，不是来听老师说连他自己都不信服的内容的，这让我不知道如何是好。"有的老师当学生顶撞自己时，与学生争吵对骂。这些场景可能是个别现象，但教研室里的教师似有满腹牢骚的话题，甚至有的教师偶尔带着负面情绪走进课堂。

一位初中生在雪绒花学生心理帮助热线中自称是"小心理学家"，这引起我的好奇。他在叙说时的口吻与语调也似有几分神秘："我们班主任李老师是教英语的，而我是英语课代表。每天早晨将同学们的作业本交到李老师的办公室是我的日常任务。我慢慢发现李老师的一个秘密：她在情绪好时，课堂上就会有笑脸，一不高兴就多留作业。同学们因此怨声载道，声称'我们是老师的出气筒'。作为课代表，我心里也不好受。我每次从李老师办公室走回教室时，就会向同学们发布李老师的情绪预报：'今天老师不高兴！''今天李老师脸很长！请大家猫着点！'就这样，爱打闹的同学们听了我的预报，收敛了不少，全班同学都很少受罚了。为此，有同学送我'小心理学家'的称号！我也知道老师不开心，想要个脾气，展示一下权威，她这样做是没有办法中的办法。"

在与这位"小心理学家"交流的过程中，我充分肯定了他对人的情绪的敏锐觉察，更重要的是他能够感同身受地理解他人，用积极的心态调节师生间的矛盾，并身体力行地尽自己的努力改善师生关系。当我放下手中的热线电话，坐在那里回味、记录时，一方面为这位"小心理学家"高兴，觉得他的情商真的很高，人际敏感，善于沟通，未来定会为他的事业助力；另一方面我又为班主任扼腕叹息，她把自己的情绪写在脸上，让学生来发觉并适应自己。 假如课代表不是"小心理学家"，假如学生不理解老师的心情，也许会引来教室里的一场师生关系的"寒冬"，会让孩子们受伤。 只有更加广泛地进行校园心理健康教育，并且广大师生一起参与，才能避免这样的后果。 由此，在我后来的学校心理辅导工作中，把"雪绒花心理健康大讲堂"直接开通到学校新教师、学生宿舍管理人员、校园保安班长的培训中，我坚信，没有心理健康的教师群体，是不会有心理健康的学生群体的。

在北京师范大学心理咨询中心的入口处，赫然写上：

必要的心理求助是强者的行为！

关注自己今天的心理健康就是为自己明天的健康生活买保险！

关注他人的心理健康就是为自己和谐的生存环境做建设！

二 教师心理健康与心理卫生

心理健康或卫生的含义包括两个方面：一方面是指对人的心理病症的预防与治疗；另一方面是指对正常人的心理健康水平的保持与提高。 前者属于病理心理学的范畴，后者属于心理健康教育与心理卫生的意识与能力训练。

教师心理卫生主要是指提高教师的心理健康水平，即培养教师的优良心理品质，训练自我调节能力，兼有对教师的不健康心理因素的修复和治疗。 但是，上述两项内容，多是针对部分教师在心理上存在的障碍或创伤，它与真正的精神病患者在心理上的病症有原则上的区别，在心理卫生学的概念中，不可混淆两者的界限。 教师的心理衰弱因素，只是整个心理生活中的部分障碍，即使达到心理创伤的程度，也是暂时的，只在教师的某些行为与语言中显露出来。 从整体方面讲，心理健康范畴讲究心理卫生，一是为了保持和提高心理健康水平，二是为了消除或减少心理障碍的程度，防止它发展成为创伤或病症。当然，当教师出现心理危机或心理疾病时，及时的专业帮助也是非常必要的。

(一)中国心理卫生观念

中国文化主要受儒家思想的影响，以"君子""仁人"的行为模式为标准。

有学者研究，"四书"所界定的做人标准就包含了心理健康的标准，具体包括以下六个方面。

1. 以仁道去建立良好的人际关系

善于与人相处是心理健康的重要条件，中国古代思想家特别重视人伦，即指与人相处之道，也就是交往中应遵循的规则。例如，葛洪在《交际》中指出，交友要"先择而后交"，对朋友不能"面而不心"，要做到"狎而不慢，和而不同"（亲近而尊敬，和睦地相处，但不随便附和）。《论语》中对交友也有很高的要求，如曾子曰："吾日三省吾身，与人谋而不忠乎，与朋友交而不信乎，传不习乎？"即我每天多次反省自己：替别人做事有没有尽心竭力？ 与朋友交往合作做到诚信了吗？ 老师所传授的东西经常温习了吗？

2. 适当地约束自己的行为

儒家一直重视礼仪，而且认为个人应能做适当的判断，能保持情绪的平衡。"正心"就是保持情绪平衡，使其不致引起行为方面的歪曲。"君子坦荡荡，小人长戚戚"，即胸怀坦荡，不为小事斤斤计较，这也是心理健康的标志。

3. 正确认识环境中的事物

儒家强调学习，认为从穿衣进食到为政处事都要学习，而且应循序渐进，注重在实践中调整自己的认识。

4. 通过反省增加对自身的了解

自我了解是良好适应的重要条件，儒家的修身之道是常注意反省。

5. 具有积极的生活态度

《论语》里的君子就具备这种态度，如"力行近乎仁"，君子当"先行其言"。

6. 以"止于至善"作为自我发展的目标

"大学之道，在明明德，在亲民，在止于至善。"这一观点与人本主义心理学中的"自我实现"是非常相似的。

我国古代的心理健康标准还蕴含在《黄帝内经》之中，我国学者燕国材根据有关学者的研究，把它概括为九条：①经常保持乐观的心境，"以恬愉为务""和喜怒而安居处""心安而不惧"；②不为物欲所累，"志闲而少欲""不惧于物""无为惧惧"；③不妄想妄为，"无思想之患""不妄想""不妄作劳""淫邪不能惑其心"；④意志坚强，凭理智行事，"志意和则精神专直，魂魄不散，悔怒不起"；⑤身心有劳有逸，生活合乎规律。"御神有时""起居有常"；⑥心神宁静，"恬淡虚心""居处安静""静则神藏，躁则消亡"；⑦热爱生活，保持良好的人际关系，"乐其俗""善附人""好利人"；⑧善于适应环境变化，"婉然从物，或与不争，与时变化"；⑨涵养性格，陶冶气质，不断完善自身，做到"节阴阳而调刚柔"。

中国古代哲人对于心理健康方面的论述还有许多，我们在细读之后，惊讶地发现，这些文字与西方现代学者的观点何其相似。 其中包含许多当代积极心理学的观点，并且在几千年前就已经提及，不得不说中国文化的博大精深，源远流长。其中无不体现着关于幸福感、和谐、自尊感、个人成长、个人成熟、人格完整、与环境保持良好的接触、有效地适应环境以及在环境中保持独立性等现代心理健康的理念。难怪许多西方的心理学大家在自己的专著中，在阐述自己哲学观的渊源时会提及孔子、老子、墨子等。

(二)教师心理健康与身体健康

心理健康是指一种健康状态，在这种状态下，每个人都能够提升自己的能力，能够应对正常的生活压力，能够有成效地从事工作，并能够对社会做出贡献。从此积极意义上讲，心理健康是个体获得生活幸福和履行有效社会功能的基础。

最新医学研究不断地证明：在人的健康长寿因素中合理膳食占 25％，其他占 25％，而心理平衡的作用占到了 50％。

现代医学发现：斑秃、哮喘、高血压、癌症、动脉硬化、消化性溃疡、白癜风等疾病都与心理压抑感有关。因此，这类疾病也被称为心身性疾病。请注意，心在身之前，心理因素在这类疾病中起重要作用。

如果人整天焦躁不安、发怒、紧张等，令压力激素水平长时间居高不下，人体的免疫系统会受到抑制甚至摧毁，心血管系统也会由于长期过劳而变得格外脆弱。

人在快乐时，大脑会分泌多巴胺等"有益性激素"，能让人心绪放松，产生快感，这种身心都很舒服的良好状态，使人体各机能相互协调、平衡，促进健康。教师的心理健康状态会直接影响和感染着课堂上的每一个学生。

(三)心理健康的基本含义

心理健康是一种心理状态。什么样的状态才是心理健康呢？与心理健康相对的是心理"不健康"，为了理解和称谓的方便，我们可以称之为心理健康异常。什么样的"异常"或"异常"到什么程度才算是心理不健康呢？这些问题都是保持和维护心理健康必须面对的基本问题。前者涉及心理健康的定义，后者说的是心理健康的标准。

心理健康受经济、社会、生物、环境等多种因素的影响。世界卫生组织明确提出："健康是一种身体上、心理上和社会上的完善状态，而不仅仅是没有疾病和虚弱。"这个对健康的定义明确指出了心理健康的基本性质，即心理健康是人健康不可或缺的重要组成部分。

有许多组织、专家和有关文献都对心理健康的含义做出了界定。归纳起来，心理健康主要包含以下一些含义。如图 7-1 所示。

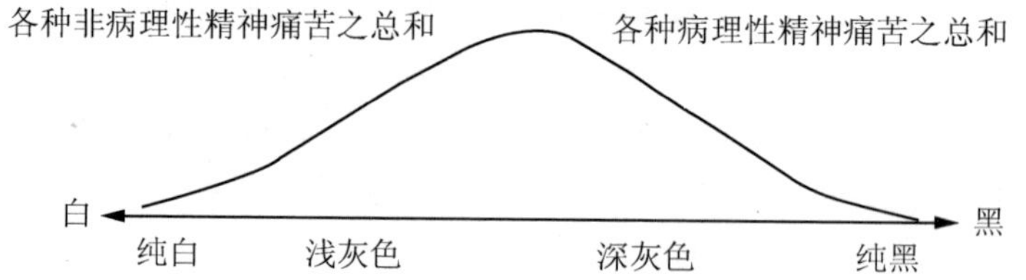

各种非病理性精神痛苦之总和　　　　各种病理性精神痛苦之总和

白　　　　　　　　　　　　　　　　　　　　　　　黑

纯白　　　　浅灰色　　　　　深灰色　　　纯黑

人员	健康人格 有自信心 适应力强	由各种生活人际关系 压力而产生心理冲突	各种变态人格 与人格异常 与障碍之人	精神病 患　者
服务 人员	无　需	心理咨询员 社会工作者	心理医师 心理门诊大夫	精神病 医　生
服务 模式	无　需	咨询心理学模式	临医心理学 模式	医学模式

图 7-1　心理健康灰色区示意图

①心理健康是一种持续的心理状态。 不能因为存在短暂性的心理不适就认为心理健康存在问题，不能因为身体疾病就怀疑心理也出了问题。 人的身心是相互关联的。

②一方面，这种状态的最低标准是没有精神障碍或精神疾病，另一方面，心理健康并不仅仅是没有精神障碍或疾病，亚健康是身体的一种自动提醒。 一个人若长期处于心理亚健康状态，应引起警惕。

③心理健康的常态表现为：在自身及环境条件允许的情况下，个体能够经常感受到最佳的功能状态，其中包括能够充分发展自身潜能，应对正常生活和工作压力，有成效地从事职业活动，维持良好的人际关系，对他人和社会做出自己的贡献等。

④心理健康状态不是指心理或精神上的绝对完美。 心理健康并不是特指马斯洛提出的那种自我实现的高峰体验，但又包含有其意。 实际上大部分个体在日常生活中处于一种平静的、愉悦的心理状态，尽管偶尔也会遇到各种烦恼，也会存在暂时性的焦虑或一过性的情绪低落，但从总体上讲还是处于心理健康状态。

对于心理不健康问题的理解，有许多不同的观点：有的泛指人的行为不适应性，有的指人的认知方面的缺陷，有的单指情绪失控、注意力涣散、意志脆弱等。 总之，是指人的心理因素失调和言行变异。

(四)教师心理健康

教师心理健康是指教师的各种心理活动处于正常水平，具有自我调节能力和对外界影响的正确回应。 教师不仅是一个成熟的社会活动者，而且是青少年的表率，他们的心理状态必须是健康的。其他的社会活动者，如工人、农民、科学工作者、医生等，当然同样需要心理健康，否则无法完成各自的具体工作任务。一个工人出现情绪困扰或失控，或认知缺陷等，会损坏工厂的机器，出废品，浪费财富，而一个教师的心理健康有问题，则不仅仅浪费教育经费，而且会损害青少年的心灵，妨害他们心理的发展水平，并且透过对学生心理的无形影响，给整个社会、给周围的人以不良的心理影响。所以人们要求教师的心理状况是健康的，才会带出健康的孩子们。教师的行为示范性也有此意。

自身心理健康是教师进行教育工作的基础，涉及教育学生、影响家长，也感染周围的人。这也许是教师行业被推举为"天底下最神圣的事业"的原因之一。不论提法有多高，教师的心理健康水平是会影响一大批人，甚至影响整个社会的现在和未来。例如，媒体报道的幼儿园教师虐童事件所激起的社会反响，也许从另一个侧面说明教师的道德、法律意识以及心理健康的重要性。因此，教师群体应具有社会公认的高标准的心理健康水平，而且健康的指标又应是全面的。

作为教师心理健康的主要指标，既要符合一般人心理健康的要求，又要体现教师的特殊需要。在表7-1中，教师心理健康的主要指标是学者参照人的心理健康的普遍原则和教师职业的特殊要求拟订的，各项指标的排列是由它们的作用大小决定的。

表 7-1　教师心理健康的主要指标

编号	指标分类	心理特点列举
1	身份认知	自知身份和潜在优势、劣势
2	教育心理环境	教育观、心理环境的稳定性、乐观性
3	教育独创性	独立、受暗示；果断、寡断；进取、畏缩
4	教育焦虑	排除干扰、适当的焦虑水平
5	教育关系	心理关系、心理距离、心理气氛
6	适应与改变	应变能力、改造环境

关于后几项心理健康的指标，在本书后面还会涉及，在这里主要讲悦纳。

悦纳自己的教师身份，是教师心理健康的最基本的标准之一。所谓悦纳，即愉快地接受，它是一种主动的心理状态。承认自己的身份，按照自己的专业身份进行活动，约束自己，拒绝从事与自己身份无关的活动，这是专业心理健康的基础，失去这一基础，就谈不上心理健康。

有些教师，或未来将要当教师的师范生"身在曹营，心在汉"，这山望着那山高，因教师或师范生的身份而感到自卑，看不起教育岗位，也看不起自己的职业或专业。 也许他们日后改行从事其他自己更喜欢的职业，但在做教师期间的这种心理状态是心理健康不佳的表现。 心理学上称其为职业自居心理欠缺。

有研究指出，对自己了解恰当并能悦纳自身职业，是心理健康的首要条件。 恰当了解，就是如实自知；悦纳，就是愉快地接受自己的职业现状并为发展创造条件，主观上愿意努力试一试。 只有在认识上如实承认自己的教师职业身份并且自愿地从事教师工作，逐步对教师职业充满信心和情感，才能抵制社会上对教师工作的不良刺激，理直气壮地表明自己的专业身份，克服实际存在的各种困难，成为心理健康的教师，为人表率。

三 与压力共舞——创设健康的教育心理环境

人们在社会生活中或多或少地都会体验过压力感。 当人们感受到压力时，恨不得压力马上全无。 人一点没有压力时，又会无所事事，做事情效率不高，还会拖延。 正可谓"人没有压力轻飘飘，井没有压力不出油"。 我们应当怎样理解压力？

(一)压力是由于变化而来的

提到压力，一定要提应激（stress）这个词。 应激是一个很普遍的现象。对于应激这个词，英文有很多定义，翻译为中文意思是心理紧张、心理压力。根据全国科学技术名词审定委员会的规定，正式翻译为应激。

心理应激是有机体在某种环境刺激作用下由于客观要求和应付能力不平衡所产生的一种适应环境的紧张反应状态。

人在社会环境中生活，总会有各种各样的情境变化或刺激对人施以影响，作用刺激被人感知到或作为信息被人接收，一定会引进主观的评价，同时产生一系列相应的心理生理的变化。 人对信息进行加工，就必然会对刺激做出相应的反应。 如果刺激需要人做出较大的努力才能进行适应性反应，或这种反应超出了人所能承受的适应能力，就会引起心理、生理平衡的失调即紧张反应状态的出现。

身体抗压小实验：

①写下自己的 10 个优点，写完之后默念 3 遍，然后闭眼再默默地想并念3 遍。

②睁开眼睛，平直向前伸出双手，手心向上，请别人压一压。

③写下自己的 10 个缺点，写完之后默念 3 遍，然后闭眼再默默地想并念3 遍。

④睁开眼睛，伸出双手，手心向上，请别人压一压（用与之前一样的力度）。

用心体会一下前后两次有什么不同的感觉。

（二）影响人的寿命的一半原因是"心理平衡"

在中国心理学上有一个有趣的议题，为什么描述心理状态的词汇大多有一个竖心旁或心字底，如惊悚、思想、恐惧等。我在大学期间最初接触心理学时常常解释为古人看到人死了，心脏不跳动了，误认为人的灵魂在于心脏。而实际上人的大脑及神经系统才是心理的物质基础。中国人在创字时又早早地为所有脏器带有月部首：肝、脾、肺、肾、胃、肠，只有心没有。这又是为什么呢？

中医讲："心者，君主之官也，神明出焉。"这就是《黄帝内经》讲的"主明则下安，以此养生则寿"，人整体就会平稳健康。心主则神明，神明指精神意识思维活动。当一个人身心安定，心情稳定，身体就会迅速恢复强健。

2008年，美国南佛罗里达大学健康科学研究中心的首席科学家卫斯理教授研究发现：心脏可以分泌救人最后一命的荷尔蒙。它不仅可以在24小时内杀死95％以上的癌细胞，而且对其他绝症也有极好的治疗效果。

卫斯理教授的研究，源于他的好友：一对在2003年检查出恶性肿瘤和患上了严重的冠心病，生命仅剩下3个月的英国夫妇韦德和安妮。他们在放弃治疗后，选择用两个月的时间完成生命中最想完成的50件事。夫妇俩与旅行社订下合约，倾尽余下的4万英镑家产，进行一趟豪华的环球旅行，条件是只要夫妻中任何一位在旅程中去世，合约就自动终止。

旅行社到医院查核，认为在仅剩一个月寿命的前提下，签订此旅行合约十分划算，就订下合约。结果，原本以为只有一个月的旅行却持续了一年半。而这对夫妇同情旅行社即将破产，就自动解约返回家，在赴医院检查时，发现所有的癌细胞全数消失，原本不治的恶疾竟在旅途中不治而愈。

后来，卫斯里抵达伦敦去见渴望已久的老朋友。韦德和安妮早已等候在机场，看到两人容光焕发、精神矍铄的样子，卫斯里几乎不敢相信自己的眼睛。这对早已在心理上经历过"生死离别"的老友久久拥抱在一起，为命运的悲喜感叹不已。

当天晚上，卫斯里详细询问了韦德夫妇在旅行过程中的身体情况。韦德直言，两人当时只贪恋旅途中的美景，根本没空闲去想自己的身体状况。两人在北冰洋的冰川上尽情体验生命的美好和世界的奇妙，只想让这一刻长久再长久，不知不觉就活过了医生预言的最后期限。后来在夏威夷的海滩边度假时，他们都感觉自己身体的种种不适似乎都不见了。这个情况引起了卫斯理极大的兴趣。他在深入研究后发现：心脏在非常平静快乐喜悦时，会分泌一种氨酸荷尔蒙,能治疗重大疾病和其他绝症。 他的研究震惊世界,被誉为"揭开上帝终极底牌"的科学家。

当一个人身心安定,心情稳定时,身体就会迅速恢复强健。 所以"最好的医生是我们自己,心是最强的药,人体都有自行修复的机制"。"压力激素"会损伤身体,医病先医"心"!

(三)教师心理健康的内在因素:人格特征

心理健康的内在因素是教师的人格特征,人格即个体具有的典型而独特的稳定心理品质组合系统。 人格有四个典型特征:

第一,人格受先天遗传与后天环境的影响,缺一不可。

第二,人格体现了个体差异性。 人心不同,各如其面。 这样才有百个学生百样的个性特点。

第三,人格具有稳定性,即江山易改,禀性难移。

第四,人格是由多种心理品质组合而成的,是一个整合的系统。

学者许燕认为: 每个正常人在公共场合中都希望自带光环(吸引力和自我力量),期待充满人格魅力。 这种人格魅力是外在我的外部吸引力、内在我的人格力量,以及内外自我的和谐度。

外在我的外部吸引力是一种社会化的表达,体现在符合社会规范的高雅且适宜的言行举止与行为规范方面。 比如,我们身边的人表现出了见义勇为、乐于助人、与人为善的行为,这些积极向上的行为范式使他们更具有人格吸引力,为人称道,为我所敬。 尤其是符合社会发展规范的,就成为全社会的楷模。 例如,当代"最美教师"的评选人选,他们不仅给人一种崇高感,而且对社会产生一种尊师重教的引导作用,也为教师群体树立榜样。

内在我的人格力量是一种自内而外表达出的美德。 例如,真实、清澈、心地干净,给人安全感、易亲近的舒适感;有正气、自律、积极、进取、坚韧等,如我前面提到的让教师学员或师范生绘制自画像的结果,常常给人以力量感,是一种由内而外的对人生、对命运的控制力。

内外自我的和谐度就是内在我和外在我不分离的"表里如一",常常也视为心理健康的重要指标之一。

教师的人格力量对学生心理健康的影响非常重要。 教师心理健康的建设目标正是健康人格的发展与整合的成熟。 而每个人格都不是完美的,有建设性和破坏性的力量。 心理异常的人格,破坏力量占优势,从而表现出各种心理冲突。 瑞士人格心理学家荣格有一形象的比喻:阳光下必有阴影。 人在阴影下待久了,便成了阴影的一部分。

荣格认为,要想成为完整的人,必须了解我们的阴影,即识别暗黑人格的黑三角的特征。

特征一：权谋主义。　具有这种特征的人，可以用我国司法部门在公布犯罪人品行时常用的词汇来画像：自私自利，过河拆桥，擅长操控，以权谋私，唯利是图，不择手段，忽视道德，置别人的痛苦而不顾，等等。

特征二：自恋。　这种自恋主要表现为以自我为中心，爱慕虚荣，张扬吹嘘，傲慢无礼，自以为是。　这类人在社交场合中表现为派头十足，能言善辩，喜欢夸大其词，贬低他人，炫耀自己，极具煽动性，等等。

特征三：精神病态。　不是真正的精神病，这类人无责任感，行为冲动，喜欢需求刺激，胆大妄为，我行我素，心狠手辣，冷漠残忍，强势压人。　他们在与人冲突时，会失去理智，不顾及对方的感受，易做出伤害性行为，不计后果，事后无焦虑、无恐惧，为所欲为。　精神病人常常为自己的所思所想而陷入痛苦，而有病态人格的人以此为荣。

识别善恶人格是全面了解自己与他人的人生必经之路，需要我们通过自我修养与训练来完善自己。

阿尔弗雷德·阿德勒指出，健康人格具有崇高的心理属性。　健康人格的特征是人格的统整性，是人格的核心标准。　学者许燕认为健康人格应具备以下三个主要功能：

第一，建构功能。　在每个人的人格世界里，存放着多元、动态的人格元素群，这些人格元素群并非简单堆积起来的，而同宇宙世界一样，是一个依照一定的秩序、规则有机结合起来的运行系统。　这一功能就像是有一个高超的建筑师设计建筑蓝图、用建筑材料建造出雄伟的大厦一样。　人格的统整性就是要将各种成分统一在一个和谐的关系系统之中。　人格中的自我元素是人格统合的"指挥官"，负责人格元素的和谐运行。　如果人格结构杂乱无章，人们对世界和事物的解读就会紊乱、出现差错，内心会纠结，从而沉浸在矛盾世界里无法自拔。　人格结构统合性高，会使人在有序、良好、宁静的心理世界里幸福地生活。

第二，匹配功能。　不同人格元素是否匹配良好是健康人格的条件，否则会因为人格的搭配混乱而出现失控行为。　例如，读者在读《水浒传》时，经常将李逵和鲁智深归为一类人，因为二者都属于"豪放仗义"之人，性情粗犷，疾恶如仇，行侠仗义，威猛不屈，义胆忠肝。　但是，细细品味，两人又有鲜明的差异，主要表现在人格的统合力上。　鲁智深心有佛性，具有爱心，粗中有细，勇而有谋，爱憎分明。　而李逵则是有勇无谋，缺乏理性，随性而起，冲动鲁莽。　由此可见，虽然两人都是豪放仗义的，但是，智慧、仁爱与行侠仗义是否匹配决定了两人在行事风格与做事结果上的差别。　好品质的统合会使人格优势得以发扬，鲁智深将智慧、仁爱与行侠仗义有机统合，深得人们喜爱和敬佩。　而李逵做事欠思考，其不良人格组合导致其在行侠仗义时表现出鲁莽蛮干的行为特点。

第三，完好功能。 完整的人格是一种自我统一、朝着积极方向发展的人格完好状态，包含了完整性与完好性。 破坏了这种内在统一性，就会出现人格失调或人格异常。 有时候我们处世不利是由我们自身的人格缺陷所导致的，因此完善的人格是一个人全面发展的基础。 荣格提出，健康人格是一个统合、均衡、充分发挥功能的人格。

完善人格就是建构积极、健康的人格品质。 依据上述三个指标，可以有效地帮助教师或师范生发挥人格的积极功能。 怎样启动教师或师范生的人格自主建设力？ 我以为，师范生尽早通过学习与教育实习等环节，加强对教师人格特质的了解，并在从教前提升对教师职业生涯及未来的设计与规划的能力，以及参加必要的教师人格的自我训练等，这些都是非常重要的自我体验与选择的过程。 每个人都是自己人格的设计师和建筑师。 盲目从事教师这一职业，既影响学生，也耽误自己。 而有意识地通过教师心理训练提升自我人格发展，是教师职业的需要，也是发挥自我潜能，使自己终身受益之举。

(四)减压秘方的破解

1989 年 9 月我在跟随香港中文大学林孟平教授学习心理咨询与心理辅导时，老师在课堂上曾送我们一张减压秘方。 在这里我一字不漏地转述给众朋友，见图 7-2。

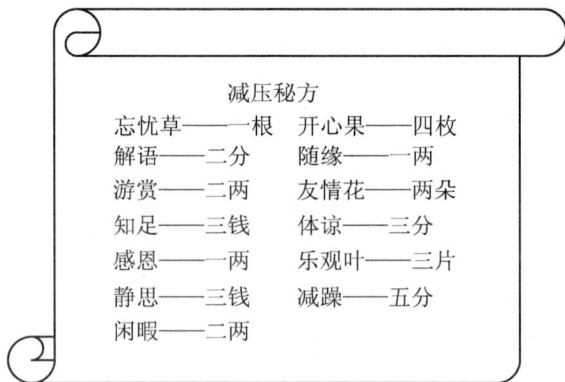

减压秘方

忘忧草——一根		开心果——四枚	
解语——二分		随缘——一两	
游赏——二两		友情花——两朵	
知足——三钱		体谅——三分	
感恩——一两		乐观叶——三片	
静思——三钱		减躁——五分	
闲暇——二两			

图 7-2　减压秘方（林孟平）

方中借用一些中药药名和常用词汇，采用幽默法来解释减压的方法。 多年来我反复阅读和使用，对其理解逐步具体化，并常常记下一些心得笔记。 我们用心读懂，并广而告之，才是老师送给我们减压秘方的本意。

1. 忘忧草——一根

忘忧草，在这里是指古人以为可使人忘忧的一种草，即萱草。梁武帝《古意》诗："云是忘忧物，生在北堂陲。"嵇康《养生论》："合欢蠲忿，萱草忘忧，愚智所共知也。"在百合科的同宗"姐妹"中，萱草并非"名门望族"，不过是"小家闺秀"。萱草翠叶萋萋，着花秀秀，焕发出一种外柔内刚、端庄雅达的风采，让人感到亲切和蔼，赏心悦目。

萱草何以忘忧？据说古代有位妇人因丈夫远征，遂在家中栽种萱草，借以解愁忘忧，从此世人称之为"忘忧草"。

白居易曾有过诗云："杜康能散闷，萱草解忘忧。"为他晚年的知己刘禹锡屡遭贬谪的身世予以劝慰。其实，从科学的角度来看，它本身并不含有任何解忧的元素，只不过人们在观赏之际，能够转移情感，稍散一时之闷，略忘片刻之忧而已。

在20世纪60年代，据闻敬爱的董必武同志在外地出公差时，寄给夫人何连芝一首诗："贻我含笑花，报以忘忧草。莫忧儿女事，常笑偕吾老。"以此劝慰她勿再为家事多忧。

古今谁人没有忧愁和苦恼？常常有学生问我们心理教师："学习心理学，做心理咨询工作的人是不是就不会有烦恼了？"我常说，我同你吃一样的饭，日常做着心理咨询和心理健康教育，在有需要时还要面对心理危机干预，工作压力更大，怎能没有烦恼？说没有烦恼那一定是谎言。但人哭也是一天，笑也是一天。

我们为什么不忘掉一些忧愁呢？特别是当我心中有了雪绒花——心理健康之花，爱花、护花、种花成为我的精神支柱时，许多忧愁就成为过眼烟云。

2. 开心果——四枚

《中国植物志》记载开心果树的形态特征：它是一种小乔木，奇数羽状复叶，有小叶3～5个。子房卵圆形，果实较大，长圆形，先端急尖，熟时呈黄绿色或粉红色。开心果就是一种坚果，其果仁是受人们喜欢的休闲小食品。

我们在日常语言中使用开心果更多的是比喻令人开心的核心或种子。例如，孩子天真的言行常常给劳累中的父母带来开心欢乐，似家庭的"开心果"。面对生活中的种种压力，我们首先要设法通过自己修养，自我解救，其后再用自己的开心快乐，感染和鼓舞周围的人，做大家的"开心果"，只有周围人开心了，在开心的氛围中我们自己才会更加开心。

3. 解语——二分

翻阅书本才知道解语丹竟然是一个中医药方名称。药方中有白附子、石菖蒲、远志、天麻、全蝎等多味药材，去毒研细末，药丸如梧桐子大，朱砂为衣。在减压秘方里出现解语，我理解解语的作用是遇到一时难于化解的困难，一味苛责自己却于事无补，不如自我解嘲，用各种可能的方式，甚至尝试用对自己狠一点的方式，来说服自己，让自己从当前的死胡同中走出去，才会看到一个新天地。

压力伴随着人的一生，谁都不可能避免。体力劳动者感受更多的是身体的疲劳和生存的压力，脑力劳动者感受更多的是精神的压力和发展的压力。无论何种职业的人，在众多压力面前，有的人积极乐观，越战越强，越挫越勇，不断成长、成功；面对压力，有的人无所适从，心浮气躁，怨天尤人，在惶惶然中一事无成；也有的人身心俱疲，积劳成疾，重病缠身或英年早逝。这其中的差别就在于人们怎样应对压力。

古希腊哲人苏格拉底有句名言：真正带给我们快乐的是智慧，而不是知识。何谓智慧？世界观、方法论、辩证法！把知识看作绝对真理的人，会比无知的人体会到更多痛苦。应对压力的根本之策乃是学会积极正向的思维方式，养成辩证的思维习惯，慎重地做出适合自己的选择，才是人生最好的解语丹。

4. 随缘——一两

这里借用了佛家提出的随缘一词，它是指顺其自然，而不是盲目跟随。

人若从善如流，把握机缘，不怨恨、不急躁、不强求，以平常心面对机缘，就是顺其自然。

其实，我们在生活中若能遇上就是缘分。纵使是在浩瀚无边的网络海洋，若有缘分，依然会相遇，正所谓"有缘千里来相会，无缘对面不相逢"。因而，哪怕是陌生人对你相见一笑，也是一种缘分，在彼此心灵里会播种一颗向善的种子。一次我和儿子在美国旅行，行走在陌生的土地上，很长时间没有遇到人，又累又乏，好不容易迎面看到几个西方人的面孔，但他们在见到我们时也只是低头逆向行走，没想到，走在我前面的儿子却勇敢地与他们打起招呼，那是普通得再不能简单的招呼。对方三个人每人脸上都露出真心的笑容，似在"死亡谷"的盆地中看到甘泉一般，陪伴我们在傍晚驾车连续多时走过漫长的无灯、无建筑、无人的路段，有真诚，有欣赏，更有鼓励的笑容，令我至今难忘。

也许有人认为随缘是听天由命，因而有人就以此逃避现实问题和困难。事实上，随缘不是放弃追求，而是要我们以豁达的心态去面对生活。

想想看，今天我们做到了多少？　随缘是一种修养，需要人们经历世间沧桑，饱阅人情世故，用心去体验，去思考，去总结人生经验而生顿悟。　顺其自然，不跟自己较劲。　随缘是一种智慧的表现，因为，人们在面对机缘时，同样需要恬静的心态和冷静的头脑。

5. 游赏——二两

2017 年 3 月，我到公公生前所创立的湖南省立第十三中学（现为湖南省湘西土家族苗族自治州民族中学）讲学。　我在张家界行走时，不禁感叹大自然给予湘西人的山水之雄伟和神奇，也惊叹于现代雕塑中的思想之精华。　如图 7-3 所示，只见一只猴子坐在达尔文的论著上，后爪夹着人类发明的测量仪，前爪捧着人类的头骨在思考。　此雕像留给了人们无限的遐想：曾经发明了那么多的高科技文明，甚至主宰了地球的人类，如今为什么消失了？　我仔细看雕塑下面的文字，不禁哑然失笑。

图 7-3　雕塑

注：雕塑下方的刻字为——

今天我们无法进口白云蓝天，
明天他们也无力再造河流与山川，
请不要随意消耗地球的资源，
否则，后天猴子会思索人类的今天。

走近大自然，亲近大自然，感受大自然赐予我们人类的能量。　明媚阳光的温暖、树木间充足的氧气、温润的空气、养眼的茂盛花草、风光秀美的山川让人体会到大自然的鬼斧神工，自然流淌的河流令人感到舒展、自在。　依山傍水，择水而居，是人类祖先生存下来的最佳选择。　万种树木形成的森林，上亿年形成的层峦叠嶂蔚，山洞中的钟乳石、银狐奇观，草原的辽阔，大海的蔚蓝，令人好奇心喷涌，带给人无限的遐想与思考，使人不禁产生继续探究的渴望。　面对万千的大自然，人类几十年、上百岁的生命又算得了什么？　人生太短暂，游赏虽然在减压药方上只有二两的分量，却令人只争朝夕！

6. 友情花——两朵

说到友情花，我们会情不自禁地问在世界上有常开不败的友情花吗？　一则新闻让我获得答案。 2016 年 6 月 18 日，美国首都华盛顿市长放下手边的公务，专程前往一所教堂，参加三位普通女市民的庆生会。 三位老寿星都年满 100 岁，她们同时又是整整一个世纪的好朋友。 实际上，这个老朋友圈总共有四个同龄老友，可惜第四位老人刚刚在数星期前去世了。 三位寿星把她的大幅照片放在身边，好像她依然和姐妹们在一起，让人感动。 更令人称奇的是这四位老人都出生在 1916 年的 6 月或 7 月，几家人住得很近，她们从咿呀学语的时候就相互认识。 她们一起去幼儿园，一起上小学和中学，在放学后一起不是玩纸牌就是踢石子，联手跳绳也是几个人的最爱。 诸多童趣十足的游戏，陪伴四姐妹度过她们无忧无虑的青少年时光。 后来的美国经济大萧条和第二次世界大战的爆发，截断了女孩子们的青春美梦，她们只好先后离开学校，四处寻找工作，做过保姆、店员，上过流水线。 再后来，四人分别嫁人生子，她们中的三人的第一个孩子居然都出生在 1933 年。 即使在物质匮乏和日常忙碌的日子里，四人之间唯一不变的是她们温情的友谊。 她们几家人每周到教堂里相会，相互看着孩子们长大。 几个人见面有说不完的话，交流做菜的手艺，交换家里一时用不上的物品，过圣诞节玩"神秘圣诞老人"的游戏，用背靠背抓阄的方式，确定给哪一位朋友送礼物，用悄悄准备好的礼物给好朋友一个惊喜。 这些小情趣，满满地在她们心中织下亲情的大网，让她们终身相依。 我好生羡慕！人生难得几知己，令我倍加珍惜现有的友情。

7. 知足——三钱

我在中国手工艺市场上常常会看到木雕或玉石雕刻上出现脚丫与蜘蛛的造型挂件，很是可人。 细细问来，这是国人喜欢讨吉利话、谐音、好彩头的作品。 知足即知道满足，总是快乐，形容安于已经得到的利益、地位，出自先秦李耳的《老子》："祸莫大于不知足，咎莫大于欲得，故知足之足，常足矣。"这个世上永远存在着一些无奈，而人们永远无法改变这些无奈，知足常乐，自得其乐。 助人为乐，天天快乐。 能付出爱心就是福，能消除烦恼就是慧。

北京大学哲学专业楼宇烈教授曾以道家思想为指导，吸收诸子百家学说《淮南子》里的一段话作为自己的人生观的注脚："天下有至贵而非势位也，有至富而非金玉也，有至寿而非千岁也。 原心反性，则贵矣；适情知足，则富矣；明死生之分，则寿矣。"楼宇烈教授解释道："权势、地位、金玉、千岁，是世俗人的见解，会让自己纠结不已，但还有另外一种境界，就是回归本来的我，能够知足，把生死看开了，其实就是长寿，有生就有死，又何必去求千岁呢，世界上也没有千岁。 人生本来就是吃饱穿暖，充分发挥自己的能力就够了，这才是真正的人生。"老子最经典的话语："夫所谓圣人者，适情而已，量腹而食，度形而衣，节乎己而贪污之心无由生也。"千年智慧，借古喻今，何其适用。

8. 体谅——三分

体谅就是设身处地为别人着想，要给予别人宽恕或同情。 有体谅之心的人，往往是一个善良的、大方的、胸怀宽广的人。 作为一种做人的境界，体谅一直为人们所称道。 在与人交往中，那些与体谅有关的人和事也常常令我们感到温暖和亲近。 因此有人把体谅比作生命里的暖流，比作寒冬里的阳光，还把体谅比作沙漠里的绿洲。 从这些美好的比喻里，我们可以看出人们对体谅的赞美和珍惜。 的确，体谅也许不是最美的情感，却是最动人的流露方式，也许它没有惊天地、泣鬼神的悲壮，有的时候就是举手之劳，微不足道，仅仅是仔细回答陌生人的问题，或一句"有需要我帮忙的吗？""你来坐会吧！"却是最贴近人性的心灵交流。 我为人人，人人为我。 特别是当我们遇到困难，到达一个陌生的环境时，能得到相遇人的体谅和关怀，人们一定会感受到这个世界的善与美！

9. 感恩——一两

感恩大自然对人类的恩赐，感恩耕植、养殖、纺织、陶罐的发明，感恩华夏祖先的发明和中华大地地广物博的恩赐。 感恩先烈的英勇奋斗，让我们生活在今天的和平环境中。 这些年学生在课堂上被生命感动得快流泪的事情真的不多。 在训练课上，有一个"价值拍卖"的今日班长活动。 当叫到"父母健康"时，几乎所有学生同时举起手中的号码牌，脸上露出真诚灿烂的微笑，都说现代年轻人比较自我，心中只有自己。 在那一刻，我的眼眶湿润了，是意外还是激动？ 一时还真说不清。

有学者比喻，每个人心中都有一个爱心槽，我想这就是人性中最美好的善良、同情、助人等成分。 爱心槽里的东西需要不断积累和清理，否则时间久了，它也会干涸，或不小心在爱心槽边上或里面也会掉进一些像虚荣、冷漠或贪婪等人性的弱点。 如果多一份感恩，也许就少一分贪婪与抱怨；多一份感恩，就少一份自大与冷漠；多一份感恩，就少一份苛刻与虚荣；多一份感恩，就少一份索取，多一份奉献。 心存感恩，是一种朗朗的心境，一种人性的光芒。

怎样逐渐装满我们的爱心槽？ 感恩是必不可少的。 何谓感恩？ 树欲静而风不止，子欲养而亲不待也。 这是说，树想静静地待一会，可是风却让它不停地摇曳。 当你想赡养双亲，可能他们已等不及便过世了。 我们要报答父母的养育之恩，在亲人在世时，真心相待，不仅在物质方面关心，更要在精神方面关照和陪伴，对恩师也是一样。

延伸阅读

遇到

遇到你真正爱的人时，要努力争取和他相伴一生的机会，因为当他离去时，一切都来不及了；

到现在还相伴一生的人，要百分百感谢他爱你，因为你们现在都得到幸福和真爱；

遇到可相信的朋友时，要好好和他相处下去，因为在人的一生中，遇到知己真的不易；

遇到人生中的贵人时，要记得好好感激，因为他是你人生的转折点；

遇到你曾经恨过的人时，要微笑向他打招呼，因为他让你更加坚强；

遇到曾经爱过的人时，记得微笑向他表示感激，因为他是让你更懂爱的人；

遇到曾经和你有误会的人时，要趁现在解清误会，因为你可能只有这一次机会解释清楚；

遇到曾经背叛你的人时，要跟他好好聊一聊，因为若不是他，今天你不会懂这世界；

遇到曾经偷偷喜欢的人时，要祝他幸福，因为你喜欢他时不是希望他幸福快乐吗？

遇到匆匆离开你人生的人时，要谢谢他走进过你的人生，因为他是你精彩回忆的一部分。

10. 乐观叶——三片

有一个年轻的画家，他身无分文，却走进一家豪华高档的大餐厅，吃了好几打的生蚝，希望在蚝壳中发现一粒珍珠来付账。或许你会觉得好笑，但是我们不得不承认，能有此等襟怀洒脱过日子的人，其生活必定更加快乐、更加充实，因为这种人不知道什么叫作忧愁。

有一位智者说过："生性乐观的人，懂得在逆境中找到光明；生性悲观的人，却常因愚蠢的叹气，而把光明给吹熄了。当你懂得生活的乐趣，就能享受生命带来的喜悦。"

人只有乐观了才能豁达。人性的乐观和悲观，其实主要还是自己的心态问题。就好像两种性格的人走进同一片森林，悲观的人可能会感觉蚊子太多，吵哄哄的，影响了他欣赏花草的雅兴；而乐观的人可能会说这里除了美丽的花草，还有蚊子在唱歌，真是太美妙了。如果两个人再走出这片森林，悲观的人可能又会说无聊、郁闷和压抑之类的话了；而乐观的人就会觉得四周一片明亮，自己的内心世界豁然开朗。在同一环境下的两种不同心态的人，他们对事物的看法是不同的。人们在遇到困难挫折时，要知道长时间悲叹没用，不死钻牛角尖，再大的问题都是会解决的，应该保持一种乐观的心态，如果一种方法行不通，那么换一种方式，换一个心情，说不定会柳暗花明。

11. 静思——三钱

静思一词我居然在《现代汉语词典（第7版）》里没有查到，从字面上理解就是静静地思考。学生送我的一本证严法师的《静思语》，我把这本书放在床头偶尔翻阅，一些很有哲理的经典语句常常令我静静思考，如"原谅别人就是善待自己，如生气，就是拿别人的过错来惩罚自己"。

12. 减躁——五分

要破解在减压秘方中减躁这味"药"，就一定要说到凤狂龙躁这个成语。唐代诗人韩偓在《喜凉》中写道："炉炭烧人百疾生，凤狂龙躁减心情。"释义为形容心情烦躁，精神失常，在感情色彩上有贬义。但在今天它是一个提醒语：减少浮躁。的确，今天的社会是一个极其容易浮躁、躁郁、狂躁的时代。因为社会发展太快，我们的心灵常常来不及跟上变化，很容易浮躁，抓狂，急功近利。

人的心灵领域浩渺无比，远不是大海和星空可以比拟的。了解人的心灵，比登上月球更加困难。虽然困难，我们还是必须前行。因为几个世纪的人类发展告诉我们，仅有科学带来的物质上的成就不足以给人类带来幸福。如果没有人类心灵的进步，人类无限膨胀的贪欲，进而引发的仇恨和暴力，会让人类葬送在自我残杀的战争灾难中。那时，物质上的成就反而会加剧人类的危机，贪婪地索取破坏自然界是悬在人类头上的利剑。人类只有更了解心灵，才能知道什么是人真正的需要，才能知道如何减少贪婪、仇恨和不明智的行为，更重要的是，了解自己的心灵是件人生幸事，可以让我们更清楚地知道自己的真正渴望，更有效地把控自己的情绪，减少浮躁，更快乐地生活。

13. 闲暇——二两

闲暇是一个人自由发展的空间。没有闲暇，就没有自由发展，没有自由发展，就没有对世界深刻、独到的感悟、体认、理解与把握。兴之所至的自由阅读，没有外在压力的沉思冥想，最有可能产生独到的思想。 思想的自由翱翔需要广阔的心理空间，而这种空间需要我们在减压中自己去拓宽。 教师和学生负担过重，会导致智慧潜能得不到应有的滋养、生发，进而陷入平庸和肤浅，以及缺乏可持续发展能力的状态。 当我们对自己也不满意时，心理疾病就会乘虚而入。 亚里士多德讲，人"唯独在闲暇时才有幸福可言，恰当地利用闲暇是一生做自由人的基础"。 教育作为一种价值引导的人道主义事业，使人们过有意义有价值的生活，闲暇教育是不可缺少的，教师自身的探索与实践更是教育的起点。

随着社会的发展，闲暇时间的增多已经变成一种复杂的现象，它既提供了新的机会，也产生了新的问题；既可以用来获得文化知识，丰富精神生活，也可以用来做很多不合理的危害社会和个人身心健康的事情。

有学者指出，"深刻的心灵属于那种人：不满足于已有的结论，不相信唯一正确的解释，不迷信权威的制裁，不屈服任何外在的压力而放弃自己的主张。而一个处于疲于应付、自顾不暇境地的人，哪里还有心思去批判、去怀疑，通常的情况是只能照猫画虎，生吞活剥，不求甚解，浅尝辄止。"

上课时间我常常问学生或进修教师：听说全国两会有代表在提议案：实行每周四天半工作日来缓解就业压力。 如果真的实行，空出的半天时间你会做什么呢？ 在一片叫好声中，有学员脱口而出的内容各显其需：睡觉、上网、旅游、逛街、做运动、找地方发呆、读书、谈恋爱、做好吃的、陪陪父母、陪陪孩子等，这些都是人们现实的需要与渴望。 我问大家的是，这些需要与渴望在当下不能去做吗？ 做这些渴望的事情，时间总是能够挤出来的，请大家从今天开始吧，不要等父母老了，或你眼睛花了，身乏胜任之力时才后悔莫及。

忙时，偷偷闲，别丢了健康；累了，停停手，别丢了快乐。 只要心中有家，人生就不会迷路。

延伸阅读

休闲与心理适应

拥有休闲是人类最古老的梦想：从无休止的劳作中摆脱出来，随心所欲，以欣然之态做心爱之事；对各种社会近况随遇而安；独立于自然与他人的束缚；以优雅的姿态、自由自在地生存。以自己的方式生活，做自己想做的事，这就是休闲所隐喻的幸福。

> 休闲不只是在家里休息，也不只是为了消除劳动的疲劳，它已具有越来越独立的意义。
>
> 休闲是一种活动，人们之所以从事那些活动；是因为他们喜欢做，能够找到快乐。人们常常以缓解压力为最终目的和结果。

看重你的体验训练法（训练 7-1）

要根据你自己的体验来做判断，而不是你希望对方怎么样。

我们很容易把焦点集中在对方身上，而这样做会很容易让人误以为你是在指责对方。

建议：经常练习或找朋友一对一地演练。

避免说"当你跟我唱反调时，我觉得你根本不关心我了"。

这句是指责性的对话，于事无补，还中断了交流。

练习表达出自己的感受："当你跟我唱反调时，我觉得很孤单，感受不到你的爱了。"

避免说"你让我觉得……"

当对方影响到你的感情或情绪时，你的焦点仍应该放在你对他的感觉上，而不是他对你的驾驭与控制上。避免使用那些会引起对方恼羞成怒的说法。比如，"什么？我使你气馁了？我怎么可能使你气馁呢？那些根本是你的感觉，而我无法控制你的感觉！"

你若能把自己的感觉与对方的关系清楚地划分出来，就可以解决许多问题。因此，与其说"你使我很气馁"，不如说"我对你老是迟到感到很气馁，觉得自己太微不足道了"。

觉察调整训练法（训练 7-2）

我常在工作一整天后，感到筋疲力尽时，

我察觉在_____时我会好受一些。

我对工作经常感到负荷很重，耗尽心神时，

我可以在_____自我挣脱一些。

我常对教育学生或班级管理感到筋疲力尽时，

如果我_____就可以改善。

在学生工作给我太大压力时，

但是我还能_____，这令我感觉还是很开心的。

我觉得与刚开始当老师时相比，自己现在变得越来越放不开，越来越患得患失了。我需要尽快做的三件事情为：

1. _____

2. _____

3. _____

寻找不发脾气也能表达自己不舒服的方法。

生气是一种感受，而发脾气是一种行为。 生气可以发脾气，也可以忍耐，还可以生闷气，把气闷在心里。 生气的表达方式是可以选择的，而选择的基础是建立在自制能力上。

人们对生气存在误解，以为生气是不好的。 事实上我们所害怕的是在生气时会由此失控，无理性地发脾气。 怎么办？

第一，明白生气只是一种情绪，是一种感受，生气表达的是人的心情，并不是行为。 但表达生气的行为会导致良与不良的结果。

第二，当觉察自己生气时，请深深地吸一下气，不要立即发作，也不要忍耐，只是问问自己："我为什么生气。"了解自己生气的原因，就可以比较理性地看事情。

第三，要放下"我对他错"的观念。 告诉对方你的感受，说出生气的理由，并给对方一个机会说出他的看法。

阅读故事——觉察训练法(训练7-3)

十八只狐狸吃葡萄的故事

有一个古老的寓言故事的开头：在一位农夫的果园里，紫红色的葡萄挂满了枝头，令人垂涎欲滴。当然，这种美味也逃不过安营扎寨在附近的狐狸们，它们早就想享受一下了。

第一只狐狸来到了葡萄架下，它发现葡萄架要远远高出它的身高。它站在下面想了想，不愿就此放弃，因为机会难得啊！想了一会儿，它发现了葡萄架旁边的梯子，回想农夫曾经用过它。因此，它也学着农夫的样子爬上去，顺利地摘到了葡萄。

你对第一只狐狸的看法：_____

第二只狐狸来到了葡萄架下，也发现以自己的个头这一辈子是无法吃到葡萄的。它心里想，这个葡萄肯定是酸的，吃到了也很难受，还不如不吃。于是，它心情愉快地离开了。

你对第二只狐狸的看法：_____

第三只狐狸来到了葡萄架下，它刚刚读过一本励志的书籍，深深地被主人公的精神打动。它看到高高的葡萄架并没有气馁，它想：我可以向上跳，只要我努力，就一定能够得到。"有志者事竟成"的信念支撑着它，可是事与愿违，它跳得越来越低，最后累死在了葡萄架下，献身做了肥料。

你对这第三只狐狸的看法：_____

第四只狐狸来到了葡萄架下，一看到葡萄架比自己高，愿望落空了，便破口大骂，撕咬自己能够得到的藤，正巧被农夫发现，一铁锹把它拍死了。

你对这第四只狐狸的看法：_____

第五只狐狸来到了葡萄架下，它一看自己的身高在葡萄架下显得如此的渺小，便伤心地哭起来了。它伤心为什么自己如此矮小，如果像大象那样，不是想吃什么就吃什么吗？它伤心为什么葡萄架如此高，自己辛辛苦苦等了一年，本以为能吃到，没想到是这种结果。

你对这第五只狐狸的看法：_____

第六只狐狸来到了葡萄架下，它仰望着葡萄架，心想："既然我吃不到葡萄，别的狐狸肯定也吃不到，如果这样的话，我也没什么好遗憾的了，反正大家都一样。"

你对这第六只狐狸的看法：_____

第七只狐狸来到了葡萄架下，它站在高高的葡萄架下，心情非常不好，它在想："为什么我吃不到呢，我的命运怎么这么悲惨啊，想吃个葡萄的愿望都满足不了，我的运气怎么这么差啊？"它越想越郁闷，最后郁郁而终。

你对这第七只狐狸的看法：_____

第八只狐狸来到了葡萄架下，它尝试着跳起来去够葡萄却没有成功，它试图让自己不再去想葡萄，可是它抵抗不了，于是试了一些其他的办法也没有见效。它听说有别的狐狸吃到了葡萄，心情更加不好，最后它一头撞死在葡萄架下。

你对这第八只狐狸的看法：_____

第九只狐狸来到了葡萄架下，同样是够不到葡萄。它心想："听别的狐狸说，柠檬的味道似乎和葡萄差不多，既然我吃不到葡萄，何不尝一尝柠檬呢，总不能在一棵树上吊死吧！"因此，它心满意足地离开去寻找柠檬了。

你对这第九只狐狸的看法：_____

第十只狐狸来到了葡萄架下，它看到自己的能力与高高的葡萄架之间的差距，认识到以现在的水平和能力想吃到葡萄是不可能的了，因此它决定利用时间给自己充下电，报了一个研究生课程进修班，学习采摘葡萄的技术，最后当然是如愿以偿了。

你对这第十只狐狸的看法：_____

第十一只狐狸来到了葡萄架下，它同样也面临着相同的问题。它转了一下眼睛，把几个同伴骗过来，然后趁它们不注意，用铁锹将它们拍昏，将同伴摞起来，踩着同伴的身体，如愿以偿地吃到了葡萄。

你对这第十一只狐狸的看法：_____

第十二只狐狸来到了葡萄架下，这是一只漂亮的狐狸小姐。它想："我一个弱女子无论如何也够不到葡萄了，我何不利用别人的力量呢？"因此，它找了一个男朋友，这只狐狸先生借助梯子给了狐狸小姐最好的礼物。

你对这第十二只狐狸的看法：_____

第十三只狐狸来到了葡萄架下，它对葡萄架的高度非常不满，这导致了它不能尝到甜美的葡萄，于是它就怪罪起葡萄藤来。说因为葡萄藤太好高骛远，爬那么高，说葡萄的内心其实并没有表面看上去那么漂亮。发泄完后，它平静地离开了。

你对这第十三只狐狸的看法：_____

第十四只狐狸来到了葡萄架下，发现自己无法吃到自己向往已久的葡萄，看到地上落下来已经腐烂的葡萄和其他狐狸吃剩下的葡萄皮，它轻蔑地看着这些，做出呕吐状，嘴上说："真让人恶心，谁能吃这些东西啊。"

你对这第十四只狐狸的看法：_____

第十五只狐狸来到了葡萄架下，它既没有破口大骂，也没有坚持不懈地往上跳，而是发出了感叹："美好的事物有时候总是离我们那么远，这样有一段距离，让自己留有一点幻想又有什么不好的呢？"于是它诗兴大发，一本诗集从此诞生了。

你对这第十五只狐狸的看法：_____

第十六只狐狸来到了葡萄架下，它发现想吃葡萄的愿望不能实现后，不久便产生了胃痛、消化不良的情况。这只狐狸一直不明白一向很注意饮食的它，怎么会在消化系统上出现问题。

你对这第十六只狐狸的看法：_____

第十七只狐狸来到了葡萄架下，它发现了同样的问题。它嘴一撇，说："这有什么了不起的，我们狐狸中已经有人吃过了，谁说只有猴子才能吃到果子，狐狸也一样行！"

你对这第十七只狐狸的看法：_____

第十八只狐狸来到了葡萄架下，它心想："我自己吃不到葡萄，别的狐狸来了也吃不到葡萄，为什么我们不学习猴子捞月亮的合作精神呢？前有猴子捞月，现有狐狸摘葡萄，说不定也会传为千古佳话呢！"于是它动员所有想吃葡萄的狐狸合作，搭成"狐狸梯"，这样大家都吃到了甜甜的葡萄。

怎么样，阅读后，你对这第十八只狐狸的看法：_____

延伸阅读

心理学视角看狐狸

第一只狐狸采用的是问题解决方式，它直接面对问题，没有逃避，最后解决了问题。

第二只狐狸运用的是心理学当中经常提到的"酸葡萄效应"，也可以被称为文饰作用或合理化解释，即以能够满足个人需要的理由来解释不能实现自我目标的现象。

第三只狐狸的行为，在心理学上被称为"固执"，即反复重复某种无效的行为，也称强迫行为。不是任何事情的最佳方案都是直接解决问题，还要根据自己的能力和当时的环境等多种因素来做科学的决策。有时还需要时间或等待其他条件。

第四只狐狸的行为我们称其为"攻击"，这是一种不可取的应对方式，于人于己都是有害无利的。

第五只狐狸的表现我们在心理学上称其为"倒退"，即个体在遇到挫折时，从人格发展的较高阶段退到人格发展的较低阶段。

第六只狐狸的行为在心理学中被称为"投射"，即把自己的愿望与动机归于他人，断言他人有此动机和愿望，这些东西往往都是超越自己能力范围的。

第七只狐狸的情况是"抑郁症"的表现，即以持久的心境低落状态为特征的神经性障碍。

第八只狐狸的下场是由它心理不平衡造成的，在现实生活中我们经常会遇到类似的"不患无，患不均"的现象。很多人在与别人比较的时候，因为心理不平衡选择了不适当的应对方式。

第九只狐狸的行为在心理学上被称为"替代"，即以一种自己可以达到的方式来代替自己不能满足的愿望。

第十只狐狸采用的是问题指向应对策略，它能够正确分析自己和问题的关系，找到最佳的解决方案，是一种比较好的应对方式。

第十一只狐狸虽然最后也解决了问题，但它是在损害他人利益的基础上来解决的，这种应对方式不可取。

第十二只狐狸的做法，在心理学上被称为"补偿原则"，即利用自己另一方面的优势或是别人的优势来弥补自己的不足，这种方式在一些情境下也不失为一种好方法。

第十三只狐狸的行为在心理学上可以被称为"抵消作用"，即以从事某种象征性的活动来抵消、抵制一个人的真实感情。

这第十四只狐狸的行为在心理学上被称为"反向作用"，即行为与动机完全相反的一种心理防御机制。

第十五只狐狸的行为在心理学上被称为"置换作用"，即用一种精神宣泄去代替另一种精神宣泄。

第十六只狐狸发生的情况在心理学中可以被称为"转化"，即个体将心理上的痛苦转换成躯体上的疾病。

第十七只狐狸所表现的言行是一种情绪取向的应对方式，在心理学中可以被称为"傍同作用"，即当自我价值低于他人价值时，寻找与自己有关系的人来实现自我价值。

第十八只狐狸采取的是问题取向的应对方式，它懂得自己的能力有限，大家合作的道理，最终的结果是既利于自己，又利于大家。

你喜欢哪几只狐狸的做法呢？

十八只狐狸告诉我们浅显的道理：行为取决于心态，关键看你自己如何去摆正。你想做什么，你能做什么，有哪些社会资源可以利用，甚至可以达到双赢、多赢。

（四）教师是心理健康教育的传播使者

测试你潜在心理状态，请你观看图 7-4 一分钟，如果你在图片上看到的魔鬼比天使还多，朋友，那你需要放松一下自己的心情，听听音乐，去郊外散散心，提升一下自己的正性能量，会让你更健康。

如果你看到图片中的魔鬼多，并不是你患了什么病，可能是你承受的压力有些大，负性情绪容易被唤起，心神不宁使然。当你心情平静时再来看图 7-4，就会发现看到的东西与之前有差异。

就像人吃五谷杂粮，遇到风寒雨淋难免会有个头疼脑热一样，心情不好，心烦意乱在所难免，但任凭负性情绪积累会对人的健康不利。身心医学证明，人的身心是相互影响，相互作用的。

图 7-4　两歧图形：魔鬼与天使

健康与疾病之间呈现常态分布状的灰色地带，在每个区域中人的表现和需要的帮助也会有差别。

（一）拨开抑郁症的迷雾

人一旦误入心理健康深灰色或黑色地带，会出现比较明显的身心症状。现在较常见的是抑郁症、焦虑症。焦虑是对未来的担忧，抑郁是心有不满、不痛快、愤怒、愤恨，但因种种原因暂时不能直接宣泄或诉说。

人有主观意识。人可以有意识地掩饰，或用谎言应付他人。但人的自我意识、感觉、身体的反应是欺骗不了自己的，除非你患了精神分裂症。

人是一个精密的生物体。人的身体与心理状态是相互联系、相互作用的。身体和心理联合起来以最佳的方式为我们人类服务。我们的机体很聪明，转而用身体的不适来提醒你：身体不舒服，生病了。在心情郁闷时，人会感觉自己呼吸很不顺畅、胸口有压迫感；浑身没有力气，慵懒，不想做事情；没有胃口，只想吃有刺激味道的食物；内分泌紊乱，脸上长痘痘；女性月经周期不规律；等等。

人生不如意之事十之八九。就像人患感冒发烧一样，人一生或多或少都会有几次因生活困境引起的抑郁状态出现。如果抑郁状态持续两周以上，还伴有以下三方面的状态，就要引起自我的关注，需要及时就医来确诊。

1. 情绪状态

表现为有抑郁情绪、易怒、失去体验快乐的能力、社交退缩、有自杀想法或准备。

患有抑郁症候群的人常常会因为困扰而自责不已。 常出现罪恶感是抑郁症候群非常重要的诊断指标。

2. 认知(思考)状态

认知是个体认识客观世界的信息加工活动,认知活动包括注意、思考以及记忆等。

抑郁症候群的一个特征是常常充斥着负面的想法。 抑郁的个体常常充满着不足、失落、后悔,甚至绝望的想法,对自己扮演的角色感到"不符合标准",因而产生担心,出现专注力差、记忆力差、犹豫不决、思考变慢等症状。 失去做事情的动机。 在心理学上动机一般指涉及行为的发端、方向、强度和持续性的内容。

3. 身体症状

身体症状表现为入睡困难、早醒、多梦。 个体在天亮之前会早醒,并在一大清早时感受到一天最低落的情绪。 一些细微的问题或悔恨似乎都被夸大,而且排山倒海地袭来。 随着一天中时间持续进行,他们的情绪一点点地提升,直到白天接近尾声,他们才觉得情绪快恢复正常了。

有的人会和家人、朋友都开始疏远,出现不愿意接触人等行为。

抑郁症不是什么新的疾病种类。 患抑郁症的人自古有之。 早在 3000 年前,埃及的祭司们就曾经治疗过一种疾病,当时它虽然没有被赋予确切的名称,但从描述看来,这种疾病和抑郁症相符。 祭司们观察到,人们在经历失败后,就会陷入一种沮丧的情绪中,而且持续时间长,并有阶段性复发的特点。

人类探索使用各种化学方式来改变思考、情绪和行为,治疗抑郁症。 人类在种植谷物的同时,就研究怎样发酵谷物,并且开始使用乙醇(酒精)来改变感受。 有些物质会钝化痛的知觉(如阿司匹林),有些物质会促发情绪和体力的水平(如咖啡因);甚至有些物质会引发异常的心智体验(如使人产生幻觉的毒蘑菇)。

在 20 世纪开始,生化学家从自然物质中分离出不同活性的物质,几十年后,神经科学家发现其中某些物质的特定机能。 现代人利用自然或人工合成的一些物质,可以促进脑的生物化学变化,并改变思考方式与情绪。

事实上,在人生的各个年龄阶段,任何人都可能患上临床抑郁症。 没有哪种职业、种族、性别、年龄、阶级、名誉和财富多寡可以完全对抑郁症免疫,包括心理学界人士。

研究证实,抑郁症与人的生理、心理、社会因素有关。

(1)生理因素

遗传因素:神经生理上的先天敏感不是缺陷,是人类物种遗传保留下的特质。 但过于敏感，或自我调节过度，就会挑战生理神经。 再有，如果家族中有人患有抑郁症，直系亲属成员患病的可能性会增加。 这只是一种可能性，不是必然的。

生物化学因素：当一个人患有抑郁症时，其大脑中往往有被称为神经递质的化学物质减少。 有研究认为，如果 5-羟色胺和去甲肾上腺素这两种神经递质之间不平衡，就可能导致抑郁症或焦虑症。 5-羟色胺和去甲肾上腺素减少常常导致情绪低落、动力下降以及食欲和性欲改变。

（2）心理因素

所有心理问题的产生根源都有性格因素参与其中，与人们的人格（性格）发展不够健全有关，如童年成长经历与自身性格等。 例如，他们很早就学会不要去关注自己的情感和需求，因此，他们善于照顾他人，自我要求过高，对他人期望过高，对爱永远不满足（早年爱的缺失），对丧失感到恐惧。

在日常咨询中，我发现很多的来访者在很小的时候，心灵上就已经是创伤累累，而这些经历作用于个体，构成了性格的各种成分，束缚着我们的生命和我们的心灵，令人常常生活在过去，缺少根据已经变化的环境选择更好的应对方式，缺乏自信和胜任感。 其根治之道是重塑人格。

（3）社会因素

一些研究提示，不良生活事件，如失去至爱亲人或朋友、压力、患病、离婚、失业、屡遭不幸事件等，也可导致抑郁症。 无论属于何种人格的个体均有可能患抑郁症，没有单一的人格特征或人格类型可作为患抑郁障碍的预测指标。 但是某些人格类型（如强迫或歇斯底里癔症人格）患抑郁症的可能性会高些。 也并不是具有心理学知识的人必定不会患抑郁症，如产后抑郁症就是大多数产妇在生产后因生理激素水平的快速下降而带来的情绪反应。 若有一些心理学的知识，特别是掌握心理健康知识与情绪自我调节方法的产妇，可以及早觉察自己的异常情绪，及时与家人沟通，取得理解，在必要时寻找专业医生或心理咨询人员帮助，会较快地度过产后抑郁期。

说到社会因素，生活方式的改变也是一个子因素。《黄帝内经》是中国一部关于天地宇宙、生命现象的著作，是几千年中医学的源头活水。《黄帝内经》中讲"气以壮胆"。 人在每天 23 点到 1 点子时，肝经最旺。 人在睡眠中养蓄了胆气，如果不睡觉则消耗了胆气，严重者会出现"怯症"，即现代医学讲的抑郁症。 故此，按照《黄帝内经》的看法，前人日出而作，日落而息。 今人熬夜，夜生活增多，睡眠不足或者说不会睡眠，也是抑郁症产生的重要因素之一。

抑郁症专家保罗·基尔霍茨（Paul Kielhotz）认为，当前起主导作用的"唯物观念"人群中出现的孤独化，是一个决定性因素。 人们可以百分之百地信赖的人非常少。 现代人似乎都活得很苦闷，活得很不快乐，尤其功利主义的社会精神污染，使人与人之间缺乏互信、互助、互尊、互谅，彼此冷漠，互不关心，造成心灵的疏离感。

现代年轻人普遍养尊处优，缺乏抵抗压力及承受挫折的能力，也是容易罹患抑郁症的原因。

（二）认识抑郁症的误区，做校园心理健康教育的宣传员

由于我国心理健康教育还不十分普及，人们对心理疾病的认识有局限，常常把心理疾病统统说成人人可畏的"神经病"。有的人在患心理疾病后恐遭歧视，因此谈之色变，当出现抑郁状态时，能掩饰过去就免谈，常常错过治疗的最佳期。

现在社会存在对于抑郁症认识的"九大"误区，需要广大教师了解并在校园广泛宣传。

误区1：没出息，性格软弱的人才会得抑郁症。

抑郁症似感冒，是每个人都可能得的心理疾病。抑郁状态的存在不能直接与心胸狭窄、品质低劣或意志薄弱简单挂钩。国人心理健康的观念比较淡薄，对健康的认识基本上还停留在生理健康的层次，这种状况应该被逐渐打破。所以，如果你或你的亲人得了抑郁症，不要感到见不得人或低人一等。从某种意义上说，患上抑郁症说明你还具有杰出人才身上常具有的认真、敏感、执着等品质。

歧视和忽视是阻碍抑郁症患者得到治疗的两大拦路虎，因患有抑郁症自杀者很多，必须早诊断，早治疗。

误区2：抑郁症纯粹是心理疾病，只会出现心理方面的症状。

抑郁症从根本上说是心理疾病，抑郁或悲伤只是其中的部分症状，患者还会有躯体症状的折磨，如失眠、食欲不振、便秘、疼痛、难于集中注意力、失去以前的许多兴趣，以及心血管功能和性功能紊乱等。轻度者可以自我调节或寻求心理咨询师的帮助，而中重度抑郁症寻求医疗帮助是非常必要的。当症状持续，周围人心理支持不足时，当事人感到孤独、无助，甚至绝望时，可能会选择以自杀的方式结束痛苦。

误区3：抑郁症是现在才流行的现代病，而且是"不治之症"。

实际上，抑郁症是非常古老的疾病，公元前8世纪古希腊的文献中就有对抑郁症的描述。抑郁症是有治愈希望的，这一点非常重要，因为抑郁症患者常常感到悲观绝望，甚至企图自杀。其实，这是不理性状态下的不理性想法。如果你抑郁了，就告诉自己："我的情绪感冒了，我的情绪现在正在'发烧'，还会'打喷嚏'，现在很痛苦，但只要正确合理治疗就会好的。"现代医学对抑郁症的病理、诊断和防治有重大的研究突破，重在早期识别，有效治疗。

误区 4：抑郁症是心病，自然就是靠休息，散散心就可以了。

抑郁症患者的发病可能是由很多现实的诱因引起的，同时，研究发现抑郁症患者大脑中的 5-羟色胺神经递质减少，导致神经元间信息传递失灵，所以快乐感消失。仅靠休息和散心不一定是上策，寻求专业医生或心理专业人士的帮助才是可靠的办法。

误区 5：出现抑郁情绪就表明自己罹患了抑郁症。

正常人在遭遇不愉快的事件时，也会感到情绪低落，大多数人在一生中可能都会体验到抑郁的状态。但是诊断抑郁症，必须参照时间标准（两周以上），还有严重程度标准，最终应由精神科医生做出诊断。

值得一提的是，很多人因为抑郁情绪苦恼不堪，却认定事出有因，不接受专业治疗，最终延误了治疗。

误区 6：得抑郁症是一件很丢人的事情。

抑郁症患者内心忧郁，有较强的自卑心理，他们常常徘徊在医院门口，拒绝接受心理治疗。其实，抑郁症就像糖尿病、高血压一样，是一种疾病，是疾病就需要治疗。周围人应该给抑郁症患者多一些关爱，如果大家都歧视抑郁症患者，不能得到有效治疗的患者会越来越多。

误区 7：抗抑郁药可以长期使用。

抗抑郁药物无法改变抑郁症患者原有的低水平或错误的认知结构，无法解决患者潜在的心理症结，它的作用是有限的。而且这些药物或多或少都有一些副作用，一旦服用请不要自行停药，应遵医嘱或与医生沟通，逐渐减药更安全。在咨询的经验里，中重度抑郁症的治疗早期可以以药物为主，心理咨询或治疗为辅；后期以心理咨询或治疗为主，药物为辅，尽量避免复发。

误区 8：某些新抗抑郁药具有立竿见影的效果。

全球每年都会向市场推出数十种抗抑郁新药，但至今为止，尚无一种抗抑郁药物具有立竿见影的效果，这就是说，病人即使在医生的指导下科学地对症下药，至少在 2～3 周之后才开始出现效果，所以患者和家属必须有充分的耐心，并一起多沟通和交流，不轻言放弃，共同面对抑郁症的挑战。

误区 9：笑脸迎人，开朗乐观的人不会得抑郁症。

抑郁症的表现并非总是以泪洗面，事实上，一些有非典型的抑郁症状的人，表面上以笑脸示人、乐观开朗，这种微笑可能并非来自内心深处的真实感受，而仅仅是因为工作、面子、礼仪上的原则。由此而来微笑成为一种心理负担，久而久之导致情绪失调，引发了"笑脸抑郁症"，也叫"微笑型抑郁"。

（三）抑郁症的预防与治疗

21 世纪是抑郁肆虐的时代，但我们不能停留在抑郁的沼泽里。人有主观能动性，可以积极思考如何了解生命的真相，有力量去接纳、预防与治疗抑郁症。

如何预防抑郁症？《中华人民共和国精神卫生法》中明确政府、单位、家庭等"开展维护和增进公民心理健康、预防和治疗精神障碍、促进精神障碍患者康复的活动"。 通过媒体、专业机构、社会团体的广泛宣传，在民众中普及防治抑郁症的知识。 教师作为精神文明的传播者，首先在校园内与学生一起营造精神卫生的社会环境，关爱抑郁症患者，减少社会偏见，建立以预防为主的意识。 对抑郁症早发现，早治疗，是当前全社会迫在眉睫的任务。

①药物治疗。 用来改变脑部神经化学物质的不平衡，包括抗抑郁、安眠等药物，但都需求助于精神专科医生。

②心理治疗。 通过心理咨询与治疗，改变不合理认知或不当的思维方式、行为习惯。 可求助于专业心理治疗人员。 除传统的精神分析治疗法、认知行为治疗法外，还有诸如音乐治疗法、舞动疗法、宠物疗法、沙盘疗法、阅读疗法、绘画治疗法、叙事写作疗法、家庭治疗法、情绪治疗等形式多样的方式方法可选择。

③阳光及运动。 多接触阳光与进行运动对抑郁症患者的治疗效果不错。多活动身体，可使心情得到意想不到的放松。 阳光中的紫外线或多或少能改善一个人的心情，充足的阳光能抑制褪黑激素的分泌。 光照时间减少，尤其在阴雨连绵时，松果体分泌褪黑激素相对增多，甲状腺素的分泌就会受到抑制，人的情绪因而比较低沉。 此时，适量增加阳光的照射能有效抑制褪黑激素的分泌，改善人抑郁的心情。

④良好的生活习惯。 规律与安定的生活是抑郁症患者最需要的。 保持心情愉快，不要陷入自己假想的心理旋涡中。

一旦发现周围有人有抑郁倾向，你可以做的事情有以下四方面。 当发现周围有同事、同学疲惫不堪还强撑着学习与工作时，要及时善意地提醒其休息、调整；当发现周围有人情绪持续低落时，要鼓励当事人表达自己的情绪，并表达出你的同理心；当发现有人有明显的精神状态不佳并出现状况时，鼓励与陪伴当事人积极求助专业人员；当看到当事人精神状况有所好转时，及时鼓励并陪伴当事人参与力所能及的社会活动，提升其独立生活的能力。

一旦发现有自杀想法或行为的人时，你的正确做法为：保持冷静，耐心倾听当事人倾诉自己的感受；接纳当事人表露出的情感，不要与其争辩或试图说服他改变自己的想法；用坚定的语气或有力的事实让当事人相信在他人的帮助下能缓解当前面临的困境，并鼓励他寻求帮助；如果当事人要你对其想自杀的事情给予保密时，不要答应；如果你认为当事人当时自杀的危险性很高，不要让其独处，要立即陪同他去心理服务机构或医院接受评估和治疗。

自我心理测查探索法（训练7-4）

抑郁自评量表（SDS）

指导语：以下描述列出了有些人可能会有的问题，请你仔细阅读每一条，然后根据最近一个星期以内你的实际感觉看最符合下列哪种描述。

1. 我觉得闷闷不乐，情绪低沉。
a. 很少有　b. 有时有　c. 大部分时间有　d. 绝大部分时间有

2. 我觉得一天之中早晨最好。
a. 很少有　b. 有时有　c. 大部分时间有　d. 绝大部分时间有

3. 我一阵阵地哭出来或者觉得想哭。
a. 很少有　b. 有时有　c. 大部分时间有　d. 绝大部分时间有

4. 我晚上睡眠不好。
a. 很少有　b. 有时有　c. 大部分时间有　d. 绝大部分时间有

5. 我吃的跟平常一样多。
a. 很少有　b. 有时有　c. 大部分时间有　d. 绝大部分时间有

6. 我在与异性密切接触时和以往一样感到愉快。
a. 很少有　b. 有时有　c. 大部分时间有　d. 绝大部分时间有

7. 我发觉我的体重在下降。
a. 很少有　b. 有时有　c. 大部分时间有　d. 绝大部分时间有

8. 我有便秘的苦恼。
a. 很少有　b. 有时有　c. 大部分时间有　d. 绝大部分时间有

9. 我心跳比平时快。
a. 很少有　b. 有时有　c. 大部分时间有　d. 绝大部分时间有

10. 我无缘无故地感到疲乏。
a. 很少有　b. 有时有　c. 大部分时间有　d. 绝大部分时间有

11. 我的头脑跟平常一样清楚。
a. 很少有　b. 有时有　c. 大部分时间有　d. 绝大部分时间有

12. 我觉得做以前经常做的事并没有困难。
a. 很少有　b. 有时有　c. 大部分时间有　d. 绝大部分时间有

13. 我觉得不安而平静不下来。
a. 很少有　b. 有时有　c. 大部分时间有　d. 绝大部分时间有

14. 我对将来抱有希望。
a. 很少有　b. 有时有　c. 大部分时间有　d. 绝大部分时间有

15. 我比平常容易激动。
a. 很少有　b. 有时有　c. 大部分时间有　d. 绝大部分时间有

16. 我觉得做出决定是容易的。

　　a. 很少有　b. 有时有　c. 大部分时间有　d. 绝大部分时间有

17. 我觉得自己是个有用的人，有人需要我。

　　a. 很少有　b. 有时有　c. 大部分时间有　d. 绝大部分时间有

18. 我的生活过得很有意思。

　　a. 很少有　b. 有时有　c. 大部分时间有　d. 绝大部分时间有

19. 我认为如果我死了别人会生活得好些。

　　a. 很少有　b. 有时有　c. 大部分时间有　d. 绝大部分时间有

20. 对于平常感兴趣的事我仍然感兴趣。

　　a. 很少有　b. 有时有　c. 大部分时间有　d. 绝大部分时间有

　　在心理咨询中常用"抑郁自评量表"来判断来访者的抑郁程度。"抑郁自评量表"是美国杜克大学医学院在 1965 年编制的，由 20 个问题组成，使用方便。根据所测结果，咨询或治疗人员可以做出是否需要药物或心理治疗的判断。

　　评分标准：SDS 的总分等于各条目得分之和，正向计分题 A、B、C、D 按1、2、3、4 分计；反向计分题按 4、3、2、1 计分。其中第 2、5、6、11、12、14、16、17、18、20 题为反向记分。

　　SDS 的评定结果以标准分来定：标准分小于 50 分为无抑郁；标准分大于等于 50 分且小于 60 分为轻微至轻度抑郁；标准分大于等于 60 分且小于 70 分为中至重度抑郁；标准分大于等于 70 分为重度抑郁。

　　评定采用 1—4 制记分，评分时间为过去一周内。

　　把各题的得分相加为总分，总分乘以 1.25，四舍五入取整数即得到标准分。

　　抑郁评定的临界值为 50，分值越高，抑郁倾向越明显。

　　若不幸被抑郁症击中怎么办？我现在应该做什么来充分利用这段时期？

　　把现状（困难、疾病等）看作成长的方式，身体面临的挑战可以为你的心理和精神的进步提供极好的机会。

　　如何从我的困难或疾病中学习与成长？

　　不要认为生病或眼前的困难是对自我的惩罚或评判，集中精力培养自爱和自尊更有建设性。

　　人的身体对积极或消极的情感都会有反应。如果你集中精力去迎接你得到的爱与关心，你的免疫系统会更坚定地为你抵抗病毒。

　　你如何利用这段经历去找到和实现你人生的目标？

　　接受自己目前处境（困难或疾病等）的现实，并不代表你会放弃一切，反之你应该把困难和疾病看作自己要去处理的一件事，困难和疾病并不能完全主宰你的生活。相信你拥有更强大的力量——处理问题的能力。从这段经历中学到的教训也同样重要。你在康复和战胜困难的过程中学习如何获得幸福、如何谅解，就能获得希望和成长。

绘画疗法（训练7-5）

绝大多数人都喜欢画图，这可能是人的天性，并且人们觉得这个方式比实际讨论负性情绪（如沮丧、抑郁等）更没有威胁性。因为实际的讨论会造成许多困扰与混乱，而绘画疗法却可以让人在一个舒适安全的状态下分享自己的感受。弗洛伊德（Freud）发现所有失去的东西都必须补回来，他相信表达本身能提供给曾经有丧失经验的个体自我治疗与补偿的机会。就认知和情绪层面来说，绘画治疗技术可以帮助人们处理已发生的改变，并且在懂得或了解悲痛"之前"的同时，也能接受"之后"或现在的事实。

绘画治疗需要的工具：多张图画纸、铅笔、蜡笔、彩色水笔等。

当我们因为一件事对现在的自己有影响时：

拿出第1张纸，一想到那件事件时，自己内心自然涌动出一种情绪色彩，按那种情绪色彩选择一支相应颜色的彩笔，开始涂鸦（可以同时使用悲伤的音乐做背景）。

根据事件对现在的自己的影响，如果大，就从纸的中间开始画；如果小，就从角落开始画。这是一个随心所欲，可以乱涂鸦的过程。在画的过程中你要一直回忆，如果生气、难过、愤怒、悲伤就加大力气画，借此发泄一下自己内在的情绪，任凭内在情绪的冒出与游走。直到情绪有所缓解。

拿出第2张纸，跟着感觉走，选择另一种颜色的彩笔。试着简单地画出这个事件对你自己的伤害像什么，如像闪电，像山石，像锤子，像万箭穿心……任凭自由想象，自由表达。直到你认为表达出了自己的真实感受。

拿出第3张纸，再换一个颜色的彩笔（可以换一首自己喜欢的音乐做背景）。

深深地吸气，缓缓地吐出，反复几次。你能够感受到呼吸均匀了，内心平静了一些。

想一想自己经历过的其他事情，明确凡事都是有两面性的，静静地想一想这个糟糕的事件对你有什么正面影响，让你更阳光、更有能量、更有担当、更独立……你能想到几点？找一支彩笔，试着把自己此时的心情的色彩画出来。

拿出第4张纸，曾经使用过的几支彩笔可以一起用。把事件写实地画出来，可以画得具体，也可以画得抽象。

接下来的事情是，把第四张画放在自己的面前，看着自己面前的这张画，在第一张纸的背面造句：

1. 这个事件让我觉得……

2. 对这个事件我需要……

3. 看着这个事件我怕……

4. 看着这个事件我以为……

5. 其实我内心悄悄地渴望着……

如果你在团体中作画，在团体带领者的指导下，在团体中找 3 个相互不熟悉的人结成一组，可以相互分享以下内容。

第一张画：先不讲具体事件，分享情绪状态。

1. 从哪里开始画起的？

2. 在画的过程中，心理是怎样的状态，是如何起伏的？

3. 画到这里想到了什么？哪里轻？哪里重？

第二张画：我的伤害像什么？

第三张画：这个事件带给我什么？

第四张画：我画的是什么？这个事件是什么？

在分享之后，组员间相互牵手，相互致谢、相互支持、相互保密。

第八讲

人际沟通的工具箱

——教师沟通与表达训练

沟通是两人之间意思的传达和接收。 沟通期间的内容和结果包括：你的意思是什么？ 如何传达你的意思？ 你的意思如何被接收？ 当你的意思传达出去或被收到后，会有什么结果？ 对你们之间的关系会有什么影响？ 沟通的行为就是在寻求彼此之间的互通，以设法建立彼此之间的"共同性"。

教师是社会历史文化的传播者，人性光芒的传播者。 教师教育与教学的过程，是一种人际沟通的过程，教学相长是"共同性"。 在这个过程中，教师全然投入自己的身心、精力。 如果你要问有什么秘密的沟通工具可用的话，只有人类创造的共同精华——尊重、接纳、倾听与共情。

一 教师是助人的职业

在未来智能机器人时代，机器人可以取代收银员、安检员、潜水员、驾驶员等，或许部分代替检验科医生的工作。 随着互联网技术的发展，网络及微课是否也会部分地取代教师的教学工作？

在传统教学中，教师的角色比较单一，教师一般在教学中处于中心地位，在课堂上直接以文化权威的身份出现，在知识、技能和道德等方面具有不可动摇的权威性。 以往教师的基本职责主要是阐明事理、监督学生，师生之间是直接的传递和接受知识的关系，师生关系的单一性与教师角色的单一性是一致的。 然而在当代，随着科学技术飞速发展以及社会的急剧变革，特别是随着以计算机为核心的信息技术在教育中应用，从教育目标到教育内容、教育方法等都发生了巨大变化，教师的角色也相应地发生了重大变化，教师扮演着学生学习的促进者、陪伴者的角色。 师生之间已不再是单一的授受关系，同时可能是同伴关系、组织者与参与者的关系以及帮助者与被帮助者的关系，教师的工作不仅是教书还要育人。 教师在从事教学工作的同时，还有教育学生的义务与责任。

个体在成长过程中为了自身发展，为了更美好的生活、更充实的生命，必定会面临各种各样的生活事件或问题。 而这些困顿的产生，可能是由个体缺乏正确的生活信息或由情绪方面的困扰或行为方面的问题所引起的。 例如，一名学生对各学科的学习方法不甚了解，用学习语文的方法来学习物理；或一名女青年对于如何与异性交往存在错误的观念，以为约会要迟到半小时才能显示自己的身份或矜持的态度，吃饭要点贵的才能考验出对方是否真爱自己。 很显然，错误的学习方法及偏颇的交友观念都可能会对学生产生生活困扰或情绪上的困扰，如情绪紧张、焦虑、伤心、委屈等，进而影响了个体正常的生活。 另外还可能存在行为方面的问题，如学生在学习时注意力集中时间很短、做事拖拉等。

个体的困扰常常不单纯只是知识、观念的欠缺，或只是情绪的障碍，或只是行为方面的困扰，经常是三者皆有，因为这三者——观念、情绪与行为是相互关联的，这是心理学的视角。

为了减缓压力与追求更圆满的生命，个体一定会设法动员自身的能力去处理事情。 如果自身无法有效或满意地处理它们时，就会转向他人求援——家人、朋友、老师、同事、心理辅导人员、医护人员等。 而如果这些人愿意以自身的经验、知识及学习来的知识技能去协助他们，助人的行为就产生了。

助人关系不同于一般的朋友关系。 在朋友关系中，双方可以分享他们所想到的、感兴趣的、共同关心的事项，也可以热心地给对方提出忠告、建议。 而助人行为或助人关系发挥一种有明确目的的交互作用，不是为了解决某一个问题而简单地帮人出谋划策。 心理咨询是协助来访者认识自己、确立目标、做出决定、解决问题，帮助来访者自立自强的过程。 我们称其为助人自助的过程。这一过程不是帮助来访者合理地解决问题，而是帮助来访者学会如何合理地解决问题。

在心理咨询中，我们常常看到同过苦、共患难的夫妻，他们日子好了，为一点小事就彼此心生芥蒂，认为对方一点儿都不了解自己。 当夫妻间有着某个共同奋斗的目标时，似乎还能同心协力。

夫妻到了中年之后，突然有了隔膜，甚至连离婚之类的话题都提到桌面上来了，原因往往就是他们在协作过程中产生了误解。

如果夫妻把协作关系当成了理解，那就会在某一天突然发现对方变成不懂道理的人了，甚至怀疑过去的协作都是假的。

人与人之间很难彼此理解。 这句话听起来让人心灰意冷的，但是我希望人们知道：

第一，要想理解对方必须耗费心思，不能轻视；

第二，要想让对方理解你，尽量给他足够的信息；

第三，因为彼此理解本来就很难，所以不要因对方没有理解你而怒不可遏。 谈理解，终归要从知己做起。

我的职业是学校心理咨询师和心理健康教育教师，理解他人正是这个职业的核心要求。 听来访者诉说自己的苦恼，首先必须真正地理解这个人的心情。当你能真正做到理解他人，解决问题的办法就会呼之欲出。 但是，想要做到"真正的理解"确实不容易，需要经过不断地学习和训练。

有个高中生被从精神科医生那里转介来接受咨询，因为医生评估他的罢学并不是某些生理因素在起作用。 刚开始时他几乎不说话，只是像听与自己不相干的事情似的。 根据他的父亲讲述，是学校老师的不公平做法影响到这名高中生，使他不愿去学校了。 直到后来他才渐渐袒露自己的心声，说自己被父母紧紧束缚着。 随着谈话的不断深入，他的话里加进了更多的感情色彩，谈话内容也变得更具体。 与其说他的父母束缚他，不如说父母对他进行"精神上的虐待"更确切。 紧接着，他的愤怒达到了顶点，他大声告诉咨询师："我甚至想用棒棍狠狠地揍他们俩一顿。"

"有暴力倾向！"下结论未免过早。 如果这时候急着告诉他"那种事还是别做为好"的话，他的愤怒就会爆发，"你根本不是真的理解我的心情！ 你不了解我才会说这种没有用的话。 你之前拼命地听我讲话，其实都是你假装理解我！"这时，他以前对父母的愤怒，仿佛一下子改变了方向，全都指向了咨询师。 在这种情况下，无论教师或咨询师采取怎样的态度都会直接影响他的情绪，甚至会激惹出更过分的行为。

若在孩子说想要揍父母时咨询师不假思索，认为其大逆不道，并横加指责的话，咨询就会即刻宣告失败。

也许还会有人想到，要是告诉他"你想干就去干吧"又会怎么样呢？ 这种做法也一样，像是说了句"随便你吧"就甩开他了，这也是不理解甚至令当事人感到被放弃的做法。 过去一直装作理解对方，到关键时刻却摆出个事不关己的样子来，自然也只能引来一阵怒火。

"我看到在你平静外表下，内心有一股试图要喷发的'火山'，你在努力控制着，担心喷发时自己会失控。"咨询师一句有同理心的理解似催泪的话语，突破了交流的瓶颈。

许多人把自己的绝望甚至想死的想法告诉他人，就是在发出求救信号，而周围的人却没有收到。 因为他们不在一个频道上，就不会听到！ 努力在一个频道上就可能挽救一个鲜活的生命，努力促进两个人在同一个频道上交流就可能挽救一个家庭！

接纳训练法（训练 8-1）

请读者朋友双手交叉握拳，看看是左手拇指在上面，还是右手拇指在上面，有的人是左手，有的人是右手。试着互换，左手为上的改为右手，右手为上的改为左手，换好后请闭上眼睛静心体验一下是什么感觉。询问周围的人们是否觉得舒服？不同习惯的人之间是否有好坏之分，谁对谁错？

要知道不同行为方式只是由于个人习惯不同，每个人都有每个人的习惯。当我们去体验别人的习惯时，会发现特别不舒服。在生活中，别人的处事方式可能和你完全不同，而对方给你的感觉也可能十分不舒服。所以我们每个人都要学会接纳不同，学会理解他人。

在生活中，一定有你不太喜欢的学生、同事或同学。 我们不可能要求他先改变，变得完美，才接纳他。 而事实上，当我们接纳他时，就可能是他产生积极改变的开始。

卡尔·罗杰斯在谈到无条件接纳的同时，很同意辅导人员对当事人有温暖的表现。

阅读到此，请教师闭上眼睛，做几个深呼吸，放松一下自己。 想一想你教过的学生，有没有一个很顽皮的学生的具体形象跳出来浮现在你眼前，可能他身上会有一些你不太喜欢的东西，想一想自己对这个学生是否有正面的态度：

①我可以接纳这个学生吗？

②我可以向他传达我的态度吗？

③我是有条件地接纳，只接纳对他的感受的某些部分，却同时暗地里或公开地否定他其他的部分呢？ 比如，他要……或……就是一个可爱的学生了。

罗杰斯根据自己的经验指出，倘若自己的尊重和接纳是有条件的，那么，在教师所不能完全接纳的事情上，学生就无法做出改变与成长了。

助人职业最有用的基本工具：理解、沟通交流、倾听、接纳、同理心。

教师真正的接纳是用好倾听。

二　倾听是最好的说服

古希腊哲人苏格拉底有句名言："上帝给我们两只耳朵、一个嘴巴的目的，就是让我们用两倍于说的时间去听。"

美国一位教授在课堂上讲："什么是心理咨询？ 心理咨询就是出租你的耳朵，是花钱请你来听，不是让你来说的！"

我在对高校辅导员做督导时，曾随意地截取一段 10 分钟的辅导员与学生的谈话录音，发现约有 9 分钟的时间都是辅导员在滔滔不绝地讲话，似乎在上课，较少顾及学生是否在听或听到了什么。

我们不妨来看一个案例。

案例分析：三间宿舍里发生了什么？

大学新生小 E 在入校一个多月后，情绪低落，班主任察觉后，询问其有什么生活困难，学生支吾地说："没有什么。"教师继续问："住得怎样？"

小 E 说："我从没有住过没有阳光的房间。"

在教师的努力下，小 E 从 A 宿舍调到一个向阳的 B 宿舍。 搬到 B 宿舍后小 E 开心了没几天，又愁眉不展。老师再次在教室门口遇到他，急切地询问小 E 新宿舍生活怎样。小 E 支吾道："没有什么，就是宿舍里味道不好。"说完他就匆匆地冲出学生群。

小 E 怎么了？是不是同宿舍里喜欢体育运动的同学多，臭鞋、臭袜子多？联想自己到 B 宿舍的感受，班主任又多方面做工作，把小 E 调换到有班长在的 C 宿舍。这下小 E 该满足了吧！

三天后，小 E 因睡不着觉，走到楼道坐在窗台上。同学报了警，小 E 被及时劝下来。

在调换三个宿舍的过程中小 E 经历了什么？小 E 的问题是简单的换宿舍问题吗？

小 E 的事情被作为危机事件转介到学校心理咨询中心。小 E 宿舍里的阳光真的是班主任以为的真实的阳光吗？小 E 说的宿舍里的味道难道也是问题的原因吗？

当咨询师以同样的问题问班主任时，得到的答复是："A 宿舍在阴面，没有阳光照进去，又是 7 个人一间宿舍，不适感是肯定的。我了解，应该说我感受过，B 宿舍喜欢运动的学生多，臭球鞋、臭袜子味很强的。我这个人就是当妈的命，操不够的心，好心地给他调了几次宿舍，怎么就差点把人丢了呢？"

当我们静下心来，慢慢地把两边收集的信息相互核对时发现：小 E 从没有住过集体宿舍，开学才一个月时间有诸多的第一次，都是需要他自己慢慢去适应的。换到 B 宿舍，又是新的适应和选择，是跟着 B 宿舍里的同学去打篮球，还是去自己喜欢的足球场，小 E 纠结了，一时不知怎样拒绝才能避免朝夕相处时可能出现的尴尬。

小 E 的班主任最弄不懂的是，我考虑的是班长在 C 宿舍，可以多帮助小 E，没想到他到 C 宿舍后为什么在睡觉的时间坐在窗台上呢？

"他每次换宿舍都要用两天的时间适应新床板，睡不着就琢磨着：'老师同学都对自己挺好的，就是自己适应能力差，总被别人照顾，还总出状况，是不是自己难以适应这个社会？'他胡思乱想更睡不着，感觉憋闷，压抑。"

"真危险，真后怕！我只想着物理的环境、物理的气味。不，我明白了，我只想着我的感受，没有问问小 E 的感受和想法，就帮他做决定了。我太主观武断了……"

怎样才能与学生交流时在同一个频道上？

沟通，沟通，再沟通！

怎样沟通？学会真正的倾听！

（一）沟通的三个层次

有人研究沟通的层次有五分法，三分法，我比较赞同与人的沟通交流是由浅入深的三个层面的分法。

第一层面，闲谈：谈些不着边际的话题，只在人生的浮面游动，无法深入。例如，"你想看哪部电影？""你们宿舍的某某最近……"也就是百姓讲的见面打招呼、客套、寒暄等一般社交关系层面。

第二层，讨论：可以是学术上各自观点的讨论，也可能是对某事或某人有"你来我往"各自观点的交流。

第三层，谈心或会心：不但谈得来，还能深入到心灵领域进行探讨，这时候是生命与生命的交汇，彼此信任，无话不讲，心有灵犀，相互佐证、支持。在这一阶段，很自然地将个人的想法和感受向对方敞开。由于双方已经到了"知心"的层次，所以不担心暴露自己的缺憾和短处，反而在相互倾听、彼此鼓励中得到调整和成长的机会。

（二）沟通的类型

①互补式沟通：刺激和回应是平行的。

学生："老师，请问我这次期中考试得了多少分？"

老师："60分。"

学生："才60分？"

老师："比你预测的分数低了多少呢？"

互补式沟通，即某人从一种状态中发出信息，对方顺应发信者的期待予以反应。

②交错式沟通：刺激和回应是交叉的。

学生："老师，请问我这次期中考试得了多少分？"

老师："不好好用功，还有脸问我？"

交错式沟通，即沟通时发出信息，反馈回来的却非预料中的反应，如果经常发生交错式沟通，沟通就会产生阻碍，无法继续沟通。

③暧昧式沟通：沟通的双方传达两种信息。且一种是公开的，另一种是隐藏的。

爸爸对儿子说："你哥哥可考了90分，你姐姐考了100分。"

（内在声音："你最没出息了。"）

暧昧式沟通，即表面上发出合理的信息，实际上发出别的信息，蕴藏不同的动机和目的。

第二种、第三种沟通的结果常常是沟而不通，让对方没有讲话的机会，或含沙射影，令对方不敢回应，也就失去把沟通继续下去的可能性。只有第一种沟通才能创造继续情感流动和交流的条件。

沟通的前提与本质是尊重。尊重表现在教师对学生的关注和聆听，以及适当的回应，其中包括对身体的关注和心理的关注，并且设法向对方有效地传递同感和了解的信息。当学生感受到教师对自己的了解时，他会感到被尊重，因而产生一种满足的感觉，感到一种真挚和诚恳的接纳。

尊重是什么？

尊重他是一个独特的人，有价值的人，有潜能的人，可以改变的人。

尊重他是一个人，而不是"他是一个怎样的人"。

接纳是教师力图让来访者（学生）知道自己重视他是一个人，让其可以因此而尽量自由地表达自己。

倾听还要听出弦外之音。人不是什么内心的意思都能够用语言一下子诉说清楚的，特别是语言表达有限的儿童、跨文化学生（少数民族或方言浓重的学生、留学生）等。有些可以言传，有些需要意会，当然同理到对方的感受还要与当事人核对。

在美国的学校里，上课时也有调皮捣蛋的学生干扰他人的现象，教师又会怎样面对呢？我曾看到过这样一幕：下课铃声响了，当堂课的教师与班上几个学生一起用手臂结成一个手拉手的"网"，做成一个集体"小笼子"，把刚才在课堂上做鬼脸，任意插话，影响到其他同学正常课堂交流学习的学生围在中间，做"笼中鸟"。游戏的规则就是"鸟"要用身体而不是拳头往外冲出笼子，做成"网"的师生要设法拦截"鸟"。一个回合，二个回合，三个回合都没有突围成功的"鸟人"，面对团体的力量，非常沮丧。教师让他想一想，还有什么方法可以冲出笼子。停息片刻，淘气的学生喊了一声："我要上厕所！"拉网的学生有人就主动放开了手。待学生用完厕所后，教师走到该学生面前，说："在游戏中你有需要，别人满足了你，因为那是你的自由。上课时同学有听讲的需要，你怎样面对他人的自由呢？"

这一幕，就是同理心的应用，是教育的智慧。

在沟通中体现共情是有助于每个教师的发展的。有研究表明，如果准确掌握了共情技巧的教师，在教学中鼓励艺术系的学生对他人表达共情的感觉，那么这些学生的艺术作品将更加个性化，更具有表现力和感染力。

共情——同感——同理心（同在）（empathy）：

咨询师或教师在聆听来访者的陈述后，在言行上放下个人的参照标准，设身处地地用来访者的参照标准来看事物，从对方的处境来体察他的思想，并且了解他如何看自己，看周围的世界，以及由此而产生的独特的感受。

有效倾听的四个步骤是相互联系的。咨询师或教师只有暂时放下主观的参照标准，才能有效地观察和聆听，有了对学生的感受的了解，才能更明了地传递自己的真情实意，如图 8-1 所示。

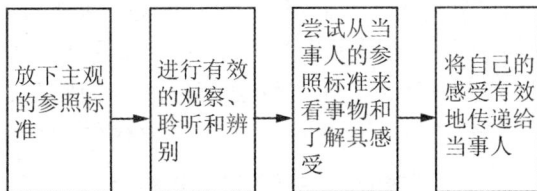

图 8-1　有效倾听的四个步骤

倾听训练法（训练 8-2）

约上几个同学、同事，组成三人练习小组，分别轮流扮演三个角色。

A. 诉说者

B. 倾听者

C. 观察员

第一次练习

用时 10 分钟。

A（诉说者）：（用 2 分钟）讲一件最近自己感到开心的真实的事件。

B（倾听者）：在倾听后给予适当的回应，与 A 交流。

C（观察员）：不允许说话。用心观察 B 与 A 是怎样交流的，B 是如何倾听和回应的。

在 A、B 交流后，三人讨论 4 分钟，重点请 C 谈谈自己的观察，描述 B 是怎样倾听的，怎样回应的，观察怎样的回应对 A 是有效的。

第二次练习

用时 10 分钟。

A（诉说者）：讲一件最近自己感到不开心的真实的事情。

B（倾听者）：在倾听后给予适当的回应，与 A 交流。

C（观察员）：不允许说话。用心观察 B 与 A 是怎样交流的，B 是如何倾听和回应的。

在 A、B 交流后，三人讨论 4 分钟，重点请 C 谈谈自己的观察，描述 B 是怎样倾听的，怎样回应的，观察到怎样的回应对 A 是有效的。

之后，互换角色练习。练习的原则：专注倾听，不妄加评判。

经历一两次练习的教师也许会发现自己掌握一些共情的技巧了，恭喜你的进步！ 如果没有找到感觉，也不要气馁，只要坚持练习必有收获，共情会令你的教育事半功倍。

怎样逐步提升自己的共情水平，表 8-2 中为不同的共情水平设立了标准，教师和师范生可以参照下面的实例进行练习，逐步掌握运用共情进行回应的一些原则。 教师在运用共情式回应时，首先，要试着反映谈话对象所表达的感受和内容。 向对方表明你是在倾听并努力理解他所说的事情。 其次，要在谈话中捕捉对方的表面情绪和潜在情绪（也称深层情绪）。 如果能够同时做到这两个方面，那么你就可以做到自然的共情式回应了。 共情的四个水平见表 8-2。

表 8-2　共情的四个水平

共情水平	水平 1	水平 2	水平 3	水平 4
具体表现	否认对方的感受、无法明确沟通的内容，没有恰当地关心对方的表面情绪	部分考虑对方的表面情绪；间接表达对感受的理解，对谈话内容的准确沟通	准确反映表面情绪，对谈话内容在相应层次上表示理解	潜在的情绪得到感知，超越了对内容的直接表述层次的理解
沟通效果	冷漠；伤害性的回应	对内容进行准确回应	反映表面情绪	反映了潜在的情绪

共情的四个水平体现了在沟通中我们能设身处地体验他人的处境的能力。 水平 1 对于谈话对象来说是没有帮助价值的，甚至可能是有害的，水平 2 和水平 3 则是对谈话对象有帮助的，而如果能够做到水平 4 的共情，这样的回应会对谈话对象有很大的帮助。

通过下面的对话案例，我们可以看到共情的不同水平是怎么表达的。

一名教师对同事说："这事儿我跟谁也没提起过，除了你，因为我们每天都在一起工作。 其实，在每次碰见我们的新校长时，我都觉得不舒服。 我很明显地感觉到他歧视黑人。"

水平 1 的可能回应："美国在哪里都会有种族歧视的现象。 你没听说吗？大型连锁餐厅因为把白人的位子摆在黑人前面而被起诉了。""我想，最好的办法是找个机会面对面地谈一下。 可以在她的桌子上放张小卡片，请她放学后碰个面。""那么想可真够愚蠢。 你要知道，她要是有种族歧视，今天就不会当我们的校长了。"

水平 2 的可能回应："你想知道我是怎么想的？ 嗯，我想她有种根深蒂固的优越感，发现她弱点的任何人都会让她感到受了威胁。"

水平 3 的可能回应："我知道你的意思，我也认为她有一种根深蒂固的优越感，发现她弱点的任何人都会让她感到受了威胁。因为即使是我，也曾感到她的歧视——要知道，我是白人。"

水平 4 的可能回应："对于校长对你的反感你似乎很困惑，并认为这和种族歧视有关，是吗？""我知道那么想肯定令你不安——校长对你的反感是因为你的种族。我想，你其实是很担心学校管理层对你的评价的。"

做到有效的沟通，还需要我们时常评价自己的沟通状况。所谓知己知彼，百战不殆。我们要想进行高效的沟通，不仅仅要针对沟通对象了解"人、事、时、地、器"五要素，掌握上述的真诚、接纳、倾听、共情等沟通技巧，还有一个重要的方面就是适时地反思和评价自己的沟通状况。通过这样的反思和评价，你就能够发现自己在哪些方面存在不足，从而确定在哪些方面需要重点改进。比如，如果你觉得自己的沟通范围狭窄，主动性不够，可以规定自己每周与两个素不相识的人打招呼，如问路、谈论天气等。如果你觉得忽略了与友人的联系，则需要与他们进行更多的沟通。

具体来说，评价自己的沟通状况主要从下面三个方面着手。

1. 列出沟通情境和沟通对象清单

闭上眼睛想一想，你都在哪些情境中与人沟通，包括学校、家庭、工作单位、聚会以及日常与人打交道的各种情境。再想一想，你都需要与哪些人沟通，如朋友、父母、配偶、同事、学生、领导、邻居、陌生人等。列出清单的目的是使你清楚自己的沟通范围和沟通对象，以便全面地提高自己的沟通能力。

2. 评价自己目前的沟通状况

我们可以通过问自己如下问题来了解自己的人际沟通现状：

对哪些情境的沟通感到愉快？

对哪些情境的沟通感到有心理压力？

最愿意与谁保持联系？

最不喜欢与谁沟通？

是否经常与多数人保持愉快的交流？

是否常感到自己的意思没有表达清楚？

是否常误解别人，事后才发觉自己错了？

是否与朋友保持经常性的联系？

是否经常懒得给人写信或打电话？

客观、认真地回答上述问题，有助于了解自己在哪些情境中、与哪些人的沟通较为理想，在哪些情境中、与哪些人的沟通需要改善，从而指导自己进一步有意识地去改善自己的沟通状况。

3. 评价自己的沟通方式

对自己的沟通方式的评价，主要针对沟通的主动性、投入程度、充分性三个方面。

通过问自己："在通常情况下，自己是主动与别人沟通的还是被动沟通的？"可以了解自己沟通的主动性。研究表明，主动沟通者更容易与别人建立并维持广泛的人际关系，更可能在人际交往中获得成功。

问自己诸如"在与别人沟通时，自己的注意力是否集中？"这样的问题，以此来评价自己作为沟通者的投入程度。在沟通时保持高度的注意力，有助于较好地根据反馈来调节自己的沟通过程，没有人喜欢自己的谈话对象是心不在焉的。注意水平高的沟通者，注意自己所发出的信息的准确性及对方的可接受性，从而较好地根据反馈调节自己的沟通过程，使沟通始终保持较好的彼此对应性。

在藏传佛教的寺院里，我曾看到一些僧人面对面地全身舞动，口中大声念念有词，似乎在辩论着什么，后来知道是僧人学习经文的一种方式，他们不是单纯地死记硬背，而是通过互动式的辩论方式，相互提醒和激发自己尚未了解的内容。

作为教师，不但在教育中要教授知识，还要了解学生具有怎样的认知水平和认知特点，才能更有效地开展教育与教学。在我国传统的教学方式中就有辩论的教学方式的运用，"真理越辩越明"，没有人是穷尽真理的人，真理都是相对的。个体需要在生活中学习，加以对真知灼见的认同与升华，对于已经掌握一定的理论知识和社会知识的教师和师范生来说，辩论不失为一种人际沟通与教学的好方式。

辩论训练（训练 8-3）

1. 将大团体成员分为 3 人小组。在 3 人小组中，第一个人为正方代表（持赞成意见），第二个人为反方代表（持反对意见），第三个人为观察员。

2. 确定一个大家共同感到有争议的辩论主题。例如，"认识自己容易还是认识他人容易？"再如，"未来智能人能否替代教师？""试婚是婚姻的保险方式吗？"诸如此类有争论且有现实意义的辩论主题。

3. 在辩论的过程中，尽量说服对方赞同自己的想法，并由观察员评分，判定获胜方。

4. 由主持人宣布开始辩论，时间为 10～15 分钟（也可以将两个人或三个人组合为一组，再次辩论）。

5.回到大团体讨论分享：

①由辩论的成员先发言，再由观察员发言。

②当对方的意见与自己的不同，甚至反对自己的意见时，自己那时用什么态度看待差异，感受如何？你采取怎样的沟通方式，如何表现？你从这次经验中学习到了什么？

③观察员观察双方在辩论过程中如何看待彼此的不同？如何表达不同的看法？态度如何，尊重或敌对？你学习到了什么？

④观察员会不会想介入辩论过程中？若有此念头，观察员如何处理？当来访者滔滔不绝时，我们的心情如何？要不要介入？如何介入？

三　发挥出你第三只耳的作用

在我师从香港中文大学林孟平教授学习心理咨询与辅导时，林老师用了相当长的时间训练我们的倾听意识与能力。人在专业训练上爬坡时是最费力气的。老师为了给我打气，曾对我说，看你的姓，聂用繁体字写是三个耳组成的聶，要发挥出你第三只耳朵的作用。我的理解就是用心去听。

汉字凝聚着中华文化悠久的历史与灿烂的文明和智慧。关于汉字的起源，中国古代文献上有种种说法，如"结绳""八卦""图画""书契"等，古书上还普遍记载有黄帝史官仓颉造字的传说。最早的刻画符号距今已有8000多年。

商代文字基本字的结体特征可分为四大类：取人体和人的某一部分形体特征为构字的基础；以劳动创造物和劳动对象为构字的基础；取禽兽和家畜类形象为构字的基础；取自然物象为构字的基础。从构形的文化内涵上来考查，这些成熟较早的字形所取材的对象，与当初人们的社会生活相当贴近，具有很强的、现实性的特征，让后人可以"望字生义"，很快地了解想表达的大致意思，便于沟通与交流。

例如，老祖宗创造的文字"听"，现在的简化字写法是一个口偏旁加一个斤，似乎就是要多多地用嘴说。繁体汉字聽，在文字里暗含着的信息是要用耳朵听，用眼睛去看，用心去感受，而且还要有德行地去听——带着美好的心情去听，还要听出美好的东西，而不是"听"出毛病。当然，这是我望字生义。但在培训教师和师范生的倾听能力时，这常常是我一种善意的提醒方式。

倾听不仅用耳朵，而且还要用眼睛去观察。

美国心理学家阿尔伯特·梅拉比安经过大量实证研究得出在人类沟通中信息采纳的研究结果。

沟通效果只有 7% 是通过语言语句获得的，38% 通过嗓音（副语言）线索获得，55% 通过体态语（面目表情、躯体动作等）获得。

这些研究数据提醒教师两点：第一，教师在教学教育中要适度使用体态语帮助学生集中注意力和加强理解，促进交流；第二，与学生交流时，不仅听其言，而且要观察其体态语，判断言语与体态语是否一致。当言语和面目表情相矛盾时，人们更愿意相信面目表情。教师要善于理解非言语行为所表达的信息，对它们进行综合分析。

完全的倾听，即观察和察觉当事人的非语言行为姿势、面目表情、行为举止、语调等。倾听和理解当事人的语言信息；倾听当事人的倾诉，联系当事人所生活的社会环境，对整个人进行倾听；倾听当事人在问题表达过程中流露出的情绪感受。

1."听"的方式

听是一种直觉，一种感悟。为了更清楚地了解在访谈中的"听"的状态和过程，我们将"听"分为以下三个层面。

（1）行为层面的听

在表面上的听：只是做出听的姿态，并没有认真地将对方所说的话听进去。

消极的听：被动地听了对方所说的一些话，但是并没有将这些话听进去，更不用说理解对方的言外之意了。

积极关注的听：将自己的全部注意力放在对方身上，给对方最大的、无条件的、真诚的关注。通过自己的目光、神情和倾听的姿态向对方传递信息。

（2）认知层面的听

强加的听：将所听到的话迅速纳入自己习惯的概念分类系统中，用自己的意义解释来理解对方的话语，并且很快做出自己的价值判断。

接受的听：暂且将自己的判断"悬置"，主动接受和捕捉来访者发言的信息，注意他们使用的本土概念，探寻他们所说的语言背后的含义，了解他们建构意义的方式，即听出弦外之音。

建构的听：在倾听时积极地与对方进行对话，在反省自己的"倾向性意见"的同时与对方进行平等的交流，与对方共同建构新的"现实"。

（3）情感层面的听

无感情的听：在听的时候不仅自己没有感情投入，而且对对方情感的表露也无动于衷。

有感情的听：对对方的谈话有感情表露，能够接纳对方所有的情绪反应。但这并不意味着一定要用语言表露自己的情感，认真倾听本身就表明自己具有理解对方的能力。 来访者只要感到自己的情感可以被接纳，便会比较自由地去体会自己和表达自己。

共情的听：在无条件的倾听中与来访者在情感上达到了共鸣，双方一起同欢喜、共悲伤。 这个过程不是居高临下地向对方表示同情，或者有意展示自己具有理解对方的能力，而是自己确实体会到对方的哀与乐，在自己的心中产生共鸣。 无言的倾听和关切的目光有时比语言更加具有感染力。

理解人与了解一台机器的构造、理解数理化定理和公式不同。 人比机器要复杂得多。 因为懂得对方所使用的语言，懂得嘴角肌肉上扬、眼睛微微眯起的表情叫微笑；因为我们和对方有过类似的经历，所以尽管实际上我们可能没有体会到对方真正的内心感受，但还是会产生"我懂你"的错觉。 因此，我们有时候就忍不住要急着向对方表态："真的，我特别理解你的感受。""哎呀，其实我也曾经和你一样的。"可是，当你错误地理解了对方的时候，这些话只能让自己很窘迫，让对方尴尬，甚至愤怒，因为对方会认为你在敷衍他。

作为心理咨询人员或教师等助人工作者，我们常常要做好充足的心理准备，因为理解别人是我们的工作，别让自己陷入自以为能理解别人的自我满足中。 在做助人工作的职前培训与职后教育中，有意识、有系统地训练理解和沟通能力是非常必要的。

2. 倾听的训练

倾听的训练决定着"问"的方向和内容。"听"既是一门技术，又是一门艺术。 我们不仅仅要学会"听"的技能，而且要用自己的心去体会对方的心。 在"听"对方说话时，不仅要"听"对方所发出的声音和语词，而且要设法体察对方没有说出来的意思。

教师面对的是有思想、有情感的活生生的人。 人本心理学家卡尔·罗杰斯提出人际关系的三原则：倾听、真诚、给予爱及接受爱。 通过倾听才能理解人，理解人格，理解人际关系。"当一个人意识到对方已经透彻地倾听并理解自己时，双眼甚至会闪现出泪花，但这是快乐的眼泪。 就好像一个被关在地牢里的囚犯，日复一日地敲打墙壁，向外传送信号……终于有一天他听到了轻敲墙壁的回答信号，这时他立刻感到自己摆脱了可怕的孤独而轻松和振奋起来。 有心理疾病或心理障碍的人，就像生活在与世隔绝的地牢里的囚犯一样，人们从外面无法看见他们的踪影，而只能细心倾听他们从地牢里发出的微弱信息，通过这些信息来了解他们的内心世界。"

有人说："话是开心的钥匙。"但是，如果你听不懂好赖话，分不清是非，就好像这把钥匙永远插不到锁孔里去。 有一对年轻夫妻，原本感情还可以，但是工作一忙，又有家务琐事，难免马勺碰锅沿。 一个星期天的上午，男人要去加班半天，女的忙完家务，为了赶上下午的学习，就匆匆忙忙为男人煮了一小锅面条，在慌乱中把盐放多了。待丈夫回来，妻子急急交代一下，推车就走，男人吃了一口面条，发现太咸了。但是他一来理解妻子心急，二来心疼用钱买的东西，三来也真的饿了，于是胡乱扒拉了几口。无奈，面条太咸了，纵有千条理由，万种体贴，男人也难以吃得下，结果只好暂时摆放，等待妻子处理。

傍晚妻子回来了，因为觉得家中有面条，就顺路去看看自己的母亲，并把晚饭也吃了，回家后她就催着丈夫快吃面条。丈夫中午已经领教了那面条的含盐量，当然不肯再吃，可妻子并不了解丈夫的苦衷，误以为男人挑食，难伺候，全不看自己这个星期天有多忙，她听不进丈夫对面条的形容，更不相信是自己多放盐了，而是怀疑丈夫故意挑剔。由于情绪作怪，误解叠加，双方谁也不能冷静了，结果待到他们冷静之后，损失已经来不及补救了。

同理心训练法（训练 8-4）

同理心训练是在团体中进行的训练项目，需要把团体分成 4 人小组，每个小组成员自愿认领角色。

第一步：角色选择。

根据自己的个人经历或感觉选择，或用抽签决定。

角色 A：A 一贯学习成绩不错，周围的人都认为其考上重点高中没有问题。但结果是考重点中学落榜，A 感到情绪沮丧。落榜后，他找到自己的老师和朋友倾诉（可根据自己的经历或假设人物的经历谈落榜的感受）。

角色 B：A 的现任老师（听了 A 的诉说后给予角色回应及必要的交流）。

角色 C：A 的好朋友（听了 A 的诉说给予角色回应及必要的交流）。

角色 D：观察员，观察 B、C 是怎样倾听并回应 A 的（语言与非语言）。

D（观察员）的扮演者全程不许讲话，只需要认真地倾听，在角色扮演之后的分享阶段才能讲话。

扮演之后，各角色间的分享时间，首先请 D 与 A 核对，给予感受性的回应。例如，我在你后面，看不到你的表情，我能感受到你在与 B 交流时，你的感受是_____；当你与 C 交流时，我体会到你那时_____。

第二步：角色扮演。

巧妙安排角色扮演时的座位，B（老师）和 C（朋友）坐在面对 A（学生当事人）的位置，在角色扮演期间，B、C 不交流。D（观察员）坐在 A（学生当事人）的背后，看不到 A 表情状态，全程体会 A 在与 B、C 交流时的感受。

A（学生当事人）讲述自己的经历及觉察自己此刻的感受，之后，与 B（教师）彼此交流一下，当学生感觉谈话达到目的或交流不下去时，可以随时终止。

接着 A 与 C 的交流，谈谈自己此刻的感受，听听朋友是怎样回应自己的，是否有帮助。

当 A 感到需要停下时，即停止角色扮演。

第三步：扮演角色分享。

D 分享在刚才的角色扮演中，体会到 A 刚开始的心情是＿＿＿＿＿，后来发生＿＿＿＿之后，我体会到 A 的感受是＿＿＿＿。

各个角色自由表达自己在角色扮演中的实际感受。

第四步：请 A 谈谈在扮演中对自己最有帮助的是哪一个部分，为什么？

第五步：可以重新"洗牌"，各自交换角色，进行新一轮的角色扮演。当然也允许依然选择在第一轮中的角色。在其他角色变化中，看看会带来怎样的新感受。

角色扮演训练在实际师范生沟通训练中的应用实例。

这是一件令人心痛的事件，某中学生到超市购饮料未付钱便离开。商家凭当时的录像信息找到学生的学校，希望学校协助。老师把该学生叫到办公室谈话，"你最近做过什么违法之事？""没有"。

"你做过社会公民不该做的事情？""没有"。

"你最近做过什么违背学生守则之事？""没有"。

三问，三摇头。无奈中教师只好播放录像，让事实说话。学生只看了一眼就低下了头，无论老师再说什么，该学生都没有再说过一句话。无奈之下，老师只好说："你先回班里好好想想吧。"学生起身离开谈话室。20 分钟后，该生从高层教学楼上坠楼身亡。没有留下任何遗言。

这是一件在校园内发生的真实的不幸事情。这个年轻生命的逝去让我的心情非常沉重，带给我许多思考。学生因为自己的一个错误，一时又无法接受可能由此带来的后果，无奈之时感到绝望，竟以结束生命的方式来应对，令人心痛。学校应该对全体学生进行珍爱生命、热爱生活的教育，这也是我们现实教育中缺位的内容。学生在成长中犯错误在所难免，当我们发现学生犯了错误，甚至有违法行为时，身为教师怎样与当事学生交谈呢？怎样能够通过有效的谈话真正对学生有帮助，有良好的教育效果？怎样把坏事变成让学生真正认识自己、调整自己，并获得成长的机会？教师能够真正协助学生接受教训，并从教训中学习到使他们终身受益的东西，这才是教育的本真目的。也许我们的教师非常需要这样的沟通技能，与其在惋惜中哀叹，不如马上化为行为。

第二天晚上，我在北京师范大学开设的师范生心理素质训练课堂上，就以这一校园学生自杀事件危机前的大致情况为背景，让师范生来学习与学生有效沟通的方法。

首先是分成三人训练小组，在小组中认领角色，通过角色扮演来学习有效沟通。 Ａ：可能未付钱的学生。 Ｂ：找学生谈话的教师。 Ｃ：观察员兼记录员。

开始扮演：Ａ在看到录像后的感受及反应，尝试着对能理解自己的教师开放；Ｂ要以真实的自己去与Ａ进行交流，可尝试使用同理心。 当沟通后学生放松下来，即可暂停。 之后以3人为一组进行讨论。

Ｃ先把自己观察到的情景描述给Ａ和Ｂ，之后请Ａ谈一谈：Ｂ的哪些做法对自己有帮助。 之后，三人讨论：在学校现实生活中，我们怎样做知心教师，协助学生心理健康成长。

几番互换角色扮演练习之后，学员非常感慨，一开始听到这样的案例，他们自己也不知道从何处下手与学生进行交流，甚至不知道怎样开口讲第一句话，更不知道怎样了解当时的学生的感受。 在小组中，大家互相扮演，互相支持，慢慢地就把学习过的理论知识转化为交流的技能。 组员相互学习，讨论，实践，让他们不再那么迷茫。

一晚上三节课程下来，跟随学生一起训练，我上课前的无奈与焦虑的情绪也在与学生的互动中缓解了，我知道自己在课前是为教师的沟通能力担忧，现在，我看到对师范生职前教育训练都这么有效，对在职教师的培训会更快捷，只是他们在教育的一线缺乏受训练的机会，我从中也为自己的职业生涯找到了方向——用自己有限的专业知识尽可能多地培训教育一线需要心理技能帮助的教师们，为他们减负，让他们更加有效地开展教育工作。

真诚的意思是咨询师或教师的助人行为是发自内心的真心诚意，其同义词含有诚恳、真挚、诚实、一致、自发、坦白等；其反义词是虚伪、防卫、做作、自我隐藏等。

卡尔·罗杰斯认为，如果咨询师本身是真诚的，则别人在看到他或她时也能感受到咨询师的真诚。 来访者觉察出咨询师真诚的态度有助于来访者的安全感及信任感的发展，也因此更愿意进入更深层的探索。 咨询师开放、真诚的态度是来访者的良好范本，会鼓励来访者类似的态度，使其放下防卫、"心理游戏"，以真诚、开放的心态面对。 它会变成人与人之间沟通、非常重要的一种行为，是助人关系历程中最真切、最有意义的行为之一。

来访者：虽然我们谈了这么多，但我觉得没有什么用，情况还是一样糟，我何必浪费时间再来呢？

咨询师甲：我认为是你在浪费时间，你根本什么事也不想做，也没有做。

咨询师乙：是你自己决定要来的，你自己要负责。

咨询师丙：你觉得来这里没有帮助，没有结果的事似乎令你厌烦泄气，也许我们应该先来谈谈到底发生了什么事而变成这样子。

甲和乙咨询师都用防卫或攻击的行为来保护自己,而丙咨询师试着去了解来访者,并给双方讨论状况的机会,当然自己也会诚心地去检查自己的行为是否正如来访者的控诉。

卡尔·罗杰斯指出一个咨询师要能够做到真诚,首先必须对自己的人格、特质、行为、动机等有正确清楚的认识,以及这些个人的特质如何表现在重大的事件以及与人的关系上。只有能自我了解,才能悦纳自己,只有肯定自我,才能实现自我,这样的人才是个真诚的人。

我们教师和师范生从中可以学到的是_____

读故事增智慧——蘑菇与医生(训练 8-5)

有一个精神病人,以为自己是一只蘑菇,于是他每天都撑着一把伞蹲在房间的墙角里,不吃也不喝,像一只真正的蘑菇一样。

心理医生想了一个办法。有一天,心理医生也撑了一把伞,蹲坐在了病人的旁边。病人很奇怪地问:"你是谁呀?"医生回答:"我也是一只蘑菇呀。"病人点点头,继续做他的蘑菇。

过了一会儿,医生站了起来,在房间里走来走去,病人就问他:"你不是蘑菇吗,怎么可以走来走去?"医生回答说:"蘑菇当然也可以走来走去啦!"病人觉得有道理,也站起来走走。

又过了一会儿,医生拿出一个汉堡包开始吃,病人又问:"咦,你不是蘑菇么,怎么可以吃东西?"医生理直气壮地回答:"蘑菇当然也可以吃东西呀!"病人觉得很对,于是也开始吃东西。

几个星期以后,这个精神病人就能像正常人一样生活了,虽然,他还觉得自己是一只蘑菇。

小故事里有大智慧。三言两语写一写这个故事对你有什么启发?

_____

你在三言两语心得里使用的词汇与下列几个词语的意思相近吗?

感同身受　设身处地　将心比心　同理心

如果有,恭喜你!欧文·亚隆认为内省不是单一的概念。他喜欢把它理解为"向内看",并认为这一过程包含澄清、解释、接触抑制。当人们发现一些重要事情与他的行为、动机或潜意识有关时,内省就产生了。

一次在北京师范大学针对中小学德育校长、教导主任举办的"心理学视角下的校园危机管理"主题培训班上,当我讲到学校要做好心理健康教育的宣传和普及,可以避免或预防从一般心理事件转化到高一级别的事件时,一位女校级干部突然站起来为我们讲了她所在的学校里发生的事情。

一个新学期的开始，按校规，开学第二周的周一，全校学生都要修剪学生发型。一位八年级的男生（小 G）没有理发，年轻的班主任反映到教导处，"按规定，不理发明天就不要来上学"成为班主任传达的尚方宝剑。

男生小 G 第二天按时来到学校，只是他的头上多了一条头巾。年轻的班主任问小 G 理发了吗？没有理发的话，他就要回家去了。小 G 摘下头巾给班主任看了一眼，确实理成学生发型了，班主任"嗯"了一声算是认可。小 G 马上把头巾继续遮盖在头上。

班主任疑惑地说："上课不能戴着头巾呀，你一个男生……"

小 G："哪一条校规上写着不能戴头巾？"

班主任无语，对这类学生，她一个年轻教师还真没有什么办法，查看学生发型，综合学校要求不追究就行了。

就这样小 G 带着头巾走进教室，同学的嘲笑、老师的规劝都不能让小 G 把头巾摘掉，头巾成了小 G 的标志和标签，他竟然戴了一个学期。

女学员讲到这里，停顿了一下，接着哽咽地说，"这件事过去了有两年了，非常遗憾的是那个男生从学习成绩中等到学习成绩一落再落，最后不得不试读，辍学。我到现在也没有明白是怎么回事？一个修剪学生发型的事情怎么就导致辍学了？直到聂老师刚才说到学校危机事件是可以转化的，我才隐隐地感觉到了自己的工作出了问题。我现在特别想知道小 G 到底发生了什么？为什么戴头巾？是什么让小 G 到了无法在学校学习的地步？是我们学校的学生理发制度吗？"

谁又能回答呢？即使小 G 在场，就能一下揭晓答案？教室里学员一下子沉默了，应该说是寂静，偶尔听到女学员似在空旷无人的教室里抽泣后的深呼吸声。其他学员也是一脸疑惑，沉思。他们纷纷望着我，似乎期待着我给出一个答案。我不是小 G，不知道他的感受，我能做的事情就是引发学员的思考再思考。

我邀请女学员根据印象，描述一下小 G 的样貌，请一位有美术功底的学员同时在黑板上画出学生的素描。

"小 G 高高的个子，清瘦的脸庞，眼睛不大不小，尖尖的下巴。不，脸要再拉长些，嗯，是这样。对了，脸上有青春痘的那种。"

有学员插话道："是不是青春痘的原因才遮盖？"

"不知道，不过，他的头巾是不遮脸的……"

我引导她："请讲讲他是怎样戴头巾的，请画手继续跟进。"

"小格子布头巾，遮住头发，就是这个样子。"

我陪伴在女学员身旁，继续引导她："两年多过去了，你还记得他。小 G

学生的'相片'呈现在这里，你此刻可以感受一下他戴头巾的感受，用第一人称'我'来试试。"

一开始女学员不习惯用"我"，慢慢练习两遍后，才终于找到了感觉。

"我也不喜欢这样不女不男地吸引别人的关注。 这是我此刻最想说的。"女学员说完看着我。

"请继续。"

"学生头好像更显得我脸长，我不喜欢。 这一点是在刚才画出来画像时我才意识到的，不知道这是不是小 G 的想法。"

"请继续你自己现在正在做的事情。"我适时地鼓励着。

"我比较内向，严肃，长些的头发会让我显得更活泼、更成熟一些。"

女学员再次哽咽而停顿……

"请再继续，再试试。"

女学员说，"我不知道说什么了，我刚才跑到我自己身上去了，内心在自责，当时怎么就没有考虑过学生的感受。"

"试试看。 接着探索一下'戴头巾也是没有办法，我接受不了自己的……'"

女学员填空似的接过话茬："我接受自己长得不完美，却接受不了不让我按自己的方式用发型来弥补不完美。"

我继续鼓励："只有你认识小 G，你现在正扮演小 G，当你说出这些时，心情是怎样的，是难过的、痛苦的……"。

"我知道我纠结在脸型、头发上挺无聊的，可就是没有办法摆脱。 我想上学，我只好用头巾帮助自己……"。

女学员有所领悟："这不是学生的错，绝不是学生的错！ 也不是给学生理发的错，而是当时我的错，我们不理解学生，不懂他们，只一味地要求，不，是命令。 学生有想法，我们却说是执行规定。 学生在痛苦中挣扎，找出一个近乎病态的方式自救，还被大家讥笑，包括我们教师，也包括我自己。 我们的冷漠似一把软刀子。 其实我们教师自己也有教育无能时，如对学生心理的关注不够，掌握心理辅导的方法有限等，遇到问题时只是觉得学生事多，想要逃避。 今天这堂课让我猛醒，我们必须承认和面对。"

班上其他学员自发地在此处给予了鼓励、支持的掌声。

接下来是请学员自由发言，表达对刚才在课堂里发生的事情的感受。

"一句话，一味地用制度管理、压服不是教育。"

"校园危机事件是可以防患于未然的，学生管理不只是做'消防'类的事情。 关键是我们的教育理念，是不是真正以学生发展为本。"

"聂老师在课堂上列举的，在电视上被报道的那位校长，看到学生不理规定的发型，就站在操场上说：'我宁可校长不当，也要管你们，把你们的头发给理了！'看似是对学生的爱护和管理，现在想想，爱用错了地方是盲目的爱，是伤害！"

"总说校长不好当，教师不好当，不是因为学生不好教，其实是我们不知道怎样当教师，以为掌握了管理手段，定个好制度就行。 人的管理要科学，要人性化管理，以人为本，以学生为本，我们还有许多需要学习的，不然就会落后。"

"这样的课堂太有启发了，以往在学习时，我一直是被动地听。 今天的课堂让我认识了大家一起来学，大家一起研究教育现实，找科学的教育方法。 让我们大家给'自己'感谢的掌声。"

…………

你如果问我是怎样练就今天的一些教育技能，我想对你说，学习人本心理学理论与心理咨询的理论，并逐步在教育中应用实践，进而渐渐升华为今天的自己的教学风格。 只要你不断学习，不断应用，相信未来的你一定会展现出自己独特的教育能力，绽放出生命的光彩，让人性的光芒不断传递。

第九讲

教师生命彩虹

——教师生命影响生命的能力
训练

教师不是仅为照亮别人而燃烧自己。 教师在教学生涯中也在不断学习着，成长着，发掘着自身的生命潜能，并用自己的身体力行，用生命滋养着学生，感染着学生，激励着学生，向着开发自身生命价值而且行且珍惜。

一　爱的色彩——生命彩虹

1. 生命教育的故事：爱是有色彩的

你能够拿一点爱给我吗？ 你听到这样的问话一定觉得好笑。 那爱是什么？ 每个人在生命的历程里又能够实实在在地感受到爱的存在，爱的流动，爱的升华。

20 世纪 90 年代初，我曾在北京的一所学校进行心理教育实验，走进陌生的学校，望着天真年少的小学生发现他们甚是可爱。 我这个陌生的高校老师怎样与孩子们拉近距离，上好下面的课程呢？ 我看到有好几个女孩子头上有粉红色的大发卡或粉红色的蝴蝶卡以及粉红色的松紧发套圈，我依从自己的主观判断，冒失地对孩子们说："我猜你们班最近搞了热闹的活动？"孩子们得意地点点头。 我也得意地继续猜着说："而且活动还发了奖品？"孩子们的脸上没有出现我预判的笑容，而是一脸的疑惑。 片刻的沉默之后，我急切地问道："你们头上这些粉色的发卡、发套圈不是奖品吗？"在我的意识里，已经过去了街上流行红裙子的年代——从众的年代，即别人穿什么，我也穿同样的，只有当班级发放奖品时，孩子们才会"统一"。 没想到几个孩子异口同声地说："李老师喜欢粉色，我们喜欢李老师！"我内心很激动，为这位喜欢粉红色的李老师而高兴！孩子们这是对现代版"爱屋及乌"的注解！

望着教室里流动的那抹粉红色，我想这不就是爱的色彩吗？ 是一抹真诚的师生之间互爱！

2. 一地白纸花，哀悼父女情——写给天堂里父亲的信

小羽是名理科生，从小喜欢物理，最崇拜的人是居里夫人。 立志要做居里夫人式的人，为物理科学奋斗是从小她的理想。 小羽在进入大学后发现，这里强手如林，她的情绪一度低落，更苦恼的是她常常看同学不顺眼。 有同宿舍同学电话里与爸爸嗲声嗲气地通话，打电话时间一长，小羽会感觉愈发不快，就会以敲桌子摔碗来警示对方，弄得同学都不敢当她面与家长通电话。 有班上同学的父亲顺路来学校看望女儿，小羽在校园里看到这对父女挽着同行，她当晚一定有事情要麻烦该同学，如当天最难的作业题，或一个脑筋急转弯题目等，做不来就挖苦对方一番。 天长日久，大家都觉得小羽有些怪，可又说不出道不

明原因。 在学校开展的心理健康宣传月里，小羽走进心理咨询室。

在交谈中，我发现小羽的家庭有些特殊性。 小羽有一个小她两岁的妹妹，在重男轻女的偏僻农村里，父亲是有压力的。 可小羽父亲却接受这个现实，并非常疼爱他的两个女儿，从小给女儿们讲居里夫人的故事，鼓励小羽努力学习，长大做居里夫人式的人。 在小羽9岁时，她的家庭发生了很大的变故，父亲因借债被骗，还不起巨额债务而自杀了。 小小年纪没有了父亲，母亲没有正式的工作，自己和妹妹以后怎么办？ 小羽因此不知道偷偷掉了多少眼泪，不仅要忍受旁人的白眼，还常常随母亲各处躲债。 一年后，继父走进这个"女人国"，挑起养家的重担，从此小羽和妹妹又有学上了。 继父对母亲挺好，为了尊重继父，两个女儿再没有为父亲上过坟。 直到考上大学，小羽都是继父供养的。 感激归感激，毕竟是没有血缘关系，她不敢对继父有亲密的举动。 看到其他同学与父亲亲密无间的样子，她非常渴望，也有点忌妒，不禁常常思念起亲生父亲，又觉得这样对继父不敬。 一想起父亲是以自杀的方式撇下一家人，小羽内心很痛苦，很挣扎。

第一次来到咨询室，小羽哭得非常伤心，满地的纸巾，像"白花"一样撒满脚下。 带着当事人的泪水，带着当事人的情感，那"白花"分明也在诉说着，表达着。 只有共同经历那朵朵"白花"撒下的时刻，我才懂得朵朵"白花"的含义。 在咨询结束后，当事人面对一地白纸巾，在吃惊中带着苦笑说："不好意思，弄了一地，一包纸巾都让我用了。"确实这是我在咨询室里看到来访者使用纸巾最多的一次。 听着小羽的故事，知道她保守了十年的秘密，我感受到了她内心的渴望。 当咨询结束时，她说："这是我第一次这样痛快淋漓地讲出心中的痛，感觉轻松多了。"我说："在文学作品中有黛玉葬花，今天来个小羽扫'白花'找亲情吧！ 不着急，慢慢地扫，体会一下自己现在的心情。"我相信这个扫除对小羽也有心理帮助。

第二次我在咨询室里发现小羽还希望给我讲她的故事。 情感封尘得太久了，她有太多的话想倾诉。 我搬来一张空椅子，让她假设爸爸就坐在椅子上，想一想自己会对爸爸讲什么。 小羽竟然像忘记我的存在一样，面对空椅子，用第二人称，滔滔不绝地诉说着对父亲的怀念。 过后，我让她试着坐在空椅子上，体会假如坐在空椅子上的是父亲，他听到你的哭诉，会对你回应什么。 就这样，反复运用空椅子技术，让小羽倾诉，回应，再倾诉，再回应。 咨询时间到了，我请小羽回去后把没有讲完的话写下来。

第三次来咨询时，小羽带来写给父亲的信。 我们谈的更多的是她在写作时的内心感受。 我从中评估小羽的哀伤情绪有了明显缓解，鼓励她回去继续写。

第四次、第五次，我发现小羽的情绪越来越平静了。

第六次咨询时间到了，小羽平静地拿着厚厚一叠打印装订好的文稿，原来她把自己写给爸爸的话都打印出来了,洋洋洒洒有好几万字呢! 我们一起为这些文稿起了一个名字:写给天堂里的父亲——世界上独一无二的书,生命教科书。

3. 生命里的蓝天白云——密云小学男老师的选择

北京有一个地方叫密云,因地处群山之间,交通不便,一度成为北京穷困的远郊区县。 而我却与密云有着许多情缘。

60 多年前,我的父亲曾在北京密云水库修建时参与建设,后来又到密云一个叫穆家峪的地方下放劳动一年,一两个月才能回一次在北京城里的家,给我们带回来当时城里的孩子认为很有嚼头的好食物——白薯干。 我们还让父亲也与我们姊妹同享美食,可是父亲一见薯干竟然条件反射地反着胃酸。 后来我才知晓,父亲在山里大多以薯干充饥,早就吃伤了胃。

40 多年前我曾和中学同学一起到密云水库植树,顺便还在水库边游过泳呢。

38 年前我从北京市第八中学毕业,响应政府号召,到离密云很近的地方作为知识青年接受贫下中农的再教育,多次到密云的"地道战"遗址去参观。 直到国家恢复高考制度,我有幸考入北京师范大学深造,离开自己用 5 年青春时光和汗水流淌过的与密云山水相连的土地。

近年,有朋友在密云大山深处承包了林场,经过 20 年间的辛勤建设,我们再次坐在小木屋外的长木廊里,就像身处影视剧中国外的郊野山庄。 夜晚仰望星空,天空似被洗过般的透亮,我情不自禁地想起在小时候坐在院子里乘凉时抬头仰望的夜空。 父亲还教我们辨识北斗星。 我对那蓝蓝苍穹着迷了,问父亲,天上什么样? 有人居住吗? 那里的人会长什么样子? 天上的人能听得懂我们现在聊天的内容吗? 知道我们是谁吗?

后来一个来自密云的年轻男老师在我课堂上发生的事情,让我更加牵挂密云和那里的蓝天白云。

在一次为京郊教师举办的心理培训课堂上,为了让教师们更清楚地了解自己,我让大家写下当前自己心中最重要的 5 样事物,可以是具体的,也可以是抽象的;可以是曾经拥有的,也可以是自己期待的,总之是自己非常渴望的。 之后让学员小组分享:有人写下亲情、爱情;也有写下父母、孩子;有人写下学业、事业;也有人写下自由、生命;有人写下汽车、金钱;也有人写下爱好或健康。

因为这是给小学教师所做的培训,男教师很少。 仅有男教师的小组,在刚听到一个词之后,女教师们纷纷大喊"真浪漫啊"! 我不由地走到小组旁,听见那个唯一的男教师说:"蓝天白云是我写的重要五样事物之一。 我是密云人，这次到市区来，看到白天雾霾重重，到了晚上难找到星星，感到很不爽，不由地想到家乡密云的蓝天白云。"不久，教室里的平静再次被组员的惊叹声打破了。原来，依次划掉一个重要词语，四次之后该男学员剩下的竟然仍是蓝天白云。当我们继续邀请他讲讲蓝天白云背后的故事时，本来在众多女性的小组里略显有些腼腆的小伙子却像触动了话匣子的开关，娓娓道来30多年来他与蓝天白云的缘。

男教师几代居住在密云水库所在地边，当年政府为了北京人民的用水，兴修密云水库，男教师的爷爷带着全家人从库区搬迁，现在为了保护北京的这盆净水，减少污染的可能，男教师的父亲携儿女再次搬离水库保护区。故土难离，直到自己做了教师，他经常到市区开会，见识了北京的日新月异，也目睹了北京的空气污染，他担心学生有一天真的要到密云才能看蓝天白云。他决定从自己做起，身体力行，教育班上的学生保护环境，从不乱丢垃圾做起，节约每张纸——养成使用作业纸背面做草稿纸的习惯。即使不担任班主任了，他依然始终如一地坚持环境保护教育。你在听到他的讲述时就能感觉到那是铭刻到骨子里的信念。我不禁对这位小学男教师肃然起敬。

无论我走到哪里，看到夜幕中清澈的星空，都会令我产生似曾相识的感觉，清新的空气，盎然的绿色，闪烁的星空，人与自然的和谐相处，我仿佛看到了生命的本源，像是来到了伊甸园，似看到在蓝天的映衬下，北京的水显得格外清澈。小学男教师为环境保护做出的贡献，已经深深地印在我的生命里，也常常成为我理解教师生命的一个注脚——每个教师都做好自己！

4. 猩红色文件袋中的心灵叙事

在文件袋里猩红色的塑料文件袋中有一本用55页A4纸打印并装订起来的书，书中的第一页印着醒目的字《倾听心灵——献给亲爱的聂妈妈》。若用一句话来介绍，这是本叙事体的书，或者说是一本故事集。它被封存多年，很久未被打开了。在写本书时，我再次翻看记录着我与一位雪绒花热线电话来电女孩近10年的在线上及咨询室里交往的故事。如今这名患有脑瘫后遗症的女孩经过了从中学到大专、本科的学习，走上了酒店电话总机服务的岗位，实现了自食其力的愿望。正是众多的来电者、来访者的信任，陪伴我度过了专业成长的最初时光。我在近30多年心理咨询生涯路上，经历了我国心理辅导与咨询事业从无到有、从小到大的发展。虽历经艰难，但我没有放弃，来自来访者渴望改变的信念与信任的鼓舞，令我深深地感受到正是因为来访者拥有的这份坚定与执着，能使他们获得很大的成长与改变。这是神奇的人际互动的力量，自我价值感也在我与来访者的互动中不断升华。就像那猩红的文件袋，尽管在书柜深处的一隅，但它就在那里存在，就在那里诉说着，提醒着我前行。

5. 沉淀了我人格的绿色

绿色是我最喜欢的色彩。特别是从事了心理咨询工作，掌握了助人自助的技术与方法，我对心理咨询的"助人自助"理念有了切身的感受。来访者在咨询中的领悟、觉察、成长或改变，是其对内在驱动力的唤醒。每当来访者感谢我的帮助时，我都会说，应该感谢的是你自己，因为你有勇气面对自己的内心，对自己负责。我不过是在你的信任下，做了一点点工作而已。这是我的心里话。红花总要绿叶衬托，绿叶情节驻我心，绿叶默默陪衬，用大自然的精华，滋养着花朵的绽放，花儿分外妖娆，绿叶会在丛中微笑。教师的品德不就在这绿叶之间吗？

在学校做危机干预，做生命教育讲座，我总是会有意选择穿绿色的衣服，那是生命的象征色，是能够令人焕发勃勃生机的色彩。我把咨询室的墙面涂成绿色，挂上充满生机的印有树叶的窗帘，在咨询中心办公区有花草树木和蝴蝶的装饰，"爱在雪绒花"的字样体现了人文关怀的点点滴滴。

雪绒花学生心理咨询中心入口处有醒目的提示语：必要的心理求助是强者的行为；关注自己今天的心理健康就是为明天的健康生活买保险；关注他人的心理健康就是为自己和谐的生存环境做贡献。20多年间，我和咨询中心的同事们心甘情愿地用自己的努力，为学生身心健康发展撑起一片晴朗的天空！

爱是生命的彩虹！因为每个人就是独特的色彩！

二 其实有一百——生命化教育

1. 自尊自信为生命注入希望

我在教师生涯之初，曾读过一篇令我至今难忘的小文，记得小文的名字叫《洗手间里的晚宴》。

故事讲的是一位保姆住在主人家附近，一片破旧的平房中的一间。她是个单身母亲，独自带着一个只有四岁半的男孩。每天她都早早地帮主人收拾完家务，然后返回自己的家。主人也曾经留她住下，却总是被她拒绝。

那天主人要请很多客人吃饭，客人们出身上流社会，个个光彩照人，主人对保姆说今天您能不能辛苦一点儿，晚一些回家，保姆说当然可以，不过我儿子见不到我会害怕的。主人说：那您把他也带过来吧……不好意思今天情况有些特殊。那时已近黄昏，客人们马上就要到了。保姆急匆匆地回到家，拉上儿子就往主人家赶。儿子问："我们要去哪里？"保姆说："带你参加个晚宴。"

其实四岁的儿子并不知道自己的母亲是一位保姆。

保姆把儿子关进主人家的书房。 她说："现在晚宴还没有开始，你先待在这里。"然后自己急忙进了厨房，做菜，切水果，煮咖啡，忙个不停。 不断有客人拉响门铃，主人或者保姆跑过去开门。 有时保姆进书房看看，她的儿子正安静地坐在那里。 儿子问："晚宴什么时候开始？"保姆说："不急，你悄悄地在这里待着，别出声。"

可是不断地有客人光临主人的书房，或许他们知道男孩是保姆的儿子，或许并不知道。 他们亲切地拍拍小男孩的头，然后自顾自地翻看主人放在书架上的书，并对墙上的画赞不绝口。 男孩始终安静地坐在一旁，他在急切地等待着晚宴的开始。

保姆有些不安，到处都是客人，她的儿子无处可藏，她不想让儿子破坏主人聚会的快乐气氛，更不想让年幼的儿子知道主人和保姆的区别。 后来她把儿子叫出书房，并将他关进主人的洗手间。 主人有两个洗手间，一个主人用，另一个客人用。 她看着儿子，指指洗手间里的马桶，说："这是一个凳子。"然后她又指指大理石的洗漱台，说："这是一张桌子。"然后她从怀里掏出两根香肠，放进一个盘子里，说："这是属于你的，现在晚宴开始了。"

盘子是从主人的厨房里拿来的，香肠是她在回家的路上买的，她已经很久没给儿子买香肠了。 保姆努力地抑制住泪水，没办法，主人的洗手间是房子里唯一安静的地方。

男孩在贫困中长大，他从来没见过这么豪华的房子，更没见过洗手间。 他不认识抽水马桶，不认识漂亮的大理石洗漱台。 他闻着肥皂和洗漱液的淡淡的香气，幸福得不能自拔。 男孩坐在地上，将盘子放在马桶上，他盯着盘子里的香肠和面包，为自己唱起快乐的歌。

晚宴开始的时候，主人突然想起保姆的儿子，他去厨房问保姆，保姆说她也不知道，也许是跑出去玩了。 主人看保姆躲闪着目光，就在房子里静静地寻找。 终于他顺着歌声找到了洗手间里的男孩。 那时，男孩正将一块香肠放进嘴里。 主人愣住了，问："你躲在这里干什么？"男孩说："我是来这里参加晚宴的。 现在我正在吃晚餐。"主人问："你知道这是什么地方吗？"男孩说："我当然知道，这是晚宴主人单独为我准备的房间。"主人说："是你妈妈这样告诉你的吧？"男孩说："是的，其实不用妈妈说，我也知道。 晚宴的主人一定会为我准备最好的房间。""不过"，男孩指了指盘子里的香肠，"我希望能有个人陪我吃这些东西。"

主人的鼻子有些发酸。 用不着再问，他已经明白眼前的这一切。 他默默地走回餐桌前，对所有的客人说："对不起，今天我不能陪你们共进晚餐了，我得陪一位特殊的客人。"然后他从餐桌上端走两个盘子。 他来到洗手间的门口，礼貌地敲门。 得到男孩的准许后，他推开门，把两个盘子放到马桶盖上，他说："这么好的房间，当然不能让你一个人独享，我们能不能一起共进晚餐？"

那天他和男孩聊了许多，他让男孩坚信洗手间是整栋房子里最好的房间。他们在洗手间里吃了很多东西，唱了很多歌。不断有客人敲门进来，他们向主人和男孩问好，他们递给男孩美味的饮料和烤得金黄的鸡翅。他们露出夸张和羡慕的表情，后来他们干脆一起挤到小小的洗手间里，给男孩唱起了歌。每个人都很认真，没有一个人认为这是一场闹剧。

多年后，男孩长大了，他大学毕业后，找到了一份不错的工作，尽管并不富有，他还是一次次地掏钱去救助穷人，而且并不让那些人知道他的名字。有朋友问及理由，他说，我始终记得多年前，有一天，有一位富人，有很多人小心地维系了一个四岁男孩的自尊……

人有了自尊，才会自爱，进而自信、自立、自强。这就是教育的本真！在自尊的基础上，人才会不断获取自信。

有一位女歌手第一次登台演出，她的内心十分紧张。她一想到自己马上就要上场，将要面对上千名观众，她的手心都在冒汗："要是我在舞台上一紧张，忘了歌词怎么办？"越想，她心跳得越快，甚至产生了打退堂鼓的念头。

就在这时，一位前辈笑着走过来，随手将一个纸卷塞到她的手里，轻声说道："这里面写着你要唱的歌词，如果在台上忘了词，你就打开来看。"她握着这张纸条，像握着一根救命的稻草，匆匆上了台。也许因为有那个纸卷握在手心，她的心里踏实了许多。她在台上发挥得相当好，完全没有失常。

她高兴地走下舞台，向那位前辈致谢。前辈却笑着说："是你自己战胜了自己，找回了自信。其实，我给你的，是一张白纸，上面根本没有写什么歌词！"她展开手心里的纸卷，看到上面果然什么也没写。她感到惊讶，自己凭着握住一张白纸，竟顺利地渡过了难关，获得了演出的成功。

"你握住的这张白纸，并不是一张白纸，而是你的自信啊！"前辈说。

歌手拜谢了前辈。在以后的人生路上，她就是凭着握住自信，战胜了一个又一个困难，取得了一次又一次成功。

细致分析，前辈在女歌手出现自信心不足、忐忑不安的关键时刻伸出援手，给以和蔼的笑容，又智慧地使用暗示方法帮助——递纸条，为女歌手打气加油。纸条背后最有用的东西就是尊重和信任：你行，胜过一切。对人的尊重与信任是人间最大的爱！

有一种神奇的现象：储藏在暗无天日的地窖中的马铃薯，当它身体内的能量积蓄到一定时候，就会生长出芽，哪怕有一点点微弱的光透进地窖，那芽儿就努力地向着那个方向生长。这就是植物的趋光性。更令我惊讶与感叹的是，在南方几千年甚至是上亿年形成的溶洞里，虽然有湿润的空气但是因为没有光亮，谁也没有在这样的溶洞里看到过生长的植物。 但近年在人工干预下，为了让游客赏心悦目，溶洞里使用了各种彩色灯光照明，人们居然发现有植物在不透光的溶洞中向着灯光的方向生长，是一些因为缺少光合作用而只能是无色的植物。 植物种子的生命力令人叫绝！ 人的生命力又何尝不是这样？

因生理、心理成长环境的不同，学生千姿百态的个性展现在我们教师面前，每一个学生都是独特的，每一群学生也有他们的共性：渴望自由，渴望尊重，渴望进步，渴望成长！

我在大学毕业之际，最初留校做青少年教育研究时，我的领导曾与我有过一段对话，认为做好教育研究的人，在头脑中要有一百个活生生的学生形象，否则没有资格做教育研究。 一百个学生形象是什么意思？ 是简单的数量概念吗？ 是，又不是。 带着一知半解，带着寻找我心中的一百个学生形象的目标，我从工作的第一年开始，就在附近的附中、附小，以及普通的中学里做些力所能及的教育工作。 我在最初的几年里，经历了学生对大学 5％的录取率的迷茫，对学校青春期教育缺位的遗憾，对教师"我说你听，我打你通"式的教育的不解。 学生从内心发出的感慨，使我至今难忘：教师抓学习，家长管生活，可谁懂我们，怎样做我们的教师？ 同样，青少年的烦恼也带给我更多的思考：教育应该带给学生什么？ 教师到底是什么人？ 我到底应该如何研究教育？

1989 年，我从《北京晚报》上看到招聘"中小学生电话帮助你"的志愿者，便义无反顾地报了名，一做就是近 30 年。 感谢成千上万的大中小学生朋友的信任，是你们的信任，让我坚持着，努力学习着，成长着，成为今天中国心理学会的注册心理师、督导师。

近 30 年的实践让我对当年领导所说的关于一百个学生形象有更深刻的理解。 当读到意大利教育家罗里斯·马拉古兹的著名诗歌《其实有一百》的小诗句时，我有着深深的同理。 教育就是同理的倾听，就是理解。 教育就是生命的陪伴。 教育就是与孩子们一起实现梦想，一起成长。

其实有一百

孩子是由一百组成的，

孩子有一百种语言，

一百只手，

一百个念头，

一百种思考问题的方式，

还有一百种聆听问题的方式，

惊讶和爱慕的方式。

一百种欢乐，

去歌唱，去理解。
一百个世界，
去探索，去发现。
一百个世界，去发明。
一百个世界，去梦想。
孩子有一百种语言，
一百、一百、再一百，
但被偷走九十九。
学校和文明，
使孩子和身心分离。
他们告诉孩子：
不须用手操作，
不须用脑行事，
只需听，不必说，
理解世界不必伴随快乐。
爱和惊喜，
只在复活节和圣诞节才有。
他们要求孩子，
去发现已存在的世界，
在孩子一百个世界中，
他们偷走了九十九，
他们告诉孩子：
游戏与工作，
现实与幻想，
科学与想象，
天空与大地，
理智与梦想，
都是水火不容的。
总之，他们告诉孩子：
一百并不存在，
但是孩子却说：
不，其实真的有一百！

2. 解读生命信息的密码

每个生命都是独特的。 能够使人在生命成长中不断获得自尊的培育，才是教育。

　　人是教育的对象，教育是人类特有的活动。 教育对象是人，意味着教育必须面向生命，满足生命发展的需要，提升生命的质量。 这样的教育区别于以知识为目的的教育，是生命化的教育。 但现实是残酷的，不少学校的管理者、教师以及学生家长却忽视了"教育的对象是人"这一道理。 教师虽然是在教"人"，在面对"人"授课、谈话时，他们的一些做法也很少把学生当一个真正的"人"对待。 也许这样说有些苛求教师，会伤众，但我们只有在这一思路下思考，才会对我们自己有所启发。 在为教师开设的生命化教育培训班上我常常讲，庄稼在一年后没有收成，来年还可以再播种，但人的成长有最佳期，错过最佳期有时很难弥补，还要等待他的自我修复能力的提升。 现在一些教师还在围绕教育就是"我说你听，我打你通"的模式，把学生当成计算机：我输入什么，你就要输出什么。"我都是为你好，你怎么就油盐不进，就不能改呢？"

　　我在近 30 年学生心理咨询与心理危机事件处理工作中，经历了多起教师在进行以"爱"的名义下的谈话之后，学生一言不发，默默地走向绝望的最后一刻。 学生的绝望似无声的抗议和呐喊——请不要无视我的存在！ 请尊重我是一个人！ ……还有许多心声我们没有听到，或许听到的是话语，但一时破解不了其中生命信息的密码。

　　写到此，令我难过的是这些生命的信息并没有完全唤醒更多教育工作者的觉悟。 教育只有成为生命化的教育，真正以人的发展为起点和归宿，拨动生命的"琴弦"，走进内在的心灵世界，这样的教育才是真正的人的教育，才是本真的教育，也才是当今以人为本的社会所需要的教育。 以下是学生在自我探索中写下的感想。

　　　　学生若从办公室出来才有的轻生做法，那么可能是老师的话对他产生了影响。或许是挫伤了他的自尊，或许是使他对以后的生活丧失了希望，产生了恐惧，也可能并不仅仅是因为老师们的话导致了这样的结果，但那些话必然是"压垮骆驼的最后一根稻草"。我觉得跟学生谈话真的是一门艺术，需要技巧。言语过轻，起不到作用；言语过重，则极有可能导致这种无法挽回的后果。我是一个比较真性情的人，为人处世可能有些冲动，在以后的生活中，我一定要学会控制情绪，至少不要在学生面前表露负面情绪。在处理学生的问题时，我要心怀善意，更多地从他们的角度出发，换位思考，在有效解决问题的基础上，避免伤害学生的自尊。总之，要以学生为主。

　　　　教师是一个神圣的职业，我将来必然会走上教师的职业道路，尽管前路漫漫我也会心怀善意，努力坚持，做一个优秀的人民教师。

通过我们在课堂上对中学生跳楼自杀事件的讨论，反思我们的教育，我们对于死的概念介绍得太片面了，以至于孩子们不能清楚地认识到死的概念。在我们的教育中，死是王二小，死是黄继光，死是董存瑞。孩子们认识到死是光荣的，是为了实现伟大信仰而做的事。然而那死又是轻描淡写的以"他的血染红蓝蓝的天"呈现出来，使孩子们并不知道死到底意味着什么。这些前人们的例子在老师的嘴里不断强调，在孩子的语文作文中不断作为论据出现，然后在脑中不断强化，为本就认知不完整的孩子们在遇到棘手的事时提供了一种以死的方式来解决问题的方法。对于生命的意义及责任，我认为应该更多地在我们的教育中出现。（2015级王同学）

3. 阅读生命化教育的宣言

生命化教育，就是在"融化"生命教育，把生命的本质、特征和需要体现在教育过程之中，使教育尊重生命的需要，完善生命的发展，提升生命的意义。它不是某种以生命为内容的教育，也不是某种教育的模式，而是一种全新的教育理念。 这种教育理念把生命作为教育的核心，教育就是点化和润泽生命，为生命的不断发展和完善创造条件。 所以，理解生命的含义，认识生命的特征，是把握生命化教育的前提。 冯建军把生命化教育概括为四特性。

（1）生命的完整性

现实的人都有躯体和思想，有物质的需要，也有精神的追求。 生命随着年龄、成熟、自我实现等形式，逐步完善，但是任何阶段的生命都是完整的。 生命的完整性是人存在的一个基本特征。

（2）生命的自主性

人的生命具有开放性和不确定性，"自然没有做出关于他的最后决定，而是在某种程度上让他成为不确定的东西。 因此，人必须独自地完善他自己。"（米契尔·兰德曼《哲学人类学》）面对这种不确定性，人的生活道路只能由人去筹划、去选择、去确立，人正是通过自主的活动，促进了自我的发展。 所以，人的生命是自为的，是自己创造的，因而也是自由的。 生命化教育就是促进自由学习。

（3）生命的超越性

生命是有限的，但人要追求无限；生命是现实的，但人要在对未来的追求中否定现实。 人正是在这种自我的否定中，实现着生命的超越。 人渴望超越，也必须超越。 超越人的肉身存在，超越生命的有限性——渴望健康与长寿；超越现实的存在——冒险精神与创造性，生命正是在超越中实现着价值的不断跃进和提升，不断地走向新的解放，生成新的自我。 因此超越性是人生命的独特本质。

(4)生命的独特性

世间没有两片完全相同的树叶，也没有两个绝对完全相同的人，即便是孪生兄弟，相同的基因遗传也因后天生活、环境、教育和实践活动的不同，而使人有不同的发展，形成不同的个性。所以，"在时间和空间的纵横扩展中，每个人都以其独立的个性存在着。""都是作为无可替代的独立个性存在着。"（参见香山健一《为了自由的教育改革——从划一主义到多样化的选择》）。

学者叶澜曾给教育下过这样一个定义："教育是直面人的生命、通过人的生命、为了人的生命质量的提高而进行的社会活动。"这样的教育，就是我们所期待的生命化教育。教育本是生命的需要，因此也应该成为生命的教育。在这个应然的意义上，我们在教育之前加上"生命化"的修饰语，纯属"画蛇添足"。但问题是，我们的教育"实际"上一直偏离"生命"这一基点和核心，而演变成"社会的教育""知识的教育""物的训练""工具的锻造"等，而唯独不是"人的教育""生命的教育"。所以，针对现实教育中还存在的对生命的无视和糟蹋，强化教育的生命性和生命基础，提出生命化的教育，不仅不是"画蛇添足"，而是更有必要的。

解读生命信息的密码，阅读生命教育的宣言，我们教师必须要做好自己的生涯规划，共同开启教育改革的进程。

三　人在旅途——教师生涯规划与职业倦怠

如果你要感化别人，你本身就必须是一个能实际上鼓舞和推动别人前进的人。你跟别人和自然界的一切关系，都必须是同你的意志对象相符合的，是你现实的个人生活的明确体现。如果你的爱没有引起对方的反应，也就如卡尔·马克思所说的，如果你作为爱者，用自己的生命表现没有使自己成为被爱者，那么你的爱就是无力的，而这种爱就是不幸的。

(一)教师的自我成长

教育界很早就有一杯水与一桶水的争论，教师要给学生一杯水，自己要储备一桶水。

成长是伴随每个人的终身课题。在孩子的眼中，长高长大可能就是成长。而在成人的眼里，成长却承载着丰富的含义：自我价值的实现、情感的收获、生命的体悟等，有收获的喜悦，有成功的快乐，也有受挫时的无助，放弃时的无奈和些许的忧伤。人生之路如同一段漫长而短暂的旅程，没有人能轻轻松松地走过，但也还是完成各自的人生。 旅途中会有许多驿站，也会有许多相识以及各种各样的场景和事件，从驿站远去，各种各样的场景和事件都成为过去时，那些感受和体验却依然会在心灵深处久久地存在，这或许就是成长。 为了成长，为了能为自己的心灵世界撑起一片晴空，我们会为之付出代价，在代价中品味人生。

教师在个人成长过程中的各种问题和困惑，就可能使他们把自己未处理好的情绪和情感带入教学与生命课堂实践中，必然会影响教学效果，甚至产生不良的后果。 所以，我们特别强调教师的自我成长是对其培训的一个重要项目。

教师的内省与觉察也可用自我觉察与自我反思来表述。

自我觉察（self-awareness）：教师对自身的个性特点、人际特点、价值观、未完成事件等的发现和认识，通常是他/她在某些活动或经历之后的思考与分析，并且能够在教学与教育实践中有效应用。

自我反思（self-reflection）：教师注重自身的专业发展，并对自己的专业能力及水平保持观察与反思，参与学术讨论，具有终身学习的态度、批判性思维。

一般来说，人一生中的活动都与成长有关，日常的衣食住行、工作学习，都是人在有意识地促进自我的成长，但生活是不可能一帆风顺的，随时都可能出现干扰我们成长的危机，如亲人的亡故、情感的挫折、人际交往的困惑、工作学习的失利等，这些在给人造成创伤与痛苦的同时，也可能为人创造成长的机会，能否成功地应对这一系列的心理危机，也就决定了人们能否把握住成长的机会。

对待危机，不同的人会采取不同的应对方式，有的人只知道一味地抱怨，怨天怨地，或者攻击他人，或者折磨自己。 有时这些抱怨不一定就是毫无意义的，可能会是一种解脱。 但说到底，抱怨只是一种消极的应对方式，它们只会使自己陷入痛苦与绝望中无法自拔。 相反，有的人会主动求助于亲朋好友或心理咨询机构，也有的人会积极地采取自我调节的方式，如发泄、诉说、写日记、参加各种体育活动等。 这些积极的应对方式都是以内省为特点的，虽然求助于外部支持系统的行动，从表面上看是在强调他人的力量，但其实是将他人建议的力量与自我的力量结合起来应对危机的。 特别是在现代社会，随着生活条件的改善，人的生活意义和价值目标的改变，越来越多的人开始采取内省的方式来对待危机和创伤。 内省更意味着一种成长，它由内而外调动人的潜能，唤醒人们的自我治愈力量，为成长提供动力。

关系环训练（训练 9-1）

以自我为中心画一个关系环，中间的一个圆写上自我，周围的很多同心圆，分别写上 18 岁之前重要的人、事、物，并在相关的圆旁注明这些人、事、物给你的印象。在自我这个圆两边各画一条线，左边写上形容18岁之前的自己的形容词，右边写上形容现在的自己的形容词。

"我们自己是从哪里来的?""我们需要成为怎样的人?""我们的性格受谁的影响?"成年后，我们带着所有学来的东西进入世界、建立新的人际关系、进入家庭和工作的地方，所以我们一直带着从原生家庭中学来的东西。如果用一个同心圆来表示，每个人就处于同心圆的第一个圆圈，被家庭围绕着；第二个圆圈是社区；第三个圆圈是社会；然后是宇宙……它们彼此影响，相互作用。家庭影响社区，社区影响家庭。每个人身上都带着从家庭学来的东西，有些是我们为了求生存而学到的东西。

试着画一画你自己的关系环。这是5个同心圆。见图9-1。

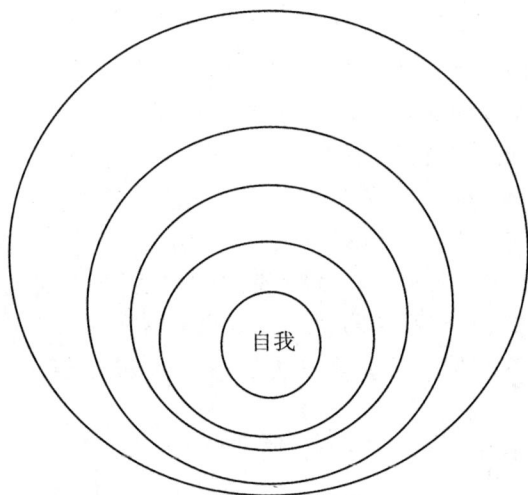

图 9-1 影响环

第一步：在自我的地方可以用彩笔描绘出当下的自己的形态和颜色，如一棵小树，一朵自己喜欢的颜色的花，一个可爱的小动物等，你此时此刻想到什么就画下来什么。

第二步：思考一下，在自己成长中，有哪些对自己的成长很有帮助的重要的他人，令你看到这个题目就想到的人。而且一想到他(她)就很亲切。也许会有好几个人呢。请标记在离你最近的外圈上，或用一个或几个你喜欢的颜色，标出他(她)的名字以及与自己的关系，如妈妈、某某朋友。

第三步：在你生命中还会有些重要人物，虽然血缘关系或身体距离你很近，但在心理感觉上却有点距离，把他们标记在你外面的第二个圆圈上，或许你觉得应放在更外圈一点的地方。

第四步：在人的生命中真的或许还有一些人，你会时常想到他们，但他们带给你的感受却不是愉悦的，不要回避，请把他们悄悄标记在靠近你自己的第三个圆圈上。

第五步：也许还有一些什么人令你现在想起他来，又一时不知放在哪一环是好，把他先放在最外一圈的某个位置，标上名字。当然在第 5 个圆圈外就是广袤的宇宙世界了。

第六步：①当你认真审视自己标示出的人物位置图时，有什么特别的感受（情绪）？这种情绪对你现在的生活是否有影响？②你还可以选择自己在某一环上的重要人物，看看自己与这些重要他人的关系和所想到的重要事件。③探索我是谁？我在什么环境中成长？现在哪些是我进一步成长的资源？

具体来讲，个人成长的内省的内容包括以下方面。

1. 哲学方面

哲学一直被人们看作智慧之学。通过哲学，人们探索世界的本原，探讨人类心灵世界的奥秘和生命的意义。虽然这些问题都带有终极命题的性质，但寻求这些问题的答案的过程就是个人成长的过程。不管最终问题的答案是什么，探索过程中的点点滴滴都必然是收获，其中，思维方式的转变和改善是最重要的。人在生活中所遇到的危机和困惑有时就是由某些思维方式的问题而导致的，如片面化、极端化、夸大等。为了应对这些问题，有些人可能转向哲学，通过阅读哲学类的书籍，进行内省，从而实现思维方式和认知的改变。当人们从哲学中汲取营养的时候，其实是踏上了一条反思之路，而反思正是成长的开始。

2. 艺术创作方面

艺术创作涉及戏剧、音乐、歌舞、绘画、书法等多种形式。艺术本身就是人心灵世界的写照，是人心灵世界的绘画、旋律和舞蹈，同时也是人内心世界的宣泄方式。与其他宣泄方式不同的是，艺术更强调创造性体验，其创造的过程经常伴随着愉悦的情感经历。不管是对艺术家还是对一般人来说，艺术都是最具有象征性的表达心灵的方式，因此也是安全的，这种安全感的提供，满足了人心理本能的防御要求。人们的愤怒与恐惧、欲望与期盼，都可以在艺术作品中以一种含蓄的方式表现出来，避免了人们在直接面对它们时的紧张与焦虑，使人们能够充分展示内心各种各样的情结。用艺术的形式将这些郁结的"心结"修通，自然对人的成长产生巨大的促进作用。而最终的艺术成果或作品给人带来的成就感又会让人们意识到自身的潜能，使个人成长的动力和信心得到激发。所以说，艺术创作和体验也是一种非常好的个人成长的方式。

现代临床心理领域发展起来的艺术疗法就充分发挥了艺术的这一功能，如绘画疗法、游戏疗法、心理剧疗法、音乐疗法、舞蹈疗法等，其目的就在于帮助人们顺利地实现个人成长，艺术疗法也受到了越来越多的人的欢迎。

校园心理剧法（训练 9-2）

心理剧法是由奥地利精神科医生雅各布·列维·莫雷诺（Jacob Levy Moreno，1889—1974)创立、发展起来的一种探索心理和社会问题的方法。它的参与者不使用简单的叙述，而是以表演在日常生活中的相关事件来进行探索。其应用范围不只是在心理治疗的层面上，也可涉及教育、商业、社区、家庭、宗教等情境。

话语可以骗人，身体却不会撒谎。隐藏在心底的东西，有可能在身体上反映出来。在心理治疗中，我们经常可以看到当事人强装笑颜，言不由衷，但是身体却在痛苦地抖动。心理剧治疗为我们打开了一扇接触身体和心灵的大门。

心理剧治疗以戏剧的形式，通过当事人具有自发性和创造力的演出（外化、表达），借助与他人会心时心电感应的治疗作用，允许当事人在发生过的、未发生的或不可能发生的场景中，通过扮演新的角色并赋予旧角色以新的生命，从而在舞台上重写自己的人生。

心理剧属于一种团体治疗形式。除需要舞台外，还需要主角：当事人自己。不是演别人的剧，而是演自己的心理剧。导演是在剧中使用心理剧的方法来引导主角探究问题的人。他协助演出的进行，是团体的领导者，也是主角的治疗师。辅角是扮演主角生命中重要他人的任意团体成员。观众是众多团体陪伴者。

在表演过程中，主角的人格特点、处理人际关系的方式、心理冲突和情绪问题逐渐呈现于舞台，达到宣泄情绪，消除精神上的压力和自卑感，诱导主动性的目的，使主角及其他参与者从中找到现实生活中的自我，增强适应环境和克服危机的能力。

校园心理情景剧是把校园中常见的人际关系问题在一定真实的情景的再现，让辅角协助扮演相关人物，让当事人再次实际体验和感受。

如我在一次"心理剧在教师成长中的应用"的培训班上，一位小学教师谈到自己的苦恼：最近在自己的心理课堂上总有几个学生在刚开始上课时有类似"成心捣乱"的行为发生，如随意走动并乱扔垃圾，有的大声地收拾文具，有的帮助其他同学做事情等。当事教师非常焦虑，不仅课堂教学进度难以完成，而且在主观上觉得学生不重视自己的课程，为此很苦恼。她找班主任求助也无果。在培训班上，她在小组里邀请组员一起演出自己的苦恼。她自己做主角，组员做辅角。5 分钟的情景剧后，找一个替身，照着主角刚才在剧中的表现再扮演并呈现一次，导演陪伴主角一起观看，看看主角自己有什么发现。经过导演适当的提问，当事人再自我觉察此时此刻自己的内心发生了什么。可以重复表演发生的重要情节。当事人在静静地观察，还可以跟扮演自己的学员对话。过程中，当事人渐渐觉察到自己是把完成教学任务看作第一要义，而忽略了学生的感受，"希望心理课更放松一下，不刻板，不灌输式。""学生喜欢心目中的自由课堂，更喜欢懂自己的老师!"主角看到这里，茅塞顿开，困扰自己几周的负面情绪烟消云散。

大家再重新坐在一起，在去掉角色后，导演请辅角和观众分享主角的心理剧带给自己的思考。

如果你及你的团队也有校园师生或教师之间的人际心理困扰，一时又难于解决，不妨邀请受过专业训练的心理剧导演或心理剧受训者，协助应用校园心理情景剧的形式让团体获得成长。

(二)教师生涯发展与职业倦怠

1. 生涯发展

著名职业生涯规划大师舒伯（1953 年）依照年龄将每个人生阶段与职业发展相配合，将生涯发展阶段划分为成长、试探、建立、维持和衰退五个阶段，之后提出一个更为广阔的新观念——生活广度、生活空间的生涯发展观。 这就是彩虹图，如图 9-2 所示。 在生涯彩虹图中，纵向层面代表的是纵观上下的生活空间，由一组职位或角色组成，分别是子女、学生、休闲者、民众、工作者、持家者六个不同的角色，他们交互影响并交织出个人独特的生涯类型。

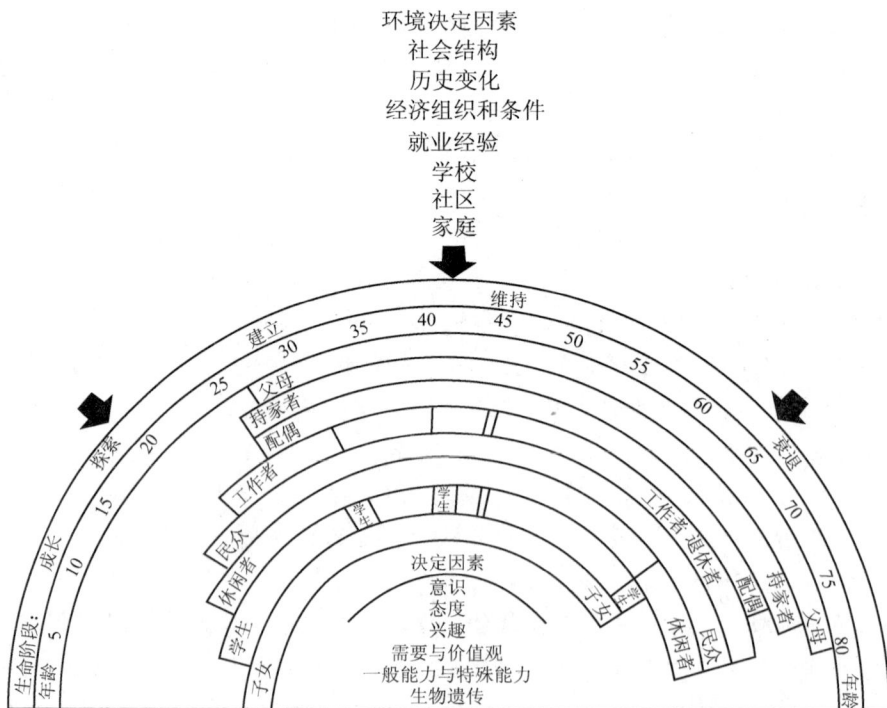

图 9-2 生涯彩虹图

2. 教师生涯

所谓职业生涯是指一个人依据心中的长期目标所形成的一系列工作选择，以及相关的教育和训练活动，同时也包括对非职业或休闲活动的选择与追求，是有计划的职业发展历程以及在其中获得的情感历程，是一个人终其一生所从事工作与休闲活动的整体生活形态。

教师的专业发展，不仅仅是传统意义上的知识的发展，更重要的是教师能力特别是创新能力的发展，是以价值观为核心的专业精神的发展。专业知识方面包括通用知识、学科知识、教育科学知识、科研知识等。专业能力包括通用能力、学科能力、课程与教学能力、心理辅导能力、课堂管理能力、科研能力等。专业精神包括专业态度、工作责任、专业伦理、创新意识、信念理想、价值观念等。因此教师的发展是全方位的和持续发展的，教师是一个通过不断学习与探究来拓展职业内涵、提高专业水平并达到专业成熟境界的专业人员。因此，教师只有设计好自己的职业生涯规划，才能在教育教学过程中真正做到有的放矢。

我的生命彩虹图（训练 9-3）

第一步：请你认真回顾自己的过往角色的经历，如子女、学生、民众、休闲者、工作者、持家者 6 种角色的起点时间，当然每个人的节点也是不一样的，请你在认真思考后选择一个年龄节点。

找到自己现在的生命支点（此时此刻你的年龄位置），向生命的起点看，过往生涯的角色带给你自己的经验为：

孩童角色：＿＿＿＿＿＿＿＿＿＿＿＿＿＿＿＿＿＿＿＿＿＿＿＿＿＿＿＿

学生角色：＿＿＿＿＿＿＿＿＿＿＿＿＿＿＿＿＿＿＿＿＿＿＿＿＿＿＿＿

民众角色：＿＿＿＿＿＿＿＿＿＿＿＿＿＿＿＿＿＿＿＿＿＿＿＿＿＿＿＿

休闲者角色：＿＿＿＿＿＿＿＿＿＿＿＿＿＿＿＿＿＿＿＿＿＿＿＿＿＿

工作者（教师）角色：＿＿＿＿＿＿＿＿＿＿＿＿＿＿＿＿＿＿＿＿＿＿

第二步：从生命的支点向终点方向看，你对民众、休闲者、工作者、持家者等角色有什么思考？

未来的你还想做教师吗？打算做多长时间？如果有机会你想换一个怎样的更适合你的工作？

＿＿＿＿＿＿＿＿＿＿＿＿＿＿＿＿＿＿＿＿＿＿＿＿＿＿＿＿＿＿＿＿＿

＿＿＿＿＿＿＿＿＿＿＿＿＿＿＿＿＿＿＿＿＿＿＿＿＿＿＿＿＿＿＿＿＿

第三步：请在前两步的基础上，依据你自己的实际年龄、成长经历及未来的打算，在生涯彩虹图上的每一个角色区域内用不同的颜色涂色，如学生用红色、民众用橙色、休闲者用绿色等。

最后你会发现，一张独特的生命彩虹图赫然出现在你眼前。

当然，有可能你会发现自己现在的状态和一些迫切需要解决的问题，尽快找个你可以信任的人去讨论一下，也许是值得花上一些时间的。

学者斯特菲（steffy）将教师生涯分为五个阶段。

①预备阶段：主要为新毕业或其他新入职的教师，新入职教师需要三年左右的时间才能进展到其他阶段，此阶段教师最大的特征是对新角色的适应与准备，他们之所以选择这一职业，必然有其主观的想法，因此在行为上表现出理想主义，具有精力充沛、开放、有创意、成长导向等特质。

②专家阶段。 此阶段的教师对所任教的科目拥有多方面的信息，不仅能愉快地胜任教学，而且能充分掌握学生的动向，其班级管理几乎完美无缺。 此阶段教师具有内在导向的动机，对新知识新技术有兴趣继续吸收与充实，可以说是已达到自我实现的程度。

③退缩阶段。 此阶段可分为三个小阶段。

初期的退缩：此时的行为表现为沉默寡言，较少参与活动，没有创意，不会积极做反应，在教学上不至于有明显差错，因此不易发现与一般教师有多大的差异。

持续的退缩：此时会出现较多批评性的言语，对许多教学上的研习或探讨缺乏热情，且常常持严厉的态度评论他人，从而可能破坏人际关系的和谐。

深度的退缩：此时退缩教师在意识上已脱离教育的领域，因此常常表现出不当的教学行为，对学生造成伤害。

教师生涯的退缩阶段的种种表现，也被称作教师职业倦怠。 职业倦怠是现代社会的一种职业疾病状态，普遍发生在各种助人的人群中，教师是高发群体之一。

从事助人职业的工作者无法应付外界超出个人能量和资源的过度要求，进而产生生理、心智、情绪情感、行为等方面的身心耗竭状态。

教师职业倦怠通常是指教师不能顺利应付工作的一种应激反应，是教师在长期压力体验下所产生的情绪、态度和行为的衰竭状态。 其典型症状是工作满意度低、工作热情和兴趣的丧失，以及情感的疏离与冷漠。 通过科学有效的自我调整，是完全可以过渡到下一阶段的。

④更新阶段。 此阶段的教师多半发现自己已有初期退缩阶段的征兆，而产生厌烦不安的情绪，于是设法采取积极的反应方式，集中精力克服困难，同时也依赖外在的支持。

⑤离开阶段。 由于当初进入教师行列的理由已不再存在，或已到强迫离开的年龄，因此教师将其重心放在对未来的规划上。

　　有关教师生涯发展与职业倦怠的研究，有理论推演者、有实证研究者，虽然他们大都以时间划分阶段来说明，但实际上教师生涯的发展并非呈直线的模式，教师生涯的发展因教师个人或组织等因素的影响而异。

　　有人提出影响教师职业规划四个方面的 23 个子因素。

　　第一方面是外部环境，有组织的需求、家庭的期望、社会的需求、科技的发展、经济的兴衰、政策与法律的影响 6 个因素。

　　第二个方面是自我认识，有个人的兴趣爱好与特长、个性与价值观、目标与需求、情商、工作经验、优缺点、学历与能力、生理情况 8 个因素。

　　第三方面是个人目标选择，有设定目标的原因、欲达到该目标的途径、欲达到该目标所需的能力训练及教育、达到该目标可能得到的助力、可能遇到的阻力 5 个因素。

　　第四方面是落实生涯目标措施，有教育训练的安排及规划成长机制的具体化、获得组织的发展安排、排除各种阻力的计划与措施、争取各种助力的计划与措施 4 个因素。 教师就是在知己知彼和抉择中完成自己的职业规划，实现自己的职业发展目标的。

　　从影响教师职业规划的四个方面可以看出，教师成长是一个伴随职业生涯的过程，不忘初心，身心健康，砥砺前行。

　　阅读和学习卡尔·罗杰斯的《自由学习》，令我对自由的含义有了新的认识。"自由从本质上讲是人的一种内在的东西，而不是人们常说的'有多少种可供选择的事物或出路'那样的外部因素或条件。"我所说的自由是维克多·弗兰克尔（美国临床心理学家）描述其在集中营经历时所说的那种自由。 在集中营里，犯人的一切都被剥夺了，包括财产、地位和身份。 尽管他们长年累月地处于这种环境中，但也只能表明：一个人所有的东西都可能被拿走，但有一样东西永远也不会被剥夺，这最后的东西就是人的自由——在任何时候都有选择自己的态度和道路的自由。 我所说的这种自由是内在的、主观的和存在的自由。 这种自由意味着："此时此地，我依靠自己的选择生存。"这种自由鼓励个体有勇气迈进自己选择的未知天地。 这种自由就是发现个体自身内在的意义。

　　面对物欲横流的社会，谁给我心灵的宁静？ 在工作一段时间后，也许我们对教师工作有所了解，感到有压力或有厌倦感，看到其他人下海如意地赚到钱，看到金融行业如火如荼地发展，你的初心是否动摇？ 在放松心情之后问问自己内在真实的声音。

（三）幸福感的源泉——教师自我成长

　　一旦选择了教师这一职业，就意味着教师的职业生涯开始了。 教师确立了职业生涯的目标就要通过有效的职业生涯计划和管理来实现，存有一颗积极进取之心，不断地追求新知，为自己也为身边的人营造一个丰富的生活氛围，进而享受自我实现所带来的满足感和成就感。教师要让自己掌握职业生涯发展的主动权，使自己的生命充满欢欣与喜悦。

人格健全的教师，能在课堂中创造一种和谐与温馨的气氛，使学生如沐春风，轻松愉快，而人格不健全的教师，只能在课堂上造成一种紧张或恐怖的气氛，使学生如坐针毡，惶惑不安。所以，教师完善的心理素质和人格，是构成良好师生关系的基础，是实施心理健康教育、情感教育的出发点和首要原则，新的教育实践要求每一位教师都应该从自身的心理健康的角度出发，完善自己的人格，提升自己的人格魅力。

只有自己救自己，修身养性，无欲则刚，心态平和，有容乃大，积极行动，无悔人生，看淡名利，笑对一切的自我修养才是我们自由心灵的救生圈。

有人说，文化是一种解救策略，把人类逐步从自然的、社会的及自身的牢笼中解放出来，便是文化的永恒主题。文化作为一种学习的过程，是与完整的人联系在一起的。因此，传统文化的习得对于我们来说就是一种多方面的修养与自我的整合。例如，中华传统中的茶文化、书法绘画、棋文化、动静结合的太极文化等，使我们在修身养性中学习和继承。

传统文化陶冶法（训练 9-3）

文化的核心信息来自历史传统。"文化即人们活动的产物，同时又是人们活动的刺激物。"文化具有清晰的内在结构或层面，有自身的规律。

1. 书法家多长寿——书法与养生

在计算机、课件没有出现在教室里的年代，钢笔字、粉笔字、毛笔字曾是教师及师范生的基本功之一。现在这三字技高一筹的人成了有艺术修养的人。的确，中国书法如行云流水，落笔如"云烟"，有着永恒的魅力，能代表中国的元素。而且书法家多长寿的秘密就在于：

（1）调节情绪

狂喜之时，凝神静气；暴怒之时，心平气和；忧悲之时，能散胸中之郁，精神愉悦；过思之时，转移情绪，抒发情感；惊恐之时，能神态安稳，平心静气。

（2）陶冶情操

中华文化源远流长。古籍记载仓颉造字，虽是传说，但字体的形态反映了造字者对事物的艺术构思和精神情感的寄托。篆书形态古雅、质朴；隶书圆浑、秀美；楷书严谨、鲜明；行书洒脱、烂漫；草书飘逸、奔放。它们尽管风格各异，但都表现出节奏化了的自然美，使人感到美的享受。

（3）形神共养

"形为神之宅"，形体的养护在于动，动以养形。人们在执笔时，保持指实、掌虚、腕平的姿势；在书写中悬腕、悬肘，不断前落后顾、左撇右捺、上折下弯地运动，不但调节了手臂的肌肉和神经，而且使指、臂、肩、背、腰、腿部得到运动，而这种运动是舒缓的、非剧烈的，是适度的、非超常的。

"神为形之主"，清代养生家曹庭栋主张："养静为摄生首务。"静以养神，养神则保形。 人们在习书法时全神贯注，其思想纯净、恬淡、少欲，心神不被外界事物所扰动，在追名逐利的风潮面前，甘于清贫，恪守寂寞，使身体内阴阳平衡，保证人体内环境的稳定状态，延缓细胞的分裂周期，体内气血在低限度内变化，代谢相对缓慢。

书法体现了形神共养的统一性。 书法能养神，养神能练意，有效地减少或避免心理对生理的干扰，使一切杂念抛于九霄云外，这种全身心地投入，其作用不亚于练气功和打太极拳。

言为心声，书为心画，练习书法无疑能陶冶人的情操，赋予生命积极向上的活力，使人在艺术、眼界、胸襟、修养、气质等方面都得到升华。

2. 善弈棋者长寿也——棋道与养生

古老的棋艺与中华文化智慧一样深远，不仅可以锻炼思维，启迪智慧，而且人们可以在对弈中增进友谊，陶冶情操，动手又动脑，益寿延年抗衰老。

3. 音可传情，曲能达意——音乐与养生

天有五音，人有五脏；天有六律，人有六腑。 此人之与天地相应也。《黄帝内经》认为五音与五脏相关：宫为土音通于脾，商为金音通于肺，角为本音通于肝，徵为火音通于心，羽为水音通于肾。 五音对人体养生各有其功效。宫音（主脾）：悠养和谐，化脾助运，增进食欲，改善消化。 商音（通肺）：通畅血脉，宣肺理气。 角音（通肝）：善制躁怒，使人安宁。 徵音（通心）：发人深思，启迪心灵。 羽音（通肾）：解除疑虑，催人入眠。

4. "仁者乐山，智者乐水。"（孔子）——旅游与养生

大多数教师都有利用寒暑假到祖国各地乃至世界各地旅游的经历。 在旅游过程中对山、水的直观体验除了带给旅游者美的感受外，还是一个养生良机。这是因为，大自然不仅慷慨地赐予人类所必需的空气、阳光和水，而且还以其美丽的千姿百态吸引、愉悦着人们，助人们去病延年，健康长寿。

游山，山林的清爽深邃会使人心情安宁恬静。 临水，湖海的宽广坦荡则使人心胸开朗。 春季风和日丽，天地气清，自然生发之气始生，此时顺应生机，精气勃发，舒展向外，因而春季踏青便是一项有益身心的活动。 夏季气盛，万物繁茂，但天气炎热，暑热之气易耗气伤阴。 此时漫步山林或泛舟湖上，则会使人顿感清凉，神清气爽。 秋季气清，秋高气爽，万物结实，是旅游的最佳时机，无论登山、漫步还是游水，都将令人感到其乐无穷。 冬季气寒，阳气蛰伏，然踏雪赏梅，看满天飞絮，别有一番滋味。

山不在高，贵有层次，水不在深，妙于曲折，懂得其中奥妙，在神驰期间，愉情悦兴，有益健康。

5. 茶为万病之药——茶道与养生

茶是大自然赐给人类健康的礼物，药饮同源。 古代丝绸之路，把茶饮及茶文化带到世界各地，人们知道茶，就知道茶的故乡在中国。 茶文化在中国大地源远流长。

（1）养生健体

品茶可以使人心静，精神清爽。 茶叶冲热水后饮用，有提神醒脑、明目等功效。

（2）修身养性

通过品茶，人们的精神得以放松，心境达到虚静空明，尽情怡悦。 养性为本，养身为辅，修养性情才是真正的养生目的。

6. 动静结合，天人合一——垂钓与养生

在海边、河塘等脱离喧闹污浊的环境中，呼吸新鲜空气、垂钓使人入静，可使人头脑清醒，精神振奋，益寿延年。 人们不妨常常回归大自然，沐浴阳光。

7. 太极拳——内外合一的完美结合

太极拳，是一种中国传统武术项目，也是体育运动和健身项目，在中国有着悠久的历史，起源于古代骑兵的枪法、长柄大刀法。 其基本用法为开、合、发。 太极拳依据中医经络学、道家导引、吐纳综合地创造符合人体结构、大自然运转规律的一种拳术，是锻炼身体、增强体质的有效手段。

太极拳每一个动作圆柔连贯，每一式都绵绵不断。 太极拳通过调身体形、调整呼吸来达到调整心情的目的。

8. 篆刻——方寸间，心渐宽

篆刻是一种特有的书法、章法、刀法三者完美结合的传统艺术，一方印中，既有豪壮飘逸的书法笔意，又有优美悦目的绘画构图，更兼得刀法生动的雕刻神韵，可称得上"方寸之间，气象万千"，从古至今在中华大地上已有二三千年的悠久历史。 篆刻，顾名思义，即用篆书刻成的印章，是一种实用艺术品。 它又被称为"玺印""印""印章"等，这些称呼都因时而异。 早在殷商时代，人们就用刀在龟甲上刻"字"（我们现在称其为甲骨文）。 这些文字刀锋挺锐，笔意劲秀，具有较高的"刻字"水平。 在春秋战国至秦以前，篆刻印章称为"玺"。 秦始皇统一六国后，规定"玺"为天子所专用，大臣以下和民间私人用印统称"印"。 这就形成了帝王用印称"玺"或"宝"，官印称"印"，将军用印称"章"，私人用印称"印信"。

现代篆刻喜好者常常说："本来在工作中染上浮躁的内心，在埋首方寸间认真描刻一笔一画时，心渐渐沉静下来。 全然地身心投入，美妙无穷！"

当然，传统文化的修养方式还有许多，如地方戏剧、陶艺制作、中国刺绣、花鸟宠物等，关键看你的兴趣爱好及你的情感投入是否达到暂时的忘我境界。

读到这里，细心的读者朋友会发现我所列举的这些中华优秀传统文化修养方式的共性就是慢。 的确，"社会发展太快，我们的心灵没有跟上。"当今人类的多发病，抑郁症、焦虑症、拖延症甚至高血压、心脏病等都与情绪调节有关。

快与慢是辩证的平衡法则。 快速常常代表忙碌、匆忙，给人压迫感、冲动感，也释放着控制欲、攻击性和缺乏信心。 慢速常常代表着平静、谨慎、冷静，乐于接纳，也是有耐心、周密、善于思考的表现。 当今在我们提倡快节奏，向时间要效率的发展时代，国际上缓慢运动主义又在快速发展，如慢行运动、瑜伽等，就是在满足人的身心发展平衡的需要。 一张一弛，快慢有序，调节身心。

请读者朋友在这社会急速发展的浪潮中，选择一动一静的方式修炼自己吧，也许比发牢骚等方式更有利于我们教师身心发展的需要！

请读者朋友填写：我目前自我修养的主要方式是_____，从事此项修养方式带给我的感受是_____，从一动一静的辩证观点来看，我愿意接受新的尝试是_____。

延伸阅读

生活离不开音乐

看了这个题目，也许有的朋友会说，我的生活就离不开音乐，除了上课时间以外，我都是让音乐伴着我看书学习，自我感觉这样效率高。 但也有人提出相反的意见，一心怎能二用？边听音乐边看书的效率到底有多高呢？

首先，从我们人脑的结构和分工来看，人的大脑是以头部中心线为界，分左右两半球，两半球各有不同的分工。左半球主管语言、阅读、思维、计算等功能，被称为"语言脑"；右半球主要分管音乐、情绪、空间感觉、审美等功能，被称为"音乐脑"。当人们在看书或读书时，左半球的大脑皮层处于兴奋状态，而右半球及其他部位都处于抑制状态。科学研究还表明，在持续学习的过程中，人脑会出现疲劳状态，注意力分散，学习效果降低。如果在看书、读书的同时，放一些轻松愉快、抒情性较浓的音乐，就能使右半球的大脑皮层同时处于兴奋状态。这样既可使左半球保持长时间的兴奋而不知疲倦，又可提升思维反应的敏捷性，提高学习效率。

其次，由于听音乐可使大脑皮层处于兴奋状态，因此人们在学习时放音乐可起到提神不思睡的作用。

据科学家对睡眠的研究表明，清醒和睡眠都开始于脑神经干。在那里排列有一种特殊的细胞，即"清醒细胞"，它经常向大脑皮层发出使之清醒的信号。但是，这种"清醒细胞"处于活跃状态时需要有一定的压力，而在黑暗环境中，安静和单调的语言对它只能起减弱压力的作用。这就是为什么在光线暗淡的条件下，单调地背诵某些学习内容时爱犯困的原因。为了使在看书、读书的过程中保持清醒状态，人们就应该设法向大脑的"清醒细胞"发出"警觉信号"，施加压力。而压力适中、旋律优美的轻音乐能促使大脑的"清醒细胞"处于活跃状态，起到提神不思睡的作用，而且能使人情绪愉快，精神振奋，利于学习，利于身心健康。

此外，音乐还能陶冶人的情操，使人处于一种忘我状态，排除烦恼的干扰，促使态度的转变，可以静心地、专注地学习和工作。

在漫长的进化过程中，我们的先人早就摆脱了单一用鸣叫、哀号的方式表达自己的情绪。他们在较早时就认识到言之不足歌之，歌之不足舞之蹈之。千年前，我们的祖先就习惯配乐吟唱诗词，给诗词赋予音律的生命。例如，在湖北，人们发现了古编钟之韵。

音乐研究家尼斯特在前人探索的基础上，编制了一套奇特的音乐，这套音乐有可使人体产生兴奋、平衡和镇静等不同情绪的乐曲片段。有人听了这套音乐后感慨地说："音乐使你自省，你变得更能认识自我，更能意识到你在做什么。其结果是使你更乐观。"在美国，还有一种被称为"文雅的劝说者"的音乐，经过科学的编排，其优美的旋律经常在机场、商场、医院候诊室、电梯入口处播放。在这种音乐的影响下，人们不知不觉地守秩序得多。

音乐有助于人们消除疲劳，还能加强活动的协调性。有人曾经对一个无线电装配线上的工人做实验，证明在有音乐的情况下与没有音乐时相比，劳动生产率在白班时提高了 7%，在夜班时提高了 15%。目前国外一些工厂实行了"音乐调剂法"。具体做法为：在工作开始以前和结束时播放平静、舒适的田园音乐，以引起员工们镇定、友好、沉思的情绪，使他们一上班就感到心情愉快，在下班时还有些恋恋不舍。在工间休息时则给员工播放节奏鲜明、旋律优美的进行曲，以振奋精神、排除疲劳。

由于个体的差异，边听音乐边看书效率高，但不一定对人人都适用，这里有一个习惯问题。正如有的人习惯在安静的地方学习，受不了外界的干扰，而有的人就是在嘈杂的地方也能静心学习一样。

在生活中需要提高自己的音乐文化素养。音乐的选择是一门学问。音乐所引起的特定情绪与曲调有关。亚里士多德这位博学的古人认为："听音乐同时有几个目的，那就是①教育；②净化；③精神享受，消除疲劳。"为此，他认为曲调有一种特质，有伦理的曲调，有行动的曲调，有狂热的曲调。古希腊人认为 E 调安定、D 调热烈、C 调和蔼、B 调悲哀、A 调昂扬、G 调深沉、F 调轻浮。亚里士多德推崇 C 调，认为其最适宜陶冶品格。

不同的曲调确实能表达不同的音乐风格，对人的心理环境发生特定的影响。只强调曲调的作用，对于音乐远已迅速发展的现代来说，却过于简单笼统。音乐的旋律、节奏、速度及和声等都具有重要的作用。

发现我的幸福泉（训练 9-4）

每个人在日常生活中都会遭遇困境，会有一些亲朋好友或偶遇的"贵人"伸出援助之手，令我们感恩和难忘。但有时我们也会忽略身边最熟悉的人的陪伴。给自己一点时间想想、写写、表达谢意。

(1)在家庭生活中，我的有效支持者是谁？＿＿＿＿＿＿

他（她）给我的是＿＿＿＿＿＿＿＿＿＿＿＿＿＿＿＿＿＿＿＿＿＿＿＿

(2)在学业上，我的有效支持者是谁？＿＿＿＿＿＿

他（她）给我的是＿＿＿＿＿＿＿＿＿＿＿＿＿＿＿＿＿＿＿＿＿＿＿＿

(3)在教师工作上，我的有效支持者是谁？＿＿＿＿＿＿

他（她）给我的是＿＿＿＿＿＿＿＿＿＿＿＿＿＿＿＿＿＿＿＿＿＿＿＿

(4)在业余生活爱好方面，我的有效支持项目是什么？＿＿＿＿＿＿

他（她或它）给我的是＿＿＿＿＿＿＿＿＿＿＿＿＿＿＿＿＿＿＿＿＿＿

(5)还有在＿＿＿＿＿方面，我的有效支持者是（谁）？＿＿＿＿＿＿

他（她）给我的是＿＿＿＿＿＿＿＿＿＿＿＿＿＿＿＿＿＿＿＿＿＿＿＿

当我写下这些文字的时候，此刻我的感受是＿＿＿＿＿＿＿＿＿＿＿＿＿

美国哈佛大学神学院教授大卫·查普曼，在一场讲座中，向台下近千名学生分享、解读中国神话故事，不下 10 次用充满激情的语调总结中国神话故事的内核，让我们从另一个视角来认识我们中华民族的特征。

他说："在我们的神话里，火是上帝赐予的；在希腊神话里，火是普罗米修斯偷来的；而在中国的神话里，火是他们钻木取火坚韧不拔地摩擦出来的！　这就是区别，他们用这样的故事（钻木取火）告诫后代，与自然做斗争！"

"面对末日洪水，我们在诺亚方舟里躲避，但在中国人的神话里，他们的祖先战胜了洪水（大禹治水），看吧，仍然是斗争，与灾难做斗争！"

"如果你们去读一下中国神话，你会觉得他们的故事很不可思议，抛开故事情节，找到神话里表现出来的文化核心，你就会发现，只有两个字：抗争！"

"假如有一座山挡在你的门前，你是选择搬家还是挖隧道？　显而易见，搬家是最好的选择。　然而在中国的故事里，他们却把山搬开了（愚公移山）！　可惜，这样的精神内核，在我们的神话里却不存在，我们的神话是听从神的安排。"

"每个国家都有太阳神的传说，在部落时代，太阳神有着绝对的权威，纵览所有太阳神的神话你会发现，只有中国人的神话敢于挑战太阳神的故事：有一个人因为太阳太热，就去追太阳，想要把太阳摘下来（夸父追日）。　当然，最后他累死了。　我听到很多人在笑，这太遗憾了，因为你们笑这个人不自量力，正是证明了你们没有挑战困难的意识。　但是在中国的神话里，人们把他当作英雄来传颂，因为他敢于和看起来难以战胜的力量做斗争。"

"在另一个故事里，他们终于把太阳射下来了（后羿射日），中国人的祖先用这样的故事来告诉后代：可以输，但不能屈服。　中国人听着这样的神话故事长大，勇于抗争的精神已经成为遗传基因，虽然他们自己意识不到，但会像祖先一样坚强。　因此你们现在再想到中国人倔强的不服输精神，就容易理解多了，这是他们屹立至今的原因。"

我们从小听到大，并口口相传给下一代的这些神话故事，体现的绝不仅仅是故事本身那么简单。　每个文明在初期都是有神论，但唯独我们的文明不畏惧神，也许正因为我们深刻地理解了老子的那句话，所以我们的祖先从不把生存的希望寄托于神的眷顾，也因此，很多人说中国人没有信仰。　没信仰的民族能存续超过 5000 年吗？

实际上，勇于抗争，不怕输，更不会服输，是我们的民族精神，也是我们的信仰。　在几千年中国文化中还有类似数不尽的宝藏，如孙子兵法等凝聚中华智慧的文化精品。　我们身为教师和师范生不就是这种中华民族精神的传播者，是孕育种子生长的沃土吗？

我骄傲，在我有限的生命里选择了教师和心理咨询师作为我生涯中的职业！

我自豪，在我生命的最后一段旅程里，我还能够继续从事自己喜欢的事业，并能够继续为此做一些力所能及的工作，为生命的夕阳再绘出一抹生命彩虹！

我是一个独特的人

——写于 2007 年 4 月 20 日湖北生命教育研讨会之前

在这个世界上我是一个独特的人，我来到这个世界出于偶然。 父母给了我生命，我要爱护自己的身体，追求健康的生活方式，躲避不安全因素对自己的伤害。

在这个世界上我是一个独特的人，我有许多不同于别人的特点和长处，我为此而自豪；我也有一些限制，我会逐步接纳。

在这个世界上我是一个独特的人，我的成长与亲人、师长、朋友的帮助分不开。 我尊重他们，感谢他们与我的情缘，争取给予他们更多的帮助。

在这个世界上我是一个独特的人，我知道自己的人生路途不是无限的，我希望拥有比较明确的目标，走适合自己的路。

在这个世界上我是一个独特的人，我会因为学识、阅历的有限，会遇到困难挫折，但那不都是我的原因，即使再困难我也不会轻易放弃自己的生命，因为生命不仅属于我个人。

在这个世界上我是一个独特的人，我珍爱自己的生命，我希望亲人、朋友永远和我在一起。 知识告诉我，生命终有结束的时候，我要从现在开始学习面对亲人的离世和自己的衰老、死亡。 同时我更珍惜与他们在一起的时光。

在这个世界上我是一个独特的人，当我写下上面的话语时，我知道我需要努力做一个身心健康的人。 我不能决定我生命的长度，我知道只要终生学习，不断探索，不断成长，我能够拓展自己生命的宽度。

也许，我可以把这样的文字写在我的墓碑上：这里埋葬的是追求真善美，努力学习，热爱生活，珍爱生命，终生喜欢教师职业与心理辅导事业的人。

我自豪，在我生命的最后一段旅程里，我还能够继续从事自己喜欢的事业，并能够继续为此做一些力所能及的工作，为生命的夕阳再绘出一抹生命彩虹！

我是一个独特的人

——写于 2007 年 4 月 20 日湖北生命教育研讨会之前

在这个世界上我是一个独特的人，我来到这个世界出于偶然。父母给了我生命，我要爱护自己的身体，追求健康的生活方式，躲避不安全因素对自己的伤害。

在这个世界上我是一个独特的人，我有许多不同于别人的特点和长处，我为此而自豪；我也有一些限制，我会逐步接纳。

在这个世界上我是一个独特的人，我的成长与亲人、师长、朋友的帮助分不开。我尊重他们，感谢他们与我的情缘，争取给予他们更多的帮助。

在这个世界上我是一个独特的人，我知道自己的人生路途不是无限的，我希望拥有比较明确的目标，走适合自己的路。

在这个世界上我是一个独特的人，我会因为学识、阅历的有限，会遇到困难挫折，但那不都是我的原因，即使再困难我也不会轻易放弃自己的生命，因为生命不仅属于我个人。

在这个世界上我是一个独特的人，我珍爱自己的生命，我希望亲人、朋友永远和我在一起。知识告诉我，生命终有结束的时候，我要从现在开始学习面对亲人的离世和自己的衰老、死亡。同时我更珍惜与他们在一起的时光。

在这个世界上我是一个独特的人，当我写下上面的话语时，我知道我需要努力做一个身心健康的人。我不能决定我生命的长度，我知道只要终生学习，不断探索，不断成长，我能够拓展自己生命的宽度。

也许，我可以把这样的文字写在我的墓碑上：这里埋葬的是追求真善美，努力学习，热爱生活，珍爱生命，终生喜欢教师职业与心理辅导事业的人。

主要参考文献

1. 林孟平. 小组辅导与心理治疗[M]. 上海：上海教育出版社，2005.

2. 林孟平. 辅导与心理治疗[M]. 上海：上海教育出版社，2005.

3. 雅各布斯(Jacobs, E. E.)，马森(Masson, R. L.)，哈维尔(Harvill, R. L.). 团体咨询的策略与方法[M]. 洪炜，等译. 北京：中国轻工业出版社，2000.

4. 樊富珉. 团体咨询的理论与实践[M]. 北京：清华大学出版社，1996.

5. 邱德才. TA 的咨商历程与技术[M]. 台北：张老师文化事业股份有限公司，2000.

6. 亚罗姆(Yalom I. D.). 团体心理治疗——理论与实践[M]. 李鸣，等译. 北京：中国轻工业出版社，2005.

7. 詹妮斯 L. 迪露西亚瓦克，黛博拉 A. 格里提，辛西亚 R. 卡伦娜，等. 团体咨询与团体治疗指南[M]. 李松蔚，鲁小华，贾垣，等译. 北京：机械工业出版社，2014.

8. 聂振伟. 雪绒花开 20 载 ——一个心理咨询机构与心理咨询师的成长[M]. 北京：高等教育出版社，2009.

9. 聂振伟. 大学心理[M]. 北京：中国人民大学出版社，2009.

10. 冯建军，等. 生命化教育[M]. 北京：教育科学出版社，2007.

11. 林崇德. 教育的智慧——写给中小学教师[M]. 北京：北京师范大学出版社，2005.

12. 欧文·亚隆(Irvin D. Yalom). 给心理治疗师的礼物：给新一代治疗师及其病人的公开信[M]. 张怡玲，译. 北京：中国轻工业出版社，2015.

13. 岳晓东. 通向心灵旺盛的十堂课[M]. 北京：世界图书出版公司北京公司，2010.

14. 查尔斯(C. M. Charles)教室里的春天——教室管理的科学与艺术[M]. 金树人，译. 台北：张老师文化事业股份有限公司，1994.

15. 姚本先. 学校心理健康教育——理论研究与实践探索的整合[M]. 合肥：安

徽大学出版社,2008.

16.陈家麟.学校心理健康教育——原理与操作[M].北京:教育科学出版社,2002.

17.李建周.教师心理训练[M].北京:教育科学出版社,1996.

18.黄惠惠.助人历程与技巧[M].成都:四川大学出版社,2006.

19.苏立增,刘视湘.生态心理辅导实务[M].北京:首都师范大学出版社,2015.

20.俞国良,宋振韶.现代教师心理健康教育[M].北京:教育科学出版社,2008.

21.肖川.教育的理想与信念[M].长沙:岳麓书社,2002.

22.卡尔·罗杰斯(Carl R. Rogers),杰罗姆·弗赖伯格(H. Jerome Freiberg).自由学习[M].王烨晖,译.北京:人民邮电出版社,2014.

23.王以仁,陈芳玲,林本乔.教师心理卫生[M].北京:中国轻工业出版社,1999.

24.王登峰,崔红.心理卫生学[M].北京:高等教育出版社,2003.

25.陈虹.教师积极语言在课堂中的运用[M].天津:天津教育出版社,2013.

26.陶志琼.教师的境界与教育[M].北京:北京师范大学出版社,2006.

27.赵世明.教师的心理健康素养[M].福州:福建教育出版社,2011.

28.叶澜,等.教师角色与教师发展新探[M].北京:教育科学出版社,2001.

29.郭华.课堂沟通论[M].北京:北京师范大学出版社,2006.

30.朱志贤.心理学大词典[M].北京:北京师范大学出版社,1989.

31.柳友荣.教师心理保健[M].合肥:安徽人民出版社,2000.

32.林永蕙,路玉才,李阔.教育心理学[M].天津:南开大学出版社,2014.

33.王瑜元.教师心理素质培养——做个快乐的幼儿教师[M].北京:北京师范大学出版社,2008.

34.许燕.成为更好的自己[M].北京:机械工业出版社,2020.